永遠的台灣島

一九四五年，舊制台北高校生眼中敗戰的台北

竹內昭太郎
林芬蓉 譯

昔時傳說　南方
台灣島　永遠
充滿希望　蒼翠的
理想之鄉　無比懷念

——竹內昭太郎〈願此島永遠在〉

「下午六點整，我搭乘的船先開動了……船在港內快速前進，看得見右手邊旭丘……山影已盡，小基隆嶼就在左側，過了這裡，就真的要和台灣島說再見了。」

吉田初三郎所繪「臺灣八景之一基隆旭丘」，圖中前景為基隆港。典藏者：國立臺灣歷史博物館。數位物件典藏者：國立臺灣歷史博物館。

1

2

1　昭和 3 年，作者初節句（男孩出生後的第一個端午，是重要節日，也稱男兒節）

2　昭和 15 年 7 月，當時作者的父親在新竹專賣支局任職，這張照片是在新竹專賣支局長官舍拍攝（右二為作者）

＊ 本書所有照片如未特別註明出處者，均為國立台灣師範大學授權提供。

1

2

3

1 昭和 12 年作者 11 歲，於昭和町，自宅附近
2 昭和 13 年，錦小學校六年生，為報名台高尋常科而攝
3 昭和 14 年（1939）5 月，台北高校尋常科一年級紀念祭，生蕃踊
4 昭和 17 年的烏來行軍，時為尋常科三年級
5 昭和 21 年 3 月初，與幾個同學好友相聚的引揚別離宴，作者為前排左一，攝於東門町

4

5

6

7

6　引揚回日本前在堀川道路攝影留念
7　1971 年 3 月重返台灣，攝於堀川道路

1

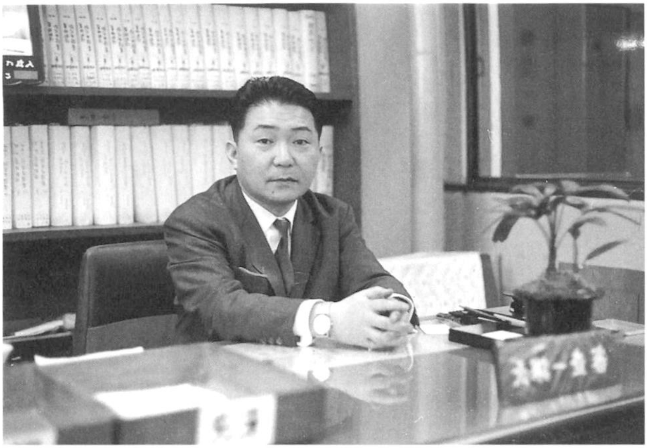

3

2

4

1 攝於法務省出入國管理局辦公室
2 引揚離開台灣 25 年後（1971 年），竹內重返台北市昭和町舊宅
3 2017 年 6 月蔡錦堂赴日訪問竹內昭太郎，時年九十歲（蔡錦堂教授提供）
4 2019 年 4 月於東京，竹內以蕉兵會代表身分致詞

5

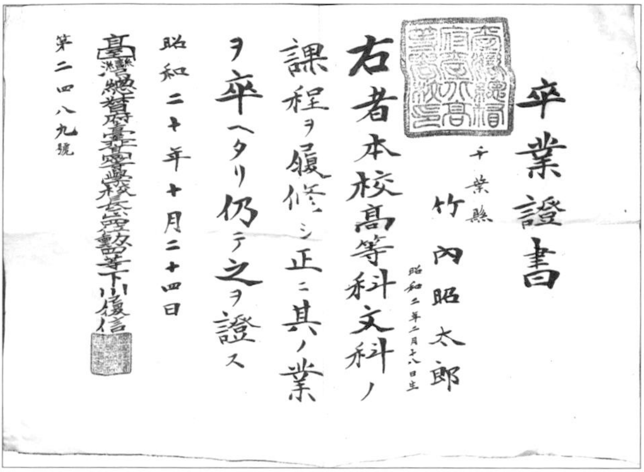

卒業證書

千葉縣
竹內昭太郎
昭和二年二月十八日生

右者本校高等科文科ノ課程ヲ履修シ正ニ其ノ業ヲ卒ヘタリ仍テ之ヲ證ス

昭和二十年十月二十四日

臺灣總督府臺北高等學校長正五位勳五等下川履信

第二四八九號

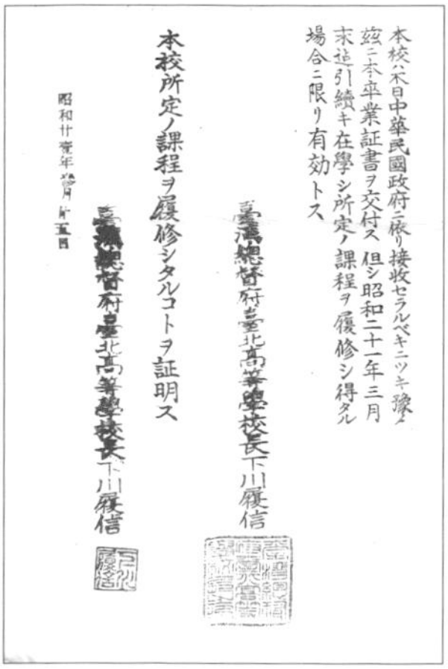

本校ハ不日中華民國政府ニ依リ接收セラルベキニツキ豫メ茲ニ本卒業証書ヲ交付ス 但シ昭和二十一年三月末迄引續キ在學シ所定ノ課程ヲ履修シ得タル場合ニ限リ有効トス

臺灣總督府臺北高等學校長下川履信

本校所定ノ課程ヲ履修シタルコトヲ証明ス

昭和廿壹年參月廿五日

臺灣總督府臺北高等學校長下川履信

6

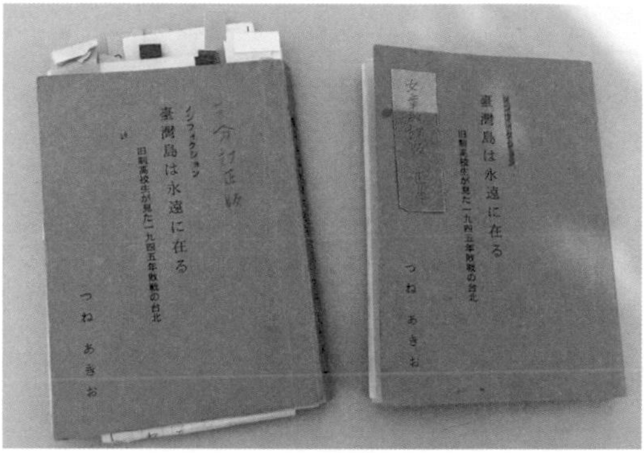

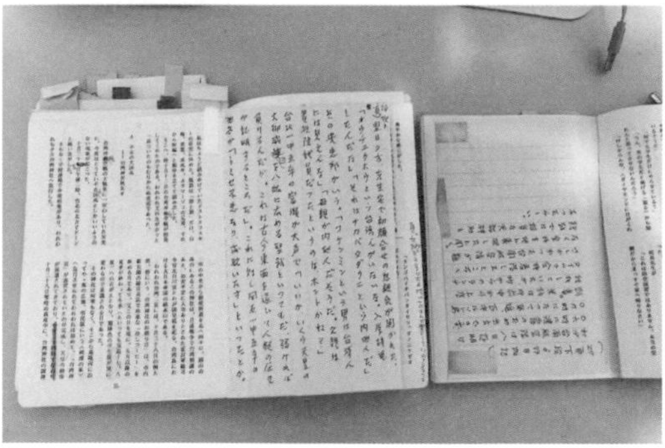

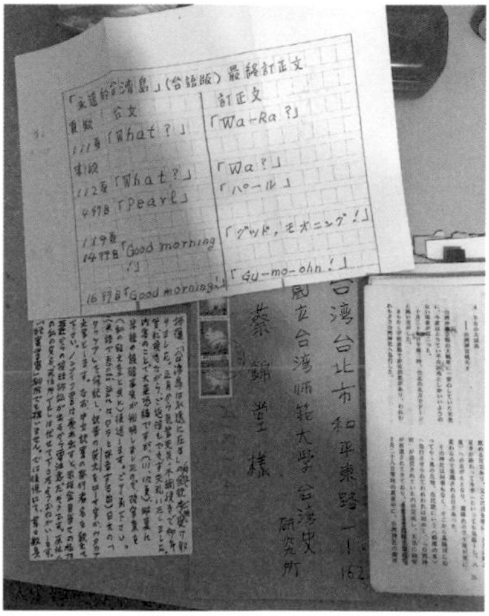

5 竹內最終得到的臺北高等學校高等科文科畢業證書，背面附註在學有效之但書
6 為了中文版的出版，作者多次郵件傳真往返，慎重增刪改訂書稿（蔡錦堂教授提供）

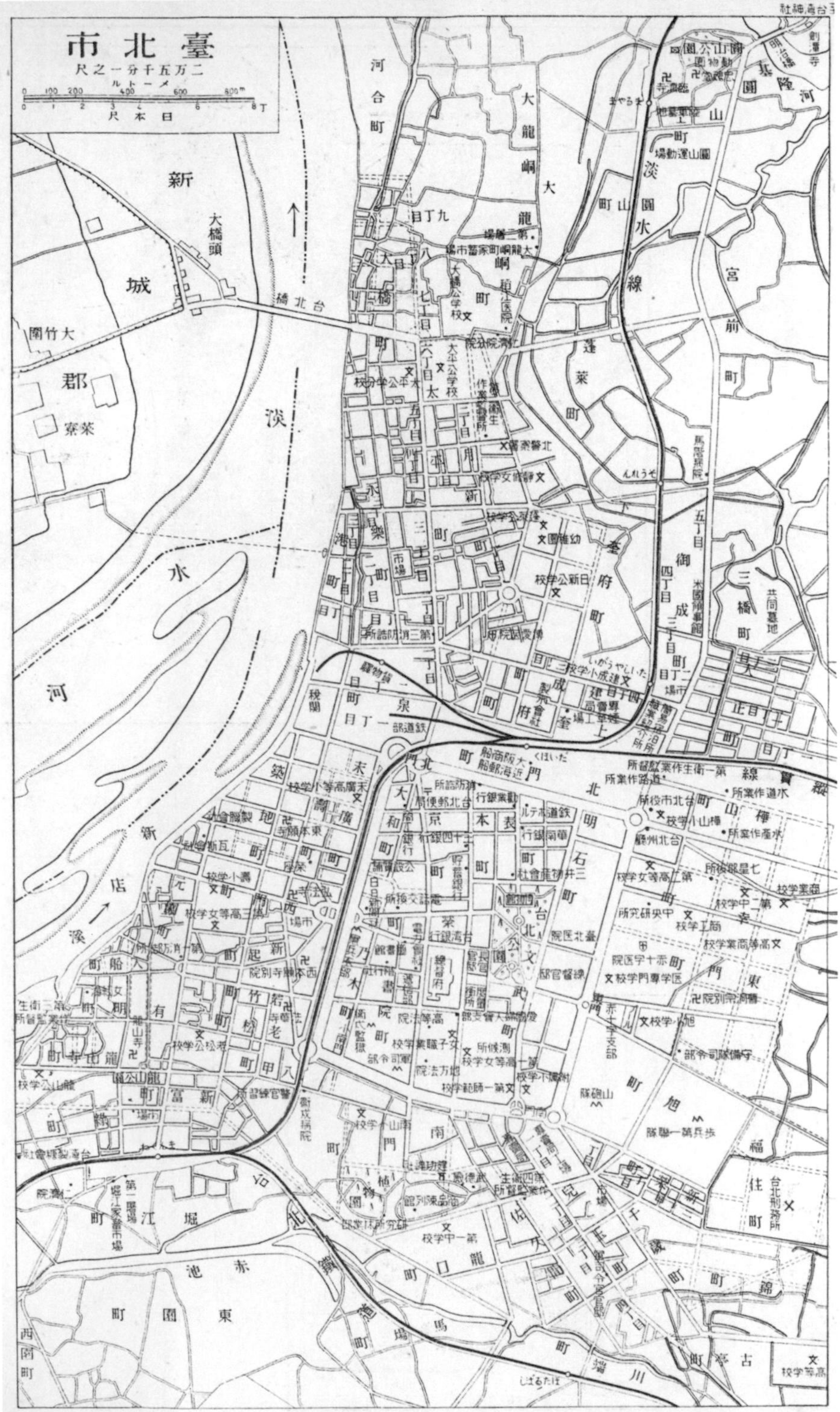

1930 年代日治時期臺北市 1/25000 地圖。
典藏者：中央研究院。數位物件典藏者：中央研究院數位文化中心

序

辜寬敏（總統府資政、台北高等學校同學會會長）

台灣師範大學出版中心與蓋亞文化，擬合作出版我在台北高等學校時的同班同學竹內昭太郎所撰著的《台灣島は永遠に在る——旧制高校生が見た一九四五年敗戰の台北》中文版譯本，請我寫一篇序文。作爲竹內君的高校同班同學，何況我目前又擔任台北高校同學會會長，當然義不容辭地答應了。

我在一九四四年的四月從台北州立三中（現師大附中）考進台北高等學校高等科，選擇文組，當時全班大約四十位同學當中，只有我一個台灣人，其他都是日本人。竹內君是從高校的尋常科直升上高等科。同班同學中也有後來擔任日本農林水產大臣的大原一三。

竹內君所寫的是一九四五年日本戰敗那一年他親眼目睹的台北景象，特別是被徵召去草山、竹子湖、大屯山、七星山一帶構築戰中陣地的學徒兵生涯情境，以及日本戰敗到隔年被遣送回本國的紀實報導。雖然這樣的撰述，在戰後台日人當中留存下來的還有一些，我也曾經在我的傳記《逆風蒼鷹》中提及學徒兵生活「窗簾布換雞肉」或是「特製手捲煙支」的故事，但畢竟是較爲簡略的書寫方式，不像他長篇大論，條理分明地深情敘述，值得喝采。而且書裡面，竹內君也不忘在幾個地方幽默地以 KOKENMIN 之名調侃一下我這個老朋友，然後在文章中說「聽說他父親以前是貴族院的議員」，指涉的是誰馬上就洩了底。

戰爭結束後，我們因爲分隔兩地而疏於聯絡，但據說，他在離開台灣之前曾到我家信箱投入「若有機會望可再次相見」的信件。

一九六三年我們兩人在東京日比谷的鰻魚料理店重逢，距離戰爭結束已經十八載，當時他是日本入國管理局的官員。一九六八年發生了台獨聯盟盟員柳文卿護照被註銷將被遞解出境事件時，我是柳文卿的身分保證人，但我自己也沒有進入日本的入國紀錄，可能也會以偷渡嫌疑遭遞解出境。幸好身在入管局的竹內君發揮同學間的「絆」KIZUNA，成功解開了困局。其實我在日本的時候，是以華僑的身分居留，但我並不是華僑，竹內君也知道，卻從不向我提出這個問題。

還記得有一年紀政、楊傳廣、沈君山因爲奧運的事情，要到名古屋開會，當時我被請託到機場接機。他們搭的飛機在大阪機場降落，但是全機的旅客都出關了，只有他們三位沒有出來。由於他們不會日語，我就進入大阪機場入管處交涉。入管所長說，他們曾經要到夏威夷，卻在日本入境後沒繼續前往夏威夷而返回台灣，違反了日方的規定，這些從護照上都可以看得出來。我只好打電話給當時是法務省入管課長的竹內君。他接到電話後，馬上跟大阪入管所長直接聯絡，沒有多久三個人就出來了，而且可以在三天內超出大阪範圍，到名古屋開會。我認爲出生在台灣、到十八歲之前在台灣受教育、長大的竹內君，與其說因爲我是他的摯友而對我「特別優待」，倒不如說是他對他的第一個故鄉台灣，懷有深沉的情感。

在那之後我們也繼續以書信、賀卡、電話等方式維持聯繫。二〇一九年四月，台灣師範大學的吳校長等人赴日拜訪以竹內君及幾位台高校友爲主所組成的「蕉兵會」，我也受邀一同前往，行前還與竹內君通了若干次電話，請他好好舉辦這次的聚會。可惜聚會前一天我突然身體不舒服，人已到東京卻無法出席，失去了與他把手言歡的機會，而且這次錯失的結果是無法彌補的遺憾，竹內君已於今年（二〇二二）的十一月十二日因病與世長辭。

作爲竹內君自台高時期以來的老友，即使兩人現在相隔兩個世界，但是「台灣島は永遠に在る」。

序

吳正己（國立台灣師範大學校長）

二〇一八年十一月台灣師範大學校務會議決議，台灣師大的校史從日本時代一九二二年創立的台北高等學校時期起算。隔年的四月二十六日，我與台灣師大的幾位師長，前往日本東京拜會「蕉兵會」的前台北高等學校的日本籍校友們。

蕉兵會是承繼台北高校日本人同學會「蕉葉會」的組織。蕉葉會因會員老化而停止運作後，以曾在戰爭最後一年被徵召當「學徒兵」的台北高校學生爲主，另組略具讀書會性質、每月聚會一次的蕉兵會。其主要成員有川平朝清、園部逸夫等著名人士，還有本書的作者竹內昭太郎先生。那是我與竹內先生第一次的邂逅，本來期待隔年亦能前往東京跟這些年紀已超過九十的老校友們請安，但逢疫情的關係而無法成行，非常可惜。

竹內先生在一九九〇年出版本書《永遠的台灣島》的日文版，這次經由本校出版中心，與蓋亞文化合作，將它翻譯出版。這本書是作者以自己還是台北高校學生，於戰爭最後一年的一九四五年，所親眼目睹日本敗戰前後台北的景象，以「紀實文學」的方式予以披露。作者敘述當時以學徒兵身分，被徵召去草山、七星山、竹子湖一帶建築防禦工事，也透過巧筆見證台北大空襲、總督府半毀、台灣神宮燒毀的絕望情境。還有戰後美軍與國民政府軍的進駐，民衆的家當擺攤拍賣，以及取得高校生的「暫時」畢業證書，日本人的遣返等等，閱讀之餘，彷彿在作者的帶領下走進了時光隧道……

明年二〇二二年是台北高校以及台灣師大一百週年的校慶，本來預計邀請竹內先生再度回到他的母校參與盛典，或者考量年齡與體力因素，至少可以請他用視訊方式見證百年活動。未料十一月中，竹內先生因老衰而過世，無法親自目睹他的著作中文版問世，深感遺憾之至。謹以此文爲序，並悼念竹內先生在天之靈。

台灣版作者序

人類的歷史有「集團的霸權鬥爭」和「個人的文化發展」兩個面相。我們這些舊制台北高校生，一方面學習英國伊頓公學（Eton College）「教養與自律」的理念，同時也因爲祖國大日本帝國在世界霸權之戰中，以台灣島爲據點一路打到準決賽，結果大敗給美國，民族幾乎滅絕，我們身爲學徒兵，親身體驗了這一切。

相隔四分之一世紀之後重返出生之地，第一次發現台灣人與日本人十分相似。我出了一本回憶錄《永遠的台灣島》，並與昔日同窗分享。

當年響徹自治與自由鐘聲的校園，目前乃是台灣師範大學。此次聽聞該校宣言「將繼承舊制台北高校的傳統」，又收到台灣史研究所蔡錦堂博士的聯絡，表示希望出版前述回憶錄的中文版，在此深致謝忱。祈願台灣島上每年入學的十八歲未成年諸君，鑽研學問有成、前途光明無限。

竹內昭太郎

二〇二〇年四月

導讀

蔡錦堂（國立台灣師範大學台灣史研究所　退休教授）

一個日本統治時期出生於台灣的日本人，在一九四五年，以「未來國家社會菁英」的舊制台北高校生身分，被徵調到台北北部的草山、竹子湖、七星山一帶，充當「學徒兵」進行挖掘壕溝、構築陣地工程，防備美國敵軍的攻擊。戰爭結束後，雖然復學，卻只能變賣家當並學習做買賣，最後無奈的帶著一千日圓與少數行李，離開他原來認定的「故鄉台灣」，以及台灣籍同學、摯友，被遣送回到出生以後僅去過兩次的「祖國日本」。四十二年後，他以略帶幽默式的「紀實文學」（nonfiction）手法，寫出當年「開學即入伍」的記憶，告訴我們日本戰敗這一年的台北，到底是怎麼樣的情況。這本書《永遠的台灣島——一九四五年，舊制台北高校生眼中敗戰的台北》，就是作者竹內昭太郎先生（以下尊稱略）的十八歲戰時回憶。

關於竹內昭太郎

竹內昭太郎（1927～2021）本籍日本千葉縣，父親竹內文藏自台北高等商業學校畢業後任職總督府專賣局，母親則畢業於台北第一高女。竹內昭太郎小學就讀台北市錦尋常小學校（今台北市龍安國小），一九三九年考入台北高等學校尋常科，一九四四年直升入高等科文組。當時同班約四十名同學中，有校長下川履信的兒子下川逸雄，也有後來成爲朝日新聞國會記者的央忠邦，以及日後的國會議員與農林水產大臣大原一三（原姓井上），但文組的台灣籍同學僅有一人——從台北三中（今師大附中）考進台北高校的辜寬敏。這些同學甚至校長、老師都成爲本書中出場的人物，只不過有些是以本名或姓氏，有些以改名或諧音登場，例如辜寬敏就被稱爲KOKENMIN，下川校長則改成下山校長。與竹內昭太郎同屆的台高理組的同學，日本人還有八田與一的兒子八田泰雄、川平朝清、川崎健、吉見吉昭，以及台灣人王源、王萬居、倪侯德、洪祖培、高積錕、蕭成美、蕭柳青、黃癸林等人。

竹內在一九四六年被遣送回日本後，編入島根縣的松江高校就讀，再轉東京的第一高校，之後考入新制東北大學法學部。畢業後參加國家公務員考試，進入法務省的入國管理局，最後擔任該局參事官，是處理外國人居留或出入國相關事務的官僚。❶

本書中文本出版緣起

筆者大約十多年前第一次在東京遇見竹內時，就是因爲他的「出入國管理局」官僚的經歷而對他特別有興趣。當時我正在研究台灣人穎川（陳）辯護士家族於二次戰前與戰後居留並歸化成日本人的案例，而穎川家族正是所有台日家族成員考上台北高校最多人（共五位）的傑出菁英之家。也許當時任職於入國管理局的竹內，多少應知悉或參與過穎川家族居留歸化的過程。筆者同時也獲知竹內撰寫過一本戰爭末期學徒兵與戰時、戰後台北情形的著作，且正在探詢翻譯成中文版的可能性。由於幾次參加台高校友在日本的聚會，鋪成了本書中文版出版的緣由。

日文版犬養孝序

本書日文版的原名是「台灣島は永遠に在る——旧制高校生が見た一九四五年敗戦の台北」，作者所用的筆名是「つね　あきお」。つね即是採自於「竹內」的中文唸法，多少可見作者的幽默或說聰明且略具促狹的風格。

原書完稿於一九八七年三月，一九九〇年九月才出版。日文版有請當時台高的班級導師犬養孝寫序。犬養孝是東京帝國大學文學部畢業，之後赴台北高校任教，他以獨特的「犬養節（旋律）」吟唱日本奈良時代的古和歌「萬葉集」，迷倒許多學生，前台大醫學院院長黃伯超以及辜寬敏等人至今尚能以「犬養節」吟詠萬葉集；犬養孝甚至培育了因《台灣萬葉集》而於一九九六年獲得日本菊池寬賞的名家吳建堂醫師（筆名孤蓬萬里）。戰後犬養孝任教於大阪大學，也曾為昭和天皇講學與吟詠萬葉集，一九八七年獲頒日本政府「文化功勞者」獎項，是日本萬葉集的大師，奈良的明日香村亦為他設立了「犬養萬葉紀念館」。但是犬養孝獲得文化功勞者三年後的一九九〇年，替竹內所寫的「序」，卻短短不及兩頁幾百個字，文中說他自己神經細膩，竹內所寫苛酷的戰爭以及學徒兵體驗記，讓他不忍卒睹，因此只能中斷閱讀。這主要是因為犬養孝當時也與學生們一起被編入軍隊，成為陸軍二等兵。對他來說除了戰爭的殘忍、陰暗，也加上他是堂堂東京帝大畢業的台北高校教授，卻只能與學生一樣擔任二等兵，確實是一段不堪回首的往事。因此在中文版翻譯之前，竹內已先將日文版原書犬養孝的序文刪除不擬刊出。不過，因為犬養序文最後，相當稱讚竹內記述這段慘烈戰爭的「苦鬥」，希望他能將這本「學徒兵體驗記」，成功化為優質的「戰爭反省記」，那麼竹內的努力就會是貴重的作品。所以筆者在導讀中，還是選擇將日文版犬養孝勉勵竹內的話語揭露出來，如此才能呈現犬養老師對竹內著作的期待。

作者的增刪改訂

本書在開始翻譯之際，九十多歲的竹內也著手對原著作加以增添修改。隨著翻譯的進展，除了原文正本外，「文章改訂版　正本」、「部分訂正版」陸續寄來，兩種版本裡可見非常多的增刪修改痕跡，有用浮貼、有以色筆、或拉線，加上顫抖的鉛筆字跡，說明修改部分，過後甚至又以信件、明信片解說再度增修部分（竹內只用電話、傳眞或信件溝通，不會使用電腦email）。這些後續的增添，讓翻譯作業變得複雜許多，但另一方面則顯示竹內對他的中文譯本的重視與愼重，才會一再修改，只爲讓這本書更合於「史實」，而不是僅止於日文版原書名附加的「ノンフィクション」（紀實文學）的部分文學成分（不過本書涉及的哲學與文學部分，實在是相當精采）。這也就是本書中文譯本與日文原書會有一些出入的原因，包括日期、時間、地點、人名等等，但基本上中文譯本乃是遵循竹內本人的增刪修改內容去進行的。當然因爲書中有一些該時代的專有名詞，或日語用語，以及地理名詞等等。爲了協助台灣讀者更爲清楚閱讀起見，譯本編輯部也在適當的地方努力增加一些註釋，以助讀者理解，但這不是學術書籍的加註，應該有助於讀者對當時代的理解，希望不致於增添讀者閱讀的困擾與壓力。

本書內容

關於本書內容，首先必須稍微說明竹內當時所就讀的「台北高校」是一所什麼樣的學校？爲何會加上「舊制」兩字？這是因爲一九四五年以前，日本模仿德國採取國家社會菁英培育的金字塔型教育制度，全日本國（包含殖民地、佔領地）僅設立三十八所高等學校，在殖民地台灣也只設立一所，就是「台北高等學校」（今台灣師範大學前身）。當時的台北一中、二中、三中、新竹中學、台中一中、二中、台南一中、二中等等學校，都只是中學校而非高校。高等學校學生畢業之後，原則上可以免試直升帝國大學。全日本國只有九所帝國大學，台北帝國大學（今台灣大學前身）是其中的一所，也是台灣唯一的一所。高等學校、帝國大學是日本培育國家社會領導者、大學教授、研究者，以及企業領導者的培養皿。戰後此菁英培育制度爲美國式的普設高中、大學所取代，因此二戰之前的高校、帝國大學，相對於戰後的美式「新制」，即被稱爲「舊制」。台北高校設立於一九二二年，是一所七年制的高校，含四年的尋常科（等同中學），與三年的高等科（等同高中）。尋常科一年只招收從全台灣初等教育畢業的學生四十名（台灣籍學生不會超過六名），高等科招收一百六十名學生，其中的四十名是從尋常科直升，其他一百二十名則由各中等學校競爭而來（台灣籍不會超過四十名），因此台北高校是當時全台灣最難考的學校。台北高校學生畢業後可免試直升台北帝國大學，但有許多學生選擇赴日本就讀東京或京都、九州等等帝國大學。可以說台北高校、台北帝大生都是日本時代台灣頂尖的菁英中的菁英，李登輝、辜振甫、徐慶鐘、李鎮源等人都是台北高校生。[2]而本書作者竹內昭太郎就是從尋常科考入台北高校的日本籍菁英。

一九四五年三月因爲戰爭趨於白熱化，本來還在學的學生（甚至學校老師），在全島要塞化的名目下，都被徵召到台灣各地去擔任挖掘壕溝與陣地並負責防守的「學徒兵」。所謂學徒兵，「學」在日本指的是「學生」，特指「大學生」，而「徒」則是「生徒」，即中學與高中、專門學校生，因此學徒兵就是中學、高校、專門學校、大學生於戰時被徵召去當兵者。本書的第一篇即是竹內描述他以高校生身分，被徵召去大屯山、七星山、竹子湖一帶當學徒兵的戰時體驗記。

在本書的開頭部分，竹內先以一九四四年十月二十三日台灣總鎮守台灣神宮，要從台灣神社「升格」爲台灣神宮之前，遭友軍飛機墜落燒毀一事，帶進日本戰爭「不吉的大凶兆」，這是當時即使住在台北的民衆，因爲消息封鎖而不一定知曉的大事。接著隔年一九四五年三月二十日學校已成爲軍營，教室變成鋪著稻草的內務班，四月初開始移駐八里，再到草山、竹子湖等山岳地帶，展開被分配爲「敢一三八六二部隊第一大隊第一中隊」的學徒兵生涯。直到八月十五日日本天皇宣布戰敗的「玉音放送」，八月二十九日除隊回到學校，一共當了五個月又十天的學徒兵。

作者也藉著自己或其他學徒兵到台北出公差的際遇，描述戰爭期的台北庶民生活景象。又以「我跑到哪裡，炸彈就炸到哪裡」、「（總督府的）塔還在？簡直難以置信！」的詼諧口吻，狀似「輕鬆」地敘述五月三十一日台北大空襲的慘狀。但是，在戰爭結束後，學徒兵現地除隊，衆人對著所有地名唱著離別之歌「再見吧七星，直到下次來訪」、「再見吧竹子湖」、「再見吧大屯」，其實心裡都偷偷想著「我並不打算再來」、「戰爭的亡靈，你就永遠沉睡在這個山裡吧！」作者內心的沉痛不言可喻。也難怪犬養孝老師會對竹內的著作無法卒讀，畢竟他也是身歷其境者，不想再度踏入戰爭的魔山。

本書第二篇的「戰後」篇，描繪台北高校的復校與終焉，以及國民政府軍進駐台北時，「有士兵把兩隻軍靴吊掛在腰上」、「有人是背後插著一把傘的」、「有一批人手上拿著的是鍋而不是槍」，因此竹內下了定義：「拿這些人當對手，日本陸軍的確勝利有望」。

作者也敘述戰後等待將被遣返期間，爲了生活而開始變賣家當，並且學做買賣，還有最後離開故居直到登上「引揚」船艦當中的點點滴滴，其中並穿插了與台灣女性美玲及其姪女姿碧的友情與感情。夾雜的文學與物語式描寫，似乎也讓本書不會那麼單調乏味。

竹內在書籍最後敘述他在二十五年之後的一九七一年三月與十二月兩度回到台灣，走訪已經成爲「別人家」的「老家」，也重返台北高校，以及曾經不想再見的竹子湖。除了感嘆歲月匆匆而島上的山巒風姿依舊，他也再度邂逅了台灣姑娘美玲與姿碧，並且期待日後再見時要用台語跟她們說：「呷飽未，台北囝仔」。

最後的感念

對於灣生竹內而言，雖然他十八歲時不得不離開台灣，台灣目前已是「外國之地」，但用他的話語來說，他仍然認爲「台灣島是生養我們的大地之母」，「我們體會到自己曾經蒙受這片土地無盡的恩惠。我認爲那是人生的學習，是很質樸的人類的情感」。他也自豪和以前的台灣籍友人，現在仍然沒有國籍的隔閡（雖然他曾是日本法務省入國管理局的高級官僚），見面時依舊使用熟稔親切的日語「俺とお前」（我和你），而不講究禮貌客套的方式。他說這「正是多年的親愛之情，是日本全舊制高校生之間共通的知的血緣」。

他會取用《台灣島は永遠に在る》（永遠的台灣島）這樣的書名，讓我們相當感念他對台灣的愛。

今年二〇二一年十一月十二日，竹內昭太郎已經離開了日本與台灣，去到了日本的神界「高天原」，願他好好安息！

❶ 關於竹內昭太郎的研究，可參閱田中美帆，〈移動與境界——台北高校生．入管官僚竹內昭太郎的記憶分析〉，台灣師範大學台灣史研究所碩士論文，二〇二一年。

❷ 可參閱徐聖凱，《日治時期臺北高等學校與菁英養成》，台北：台師大出版中心，二〇一二年。

目次

第二篇　戰後

前言　永遠的台灣島

前言

大東亞戰爭❶期間，我曾在台灣聽過一句話：「緬甸地獄，爪哇天堂。」這是流傳於官員之間的密語，他們從南進基地台灣被派往更南方的地區，其中有一些地方，萬一被指派過去，即便不是軍人而是軍屬❷，也會過得非常辛苦。

日本戰敗，無論身在哪一個外地，應該都體會了近乎極限的危機感，因此戰敗後不曾聽聞有哪個地方是天堂，不過今天事過境遷再回頭想想，其實是可以稱「滿洲地獄，台灣天堂」的。戰後，台灣根本沒有飢荒，也幾乎不曾迫害過日本人，更沒聽說過什麼戰爭孤兒的故事。當然，關於戰敗和引揚❸，也沒有什麼衝擊性的紀錄報告。天堂的故事通常沒多大趣味，因此在這個世界裡敘說天堂的故事，沒幾個人會願意傾聽。

但是，對於戰後從台灣島引揚回日本本土的四十幾萬日本人而言，每個人都有一個只屬於自己的、一生僅此一回的「敗戰物語」。

當時十八歲的補充役學徒兵．舊制高校生，如何在台灣迎接戰爭到來並一步一步走向破滅，之後又如何在戰後掙扎著重新站起來，重新過生活，這一切，只不過是大歷史中的一幕而已。但是人活著就會遭遇到的所有問題，包括「何謂軍隊、何謂天皇、何謂投降」，還有「日台差別、高天原❹

與神之國、何謂奇蹟」，乃至於戰後「人的寬赦、欺騙、報復、直覺、物品的價格、學制、言語的差異、日台友好、別離、對大地的讚頌」等等，全部都是存在的。

這本手記裡的「戰爭」和「戰後」，都是當時十八歲學生的視角，以現今的眼光來看，難免會認爲太單純，甚至有些表現太誇張。但是在手記的「戰後」之後，我們突然闖入了彷彿另一個世界的「本土的戰後」；經過十年，別人都說「已經不是戰後了」，可是我們的腦袋裡裝了兩個不一樣的戰後，兩者有些扞格，無法融爲一體。戰後過了二十五年，重返台北，雖然有些迂迴曲折，但也終於感覺到兩個「戰後」有了銜接，可以做個了結，因此我決定將當時的小故事加進書裡。

現在，台灣是外國之地，但我還要感懷敘說台灣「永遠都在」，或許會爲目前的台灣人民徒增困擾，但是，我們這個世代所追憶的，並不是國家、公領域的台灣，而是生養我們的大地之母——台灣島。數十個寒暑之後，看見島上的山巒風姿依舊，我們體會到自己曾經蒙受這片土地無盡的恩惠。我認爲這是人生的學習，是很質樸的人類情感。對於人也是一樣的，以前的台灣籍幼友、學友，現在和我們並沒有國籍隔閡，依舊是熟稔的「俺とお前」（我和你）的人與人之間的關係。希望各位能理解，不講究禮貌客套的另一面，正是多年的親愛之情，是日本的全舊制高校生之間共通的「知的血緣」。

法國有句格言：「十七歲的少女年年都有。」眞要這麼說，那「十八歲的青年」也一樣年年不斷出現。未成年者無論何時何地皆有，杜斯妥也夫斯基的俄國有，戰敗下的台灣也有。四十二年前，台北未成年高校生們的思想行動，和現今的年輕人並沒有太多不同。我希望能將這個歷史事實，傳達給現在的年輕世代。就是這一本，一九四五年的台北報導文學。

記於一九八七年三月九日

❶ 大東亞戰爭，二次大戰時日本對遠東和太平洋戰場的總稱。
❷ 軍屬，以非戰鬥人員身分在軍中支援勤務者，非戰鬥人員除了軍屬外，還有軍伕。
❸「引揚」(引き揚げる，遣返之意)，指二戰後日本失去殖民地、佔領地的統治權力，必須將各地的日本人接回國內。
❹ 高天原是日本神話傳說中神明的住所，魂靈最終會飛升到高天原。

序篇　戰夢半醒

九月二日早晨
——被巨大的B－29驚嚇

爆炸聲越來越近了。這不是友軍飛機，但也和平常的美軍飛機聲音不一樣。「該不會是新的聯合大空襲吧？得要趕緊躲進防空壕裡。」才剛想著要爬起來，只見眼前無聲無息地突然變成了一片火海。「是美軍的新型炸彈！把白色毯子灑水弄濕蓋在身上，不可以看那些閃光，頭朝下，趕快跑出去！」我踢開棉被、掀起蚊帳，卻看見滿室燦爛的夏日陽光。

我究竟身在何處？這是哪裡？新型炸彈並沒有落下來。看得見庭院裡小假山的防空壕門，但是太陽剛從隔壁家的屋頂升起，照亮了圍牆和院子裡的樹。

終於恢復了正常意識。對了，我是高校二年級的學生，從台北的這個家被徵召投入戰爭。在山裡待了好久，逐漸被戰爭逼到無路可走，大勢已去，覺悟要從容就死了，突然間，戰爭結束了。

就好像在大海裡漂流到筋疲力竭，已經放棄掙扎決定淪爲波臣，卻發現其實身在淺灘，腳可以踩到底站起來。這次的戰敗總讓人回想起來很不是滋味。

感覺也像是正要渡過冥河，卻被閻羅王喝令回頭似地。總而言之，四天之前，我活著回到了這個家裡。當晚吃過飯之後我倒頭就睡了，而且似乎朦朦朧朧地一直昏睡了四天。然後現在醒過來了，卻又陷入美軍飛機轟炸的錯覺。戰爭留下的傷痕還很深很深。

在飯廳裡翻閱《台灣新報》，看到報紙上寫著：「今天昭和二十年（一九四五）九月二日，將舉行簽字儀式，大日本帝國陸海軍將正式向美英同盟國軍投降。」

什麼啊，我們的軍隊還沒投降嗎？一直以爲我們在山裡接到敗戰訊息，接著要求繼續抗戰，最後終於停戰投降了，原來塵世間還有許多麻煩的程序要遵循。

又傳來了轟轟然的噪音。母親在門外和隔壁的太太聊天。

「美國的飛機從剛才就開始往監獄方向低飛，好像還空投東西下來。」

原來如此。美軍誤以爲東門町❶前面的台北刑務所❷是戰俘收容所，空投救援物資下來。美軍俘虜明明在圓山的收容所裡，原來美軍的資訊也有不對的時候。我想到「說不定有救援物資從天而降，去看看吧！」就穿著木屐匆匆趕往現場。

東門市場前面是柊牧場❸，牧場再過去是台北刑務所的大片農作園區。我跑到鐵絲網柵欄附近，看見農作園區裡有幾批囚犯或趴伏或移動中。

轟鳴聲在我後方響起。回頭往上一看，打從心底嚇了一大跳。四具發動機的機翼和機身，我第一次看見這麼龐大的飛機。巨大的飛機低飛掠過，四周瞬間變成一片黑暗。原來這就是B－29。這種大到離譜的轟炸機一次來個幾百架，日本的城市不轉眼化爲灰燼才怪。

五月三十一日的大空襲❹，一天就把台北炸得七零八落。那次是四百多架團結飛機公司的B－

24，和現在這個B－29比起來，幾乎算是小型機了。

巨大飛機在監獄的農作園區投下了五、六個綁著降落傘的木箱。只要落在鐵絲網附近，我應該可以翻過柵欄去拿；念頭才剛閃過，下一台飛機又低飛過來，就在我的正上方打開了機腹。降落傘立刻張開，大木箱發出聲音掉落下來。危險！

一陣毛骨悚然，我拚命跑了起來。木箱撞到柵欄，發出巨大聲響，裡面的物資散落一地。正想說機會來了，結果下一台飛機又靠近過來。不得已，保命要緊，只好退避離開。

投下的物資大概是巧克力或威化餅之類的航空糧食，不過都是美國製的，說不定像戰爭期間吃過的菲律賓製品一樣難吃到無法下嚥。我懷抱著類似伊索寓言裡的狐狸的心態，離開了危險的柊牧場。

想想也眞是不可思議。明明在山裡已經作過必死的覺悟，但是當抬頭看到木箱朝著自己落下時，還是感受到死亡的恐怖。要說是生物的本能也沒錯，但是，人類的覺悟，好像只要環境一改變，就會消失得無影無蹤。

死亡啊，再見。對於死亡的意識，我也要說再見了。

❶ 東門町，今徐州路、信義路二段、仁愛路一段附近。日治時期，此地居民多為日本人。

❷ 台北刑務所，日治時期興建的現代化監獄，後為台北監獄，位於金山南路、金華街一帶。

❸ 柊牧場，一八九六年由日人塚本喜三郎於今台北東門旁開設的牧場，是台灣的第一家牧場，戰後由台灣畜產公司接收。

❹ 一九四五年五月三十一日，台北遭受美軍航空隊的大轟炸，這天的大規模攻擊是台北歷史上最慘重的空襲，被稱為「台北大空襲」。

最後的配給米
——與大隊長及軍國訣別

被B－29震撼一番，回到家之後，母親告訴我：

「聽說有配給一些米，好像量比較多，你可以幫忙去領嗎？」

「國家雖敗，猶有配給米」，我深受感動，走向位於東門町二條通中段的配給所。

傳閱板上寫著「下一次配給不知道狀況會如何，請各戶務必領取這次的配給」。領到的配給米有四十公斤左右，因爲太重沒辦法拎在手上，我就把袋子放到肩膀上用扛的。

在下一個轉角，碰到了一個穿著軍服的老人。閃過肩膀上的米袋、斜著抬頭一看，竟然是直到前幾天爲止都在管理我們的大隊長某某大佐。我突然開口：「哎，你好嗎？」

前大隊長看來一臉困惑，然後露出了有點難爲情的笑容，跟我說：

「喔，喔……」

就走過去了。

我並不是特別恨這個大隊長，才用這種方式跟他打招呼。這半年來，也算是和這位大隊長相當有緣。三月份我剛入隊，一度被派到大隊長宿舍當差，幫他劈柴、掃院子等等。我也知道當兵就是去當下男。傍晚大隊長回家，會跟我說「哎，辛苦了」，而大隊長夫人則會給每名小兵兩個點心。

七月天氣正熱，被派到士林幫忙收割稻子。大隊長過去巡視時，我站在反射熾熱陽光的水田裡向他敬禮，他走到旁邊問說：

「哎，大家都好嗎？」

所以我現在就用當時的話語回敬他一下。

在這場戰爭裡，軍人們或許都自認已經拚命為國盡力了，不過其中也存在著很多的錯誤認知，其中最大的誤謬就是以為形式比內容重要。所謂的階級，在判斷決定戰爭相關事務並下達命令時，確實需要階級，但並不是為了尊崇階級所以設定出階級。對於階級的錯覺，導致許許多多無謂的摩擦和對形式的執著，卻無法催生出具有建設性的內容。

話說所謂的武人，因為是把既不是文科人也不是理科人的人安插到階級制度裡，所以才造就出一批只會擺架子而欠缺實際內涵的人。

現在已經沒有那些階級了。

以個人的立場而言，或許有點可憐，不過，面對幾天之前的大隊長，我也能用對一般人的方式打招呼了，而這讓我終於在內心裡完成了「對戰爭的訣別」，同時也是對戰爭時期、對軍隊、對軍人的訣別。

軍國啊，永遠再見了！

戰爭的整理——戰爭始於何時？

扛著米袋回到家，又睏了起來。這個倦怠感到底是怎麼回事呢？到前幾天爲止，我都在雲霧繚繞的七星山裡，忙著起床、點名、體操、早餐、工作、訓練、上山下山跑腿出公差，那份精神和體力都到哪裡去了？

看來人類所謂的鍛鍊，一點也不可靠。再去好好睡一覺，然後我要在沒有轟炸也沒有轟鳴噪音的世界裡醒來，用清清爽爽的腦袋寫一篇〈戰爭始於何時、終於何時〉。

廣義的戰爭，在我們稍微懂事的時候就已經近在身邊了。

要上小學時，開始有了上海事變❶〈爆彈三勇士之歌〉❷這首歌，然後我們被帶去看滿洲軍隊在雪地裡進行突擊的電影，也看揹著傘的支那兵的漫畫，還有報紙上送日本刀到衣索比亞的聲援報導。支那事變❸之後，又有旗幟遊行、提燈遊行，還到松山機場歡送越洋轟炸隊。進入大東亞戰爭後，父親前往香港，一回台灣又立刻轉飛爪哇……不過，眞正的戰爭並沒有貼近到我身旁。

那段期間，我和學友一起進行過各式各樣的交流、旅行、討論學習活動。時間進入昭和十九年，三月學年結束放假時，我們五個人還到新竹旅行，在公司的俱樂部住了兩晚。八月時也還三個人結伴投宿新北投的溫泉旅館，在街上悠哉閒晃。但在那之後，情況急轉直下到瀕臨滅亡的狀態。

我要重新把那場嚴重的「戰爭」回想一遍，然後鄭而重之地將它埋葬掉。在那之前，我要好好再睡一覺。

戰爭啊，讓我安安穩穩地睡一覺吧！

❶上海事變，此處指一九三二年的一二八事變。

❷又名「肉彈三勇士」，指上海事變時，三個日本小兵因破壞鐵網工事而意外身亡，媒體配合軍方宣傳為英雄，並徵集歌詞，推出〈爆彈三勇士之歌〉歌頌三人。中野力作詞，山田耕筰作曲，江文也演唱，這也是江文也的第一張唱片。

❸支那事變，即盧溝橋事變。

第一篇　戰爭

「獅子頭山清雲飛揚，七星嶺上氤氳繚繞」

學生部隊被配置於台北北部的連綿山巒間，自右至左為：

七星山↓

小觀音山↓

大屯山↓

面天山↓

台北市與大屯山群，照片的前景是京町。照片出自 1930 年《日本地理大系第十一卷臺灣篇》，勝山吉作攝影。（典藏者：中央研究院。數位物件典藏者：中央研究院數位文化中心）

戰爭的到來
——台海航空戰的時候到了

遙遙仰望劍潭山峰　古城之畔誓言融和
啊　永遠的圓舞和樂　以島都之姿　起舞翩翩
台北　台北　我們的台北

——〈市民歌〉❶

昭和十九年十月十二日，戰爭來到了大日本帝國南進基地．台灣島的首都台北。

那天沒什麼太陽，早晨的天空略顯陰翳，空襲警報連續響個不停，聯合轟炸的美國艦載機大編隊不斷出現在台北上空，轟炸聲與我軍迎擊的高射砲聲不曾稍歇。四十萬市民避入防空壕後遲遲無法離開，終於實際體認到，節節敗退的大東亞戰爭已迫近眉睫了。

七點過後，飛機聲稍遠，抬頭仰望天空，友軍飛機的雄姿聯袂而至，衆人皆大喜，卻又聽見轟炸聲再起，只好重新躲回防空壕中。機翼上的紅色圓圈看來像「日之丸」，其實是美軍戰機的標章。今後兩者應如何識別，令人不安。

不僅如此，眼見敵機編隊飛行如此威風，我方陸海軍飛機卻毫無迎擊，究竟怎麼回事，甚是可疑。

軍方下達的指令傳到了町內會❷：「各家各戶砍伐庭院樹木燃燒之。」

於是衆人在轟炸稍歇之際，趕緊砍伐茂盛的樹木枝葉，生火燃燒，忙到傍晚。轟炸似乎以機場與周邊軍方基地爲目標，並未及於市街住宅區。

日落之後，又傳來了軍方的指令：

「庭院樹木的燃燒煙霧甚爲有效。今後亦持續爲之。」

庭院樹木砍伐之後立刻就會燒盡。效果雖好，但能持續多久，令人憂心。

次日也是清早開始，遠雷也似的爆炸聲不斷響起，但是只砍伐了少許的庭院樹木。

第三日，衆人大概已經習慣，只有敵機飛到上空時，才進入防空壕。

傍晚時分，轟炸聲停歇後，才見我軍的戰鬥機以三機編隊，自台北上空如飛燕般飛向西邊的桃園台地。忍不住覺得：「現在才飛過去，是要做什麼呢？在這之前，你們躲到哪裡去了？」

那時，有位佩戴憲兵臂章的年輕陸軍軍官，在我家前方數度徘徊後，終於打了個招呼，走進家中。我家從昨日起，並沒有積極燃燒庭院樹木，還以爲憲兵竟然如此迅速過來追究，結果不是，原來是母親故鄉島根縣的親戚。

他是陸軍中尉，因爲聯絡事務而從東京來到台灣軍司令部，預定停留數月。我們將我家庭院角落那個二公尺長、七十公分寬，上頭覆蓋一張舊榻榻米的防空壕指給他看：

「三天來，我們一家四口就在這裡進進出出的。」

「就那種防空壕喔，嗯……」

被他一笑置之。

當然也不全然是因為他，不過，我們終究覺悟，是需要一個正式的防空壕了。

於是立刻請來業者，在庭院的小假山蓋出一個橫穴入口的地下壕。價格已經漲到六百圓了。

父親到南方出征，安家費的月俸只有二百圓左右，今後顯然得要節衣縮食過生活。奢侈也變成我們家的敵人了。

❶此指一九二〇年台灣地方行政區劃改正，初設「台北市」，為宣揚市制而推出的歌曲〈台北市民歌〉，山田勇作詞，一条真三郎作曲，松山時夫演唱。

❷町內會是日本的基層地方組織，由地方居民自發性管理地方事務。

終於大勝利了
——還是去昭南大學❶吧

十月十五日起，從學校（台北高校）到松山機場附近的高射砲部隊協助進行復原工程。傍晚，下士官來到作業現場，向大家傳達「大本營發表」。

收音機從昨天開始就一直報導，美軍機動部隊在台灣東方海域受到相當程度的損害，今天我方的戰果更加輝煌了。

「擊沉十艘、大破八艘航空母艦，另擊沉八艘戰艦及巡洋艦……現正追擊敗走敵艦。」

當年聽聞日本海海戰戰果的日本人，想必都同樣情緒激動吧。

我們終於盼到了一場像扭轉情勢的全壘打般的勝仗。

開戰之後一直到翌年四月的印度洋空襲，日軍連戰連勝，我一度認爲日本或許果眞是神國。不過之後的珊瑚海海戰、中途島海戰、索羅門群島海空戰開始，戰果就呈現勝負各半的局面，到了昭和十八年，瓜達康納爾撤退、新幾內亞部分撤退等接連而至，到今年二月，我軍竟在南洋群島的據點——特魯克島折損了三十餘艘船艦。聯合艦隊究竟在做什麼？眞令人焦慮不安。

但那又如何？這次在台灣海域，想必祕密增強實力的本土航空隊已經長驅直入，對美軍機動部隊施以致命打擊，讓他們暫時無法蠢動了。就像珍珠港戰果那樣，今後日美海軍實力不相上下的情況應該能持續一段時間。

話說大東亞戰爭，要完全勝利、讓美國投降，根本不可能。日本的目標在於只要美國艦隊靠近便將之擊潰，確保住太平洋西岸到印度洋東岸的大東亞地區，以維繫我百年不敗的體制。時日一久，美國打累了，厭戰氣氛高漲，便會提出和解的要求——依照計畫應該是這樣的。

台灣海域海戰的歌❷已經作詞作曲完成，在收音機裡播放著。

「那一天來了　那一天終於來了　傲慢無理的敵軍艦隊　我們等到你、捉到你了　就是今天舉起拳頭發動攻擊　台灣東方海域　時間是十月十二日」

那麼，我們還是按照預定計劃南進，到北部去讀「昭南大學」吧。

---

❶ 昭南大學，二戰期間日本佔領了新加坡，取昭和天皇名號，將新加坡改名為昭南（Syonan）。

❷ 指昭和二十年（一九四五年），サトウハチローI作詞、古関裕而作曲的〈台湾沖の凱歌〉。

苦節一年的回顧
——文科必滅、理科必須

曾經休學一年的我，在去年（昭和十九年，一九四四）四月一日，修完了總督府立台北高等學校（七年制）尋常科四年的課程，升上高等科的文科一年級。

在這一年當中，日子過得眞是不平凡。

昭和十八年九月時，戰局看來並不是那麼糟糕，但是文科系學生的暫緩徵兵已經被廢除，滿二十歲以上的高專、大學在學生都要參加「學徒出陣」❶的行列。高專校已從三年制縮短爲二年制。文科學生大學三年無法畢業，因此變成中斷學業的「中途出陣」。

七年制高校尋常科的學生，要讀高等科的文科或理科，本來是可以任意選擇的，不過十二月調查晉級志願時，四十名四年級的學生當中，只有我和盟友齋藤兼繼兩個人登記要進入文科。

他出乎意料地開朗，對我說：

「只要進了東京或者廣島的文理大學，就能暫緩徵兵。如果那也不行的話，就去唸陸軍經理學校吧。」看來對制度相當熟稔。而且他又說：「班上調查血型時，AB型只有兩個人，就是你和我。AB型是天才型，去哪裡都可以啦。」

可是我記得，去年秋季北部學生大演習時，我抽中擔任尖兵中隊的尖兵，在士林往北投的街上跑時，曾見到苦力工人張著嘴巴，邋裡邋遢地倒在路邊，我靠近想把他移到一旁，發現他腰上繫的牌子寫著ＡＢ型，嚇我一大跳。

昭和十九年一月，填寫志願表的截止期限，我請假沒上學，在房間裡一直瞪著申請表。前一天，小學和我同年級、當時已經讀理甲一年的大塚一大來訪，勸我「不要走枉死之路，你應該讀理科」。最後還說「算我求你啦」，可是我沒答應，還反過來告訴他「你等著看，戰況如果變糟，哪有文科理科之別。大家都是一死」。

不過，到最後的最後，我都猶豫著不知如何決定。父親原本是總督府的官員，昭和十七年六月成了陸軍司政官，到南方爪哇出征未歸。如果在家，他大概會囉哩囉唆地干涉我。至於母親，和她談這種人生大事也沒用。找老師還是誰商量，得到的答案應該和大塚一樣。莎士比亞的哈姆雷特說「應該生存還是死亡，這是個問題」，竟然變成了我切身的煩惱。沉思默考，難以定案，索性騎著腳踏車，朝遠處街上而去。

回程時，在南門附近碰上了一群放學的小學生，有個女生向我打招呼：「你好！」是好友西的妹妹。她的笑臉給人非常清爽的感覺。

決定趁著心情舒暢時做個了結，回到家後毫無遲疑地填選了「文科」，把志願表裝進信封裡。

結果，從尋常科升上文科的不只兩個人，一共有七人。昭和十九年四月一日，本來文甲和文乙合計有八十名學生，但如今已合併成一班，只有二十五人，包含尋常科升上來的七名，還有來自其他中學的十八名學生，一起進入文科。這個年級的導師是教授《萬葉集》的犬養老師❷，他稱讚我們「來得眞好」。

第二天傍晚，在老師家舉行全班第一次的懇親會。「有個叫央忠邦的台灣人沒來耶。大概放棄入學了。」央忠邦回答說：「我是內地人，名字發音是NAKABA TADAKUNI。」「那個叫作KOKENMIN的，看起來不像台灣人。」「他母親好像是內地人。聽說他父親以前是貴族院的議員，眞的嗎？」

台北一中❸五年畢業的富瀨講得好大聲：「不管怎麼強調我們打的是將天皇御稜威推向世界八紘❹的聖戰，太弱還是會輸喔。無論古今東西，人類歷史都可以證明這一點。」然後同爲一中五年畢業的池谷就說了：「富瀨，你不忠於國家，看我懲罰你。」

軍事教練變成一週十二個小時，不過我們還是有時間談論文學、哲學之類的。

德文課程非常嚴格，被問到還沒教的東西答不出來，就會被罵笨蛋（聽說內地的一高❺，文法三個月就算學完了）。曾親歷第一次世界大戰，連骨頭都因戰爭營養失調的德國籍教師，會用宛如瘦削老鷹的眼神恐嚇我們：

「單字最重要。爲什麼不背單字？」

導致我們忙碌不堪，連塞班島的集體玉碎[6]、東条內閣的退陣下台也無暇關注。

六月左右，當時文理科三年級的學生突然都消失不見蹤影。

七月中旬開始，有一個月的時間，全校學生都留在淡水海岸，構築反坦克戰壕。

從六月開始，文科二年級有多名志願者，以預備學生的身分進入高雄的海軍設施部通信隊。徵兵年齡已經確定要提前一年，等於是一進大學就要出陣了。

文科二年級學生的心情開始動搖不安，比起來一年級的學生就沉著冷靜許多，大概是因爲入學時就已經有所覺悟了吧。二年級生在昭和十八年四月入學時，並沒有被預告文科生未來的命運。

有二年級學生提議：「赴死之前趁著還在學，來進行『一人一研究』，輪流舉辦發表會吧！」

我當時正在讀杜斯妥也夫斯基，就決定以此作爲研究題目。已經讀完的只有《罪與罰》。《白痴》、《群魔》、《少年》[7]、《卡拉馬助夫兄弟們》，然後是短篇作品……我排定順序後開始閱讀。

結果，十月十二日就發生了台灣近海航空戰。以這個狀況，我們文科學生覺得鬆了一口氣，也不是沒有道理的。

❶ 學徒出陣，二戰時因兵員不足，開始徵召中學、高中、專校與大學生從軍。因日本稱大學生為「學生」，中學、高中與專校生為「生徒」，故合稱入伍的學生為「學徒兵」。

❷ 作者的班導師犬養孝是研究《萬葉集》的名家，更多說明可參閱本書導讀。

❸ 一八九八年創校，一開始是「國語學校第四附屬學校增設尋常中等科」，至一九二二年改名為台北州立台北第一中學校，即今台北建國中學。

❹ 這句話是「八紘一宇」的意思，是當時日本軍方口號，意為讓世界在天皇威光之下統一。

❺ 一高，指日本舊制高等學校當中的（東京）第一高等學校。

❻ 一九四四年美軍對塞班島發動攻勢，最後沒有補給的日軍決定發動自殺性攻擊至全體陣亡。

❼ 《少年》一書的日文譯名為《未成年》。

不吉的大凶兆
——台灣神宮燒燬

當我們正爲台灣近海航空戰的戰果而放寬心時，發生了一件除了「不吉大凶兆」之外無以名之的大事。

十月二十三日下午兩點，「咚！」台北的北方傳來了一個低沉的聲音。

不久之後，學校收到「非常召集」的通知，我們在傍晚時分趕往台灣神社❶。台灣神社位在圓山的高台上，是大日本帝國在台灣島的總本山，從台北市中央沿敕使街道❷往北約四公里即可抵達。祭神是我國皇祖，以及日清戰爭❸台灣割讓給日本後，平定治安居功厥偉的征討軍總司令官北白川宮❹。

對於我們這些「台灣二世」而言，台灣神社十月二十八日的例大祭，俗稱「台灣神社祭典」，是可以在市內新公園❺的廟會攤販喝到珍貴「冰咖啡」的日子。而且過了這一天就要換季，自五月開始穿的夏季服裝要換成冬季服裝（說是冬季，氣溫也有十七、八度），學生服從霜降色（灰色）變成黑色。對於這一天，大家都印象深刻。

台灣神社沒事，我們被要求沿著基隆河往稍微後方的丘陵，也就是〈市民歌〉裡所講的「劍潭山峰」急行，然後才知道「台灣神宮」本已經建造完成，天皇已派遣勅使過來，預定於十月二十八日子夜零時舉行將台灣神社御神體遷移到新神宮的儀式，沒想到從廣東方面飛來的友軍飛機竟然墜落在神宮正上方，以檜木打造的神宮失火，剛才已轟轟烈烈地完全燒燬。

在一片黑暗中，大家持續摸索蒐集泥沼中燒焦散亂但發出香氣的檜木材，並將它們扛出來。後來發現有一個地方圍上了稻草織成的注連繩❻，還亮晃晃地掛著電燈，一群女學生在裡面工作，穿得像在插秧似的。

「那是在做什麼呀？」

「聽說墜落的飛機裡載著大量的鑽石，她們在找鑽石。」

「爲什麼只讓女生做這個工作？」

「大概是認爲男生說不定會歪掉（據爲己有），所以不叫男生去找。」

「眞是豈有此理。《金色夜叉》❼裡有一首歌是這樣唱的：『因鑽石而失去理智，貧女錯嫁富貴人家。』女生才危險呢！」

這件事好像有被報導在報紙上，不過我沒注意到。台北市民應該也有人不曉得這件事。至於台中、台南等地的民眾，就更不會知道這個消息了。關於戰局，如果也像這樣冷處理，不去刻意報導的話，感覺打了敗仗也沒有人會注意。

日本本土的人們，應該不曉得在支那事變發生後不久，昭和十三年（一九三八）的二月下旬，中國空軍的美籍義勇隊飛行員曾經單機飛到松山機場上空，投下兩顆炸彈❽。當時是早上，小學的玻璃窗震動得好厲害，然後空襲警報響起，學生都放學回家。

校長喊得很大聲：「這不是防空演習，是眞的空襲。所以你們趕快直接回家。」

這個消息也沒有出現在台灣的大報紙上，只有小型的地方報寫著「中國飛機盲爆，兩頭水牛負傷」。大人們就把地方報當作貴重品傳閱。

所以，大東亞戰爭爆發的十二月八日晚上，台灣島民燈火管制得非常嚴密，一心一意等待著一衣帶水的菲律賓航空作戰的結果。

菲律賓配置著一百四十駕美軍飛機。只要得到珍珠港受襲的消息，應該會朝台灣先制攻擊。當然想必我方也會一大早就飛往菲律賓進行越洋轟炸。萬一在海上錯身而過，美軍飛機闖入台灣，就不會只炸兩頭水牛了事，一定會有很多住宅被燒燬。

想著想著，到了晚上九點左右，大本營發表：

「於呂宋島克拉克機場及其他地方擊破美軍機一百數十。」全島島民才放下了心中的大石頭。那份安心感一直持續到昭和十九年的十月十二日。但是，身爲大本山的台灣神宮，竟然因爲友軍飛機墜機而燒燬，眞讓人難以釋懷。

戰局部分，據說美軍機動部隊二十餘艘航空母艦攻擊雷伊泰島，展開了登陸行動。已經被擊沉擊破了那麼多船艦，竟然還有後續。我一方面重新審視美國的物資之豐，同時也氣得咬牙切齒，我軍的聯合艦隊到底在做什麼？快快找出敵軍的弱點破綻，徹徹底底把他們打垮！

❶台灣神社，建於劍潭山上，一九〇一年完工。二戰期間，日本人在附近設了戰俘營關押擄獲的同盟國軍人。一九四五年國民政府接收後，原址改建為台灣大飯店，一九五二年五月十日再改為圓山大飯店。

❷勅使街道，指日治時期，日本皇族來台時，由台灣總督府直達台灣神社這段路，即今天台北市中山北路一段至三段，亦稱為「御成街道」。

❸即甲午戰爭。

❹北白川宮能久親王，西元一八九五年五月領軍接收台灣，在乙未戰爭中與抗日民兵戰鬥，同年十月因瘧疾死於台南。台灣神社以他作主祀神，以他去世那天作為例祭日。

❺原名為「台北公園」，因較圓山公園更晚興建，被稱為台北新公園，即今二二八和平公園。

❻在日本神道信仰中，用稻草編成的注連繩有淨化能力，後來日人遇婚喪喜慶、新年時都會懸掛。

❼《金色夜叉》，一八九七年開始於《讀賣新聞》連載，作家尾崎紅葉一九〇三年過世而未能完成，後來多次改編為電影、電視。

❽一九三八年二月二十三日，蘇聯航空志願隊和中華民國空軍聯合空襲台北松山機場，與作者記憶有些出入。

嘉義的正月空襲
——無法攀登新高山

新的一年，昭和二十年（一九四五）開始了。喝了元旦的屠蘇酒，晚上到西門市場街的大世界館❶，花六十圓看了一場德國電影。地中海的漁港風景莫名鮮亮。

回程在平交道上偶遇幼時友人久松榮一。他正要回嘉義的家探親，決定跟他一起走。

火車上超多人，擠得滿滿的，第二天早上四點多抵達嘉義車站。到了久松位於郊區的專賣局官舍住家，睡過一覺之後，向他父母親打招呼，訴說四年半不見的種種，被他們稱讚一轉眼長成了青年。出發前往車站，打算進行人生第一次的阿里山參拜，卻碰上長之又長的空襲警報，所有的列車都停開。

阿里山的標高二千公尺，搭火車爬上去要八個小時，從那邊再往上二千公尺，就是日本的最高峰「新高山」❷。

我姊姊就讀台北第一高女時，參加學校的遠足爬上新高山，回家後罹患一過性夏季腦炎，徘徊在生死之間，幸好有德國的新藥❸，才在帝大醫院桂內科❹撿回了一條命。

我本來也打算從阿里山一口氣爬上新高山，作爲一生的回憶，沒想到被美國飛機破壞了計畫。

在城裡的電影院消磨時間。榎本健一的《三尺左吾平》❺既簡單又有趣。

久松是我上小學之前兩年就認識的好朋友，另外還有柴田修，他也住在附近。

柴田修去年底從台北三中❻進了陸軍士官學校。我和大塚兩個人幫他辦了送別會。今後或許相見無期了。

久松的父親擔心「交通可能會中斷」，所以我決定快點回台北。

回程時，火車在員林車站暫停了好久。買了當地名產椪柑來吃，非常新鮮。台灣各地都有特別的名產——台中香蕉，苗栗柿餅，新竹米粉，再往南下有台南的番茄，屏東的木瓜；花蓮港有紫色地瓜，員林是椪柑，台北有桶柑和龍眼。

高雄沒聽說有什麼特別的，不過因爲海軍設施部在那裡，所以連日遭受砲擊。

久松讀台北商業學校❼，曾經以「志願預科生」身分到高雄五個月。據他說，台灣近海航空戰時高雄受災慘重，每次躲進地下防空壕，巨大的人孔蓋鐵門都會牢牢上鎖，好幾次都以爲必死無疑了。

那個航空戰的大勝利，「的確是眞的」吧？

❶ 大世界館是一九三五年於西門町開幕的電影院，為地下一樓、地上三樓的建築，用的是當時最豪華的放映設備。戰後改稱大世界戲院，幾經易主仍繼續營業，於一九九七年拆除。

❷ 指玉山，玉山比日本最高峰富士山還高，因而被稱為新高山。

❸ 此處原文是ズルフォアミッド剤テラポール，即 Therapol，一種磺胺類藥物。

❹ 帝大醫院，今台大醫院，是台灣第一所西洋醫療機構；桂內科指第二內科的桂重鴻教授，他專門研究與治療結核。

❺《三尺左吾平》是一九四四年上映的電影，以喜劇手法描寫伊達騷動事件，由日本喜劇演員榎本健一主演。

❻ 台北州立台北第三中學校，學生以日本人為主，戰後改名台北和平中學，日人大致遣返後一九四七年改為台灣省立師範學院（今日的國立台灣師範大學）附屬中學。

❼ 台北州立台北商業學校，現為國立台北商業大學。

文科生覺悟一死的研究發表會——討論杜斯妥也夫斯基兩小時

大東亞戰爭果然還是不行。過年期間，菲律賓方面，最要緊的呂宋島也開始出現濃厚的戰敗之象。如果菲律賓被攻陷，日本就會與好不容易才到手的東南亞區域完全隔開。現在已經不只是擔憂大學無法讀到畢業、出陣時機會被提前一年的局面了。

從高雄海軍那邊回來的幾個文科二年級學生，已經陸續舉辦了研究發表會，要爲二十年人生留下一點紀念。一年級學生也對即將面臨「死出之旅」有所覺悟，由下山校長的兒子❶打頭陣，針對「神話世界」進行發表。我是第二梯次，日期訂在一月十日。

包括老師在內約有二十人，聚集在校舍本館三樓的小會議室裡，爲因應嚴格的燈火管制而拉下窗簾，聽我進行了一場小演講。沒有錄音，也沒留下稿子。那些物質終究要隨著大日本帝國的滅亡而盡歸塵土吧。

杜斯妥也夫斯基，與其說他的思想讓人難以理解，更恰當的說法應該是，他讓人摸不清他到底想要表達什麼。我認爲法國小說的故事脈絡順暢易懂，但是杜斯妥也夫斯基的作品當中，有小說之風、讓人讀得懂的，大概只有《白痴》一篇。

《罪與罰》是主角絮絮叨叨的自我內省，而《群魔》感覺像是掉入解釋死亡的漩渦。《白痴》有故事性，懷抱善意的人最後落得悲慘的結局。《少年》裡也有鬧劇，不過裡面的父親動不動就宣揚「偉大的俄羅斯」觀念，這一點很觸動我。他給人心虛不安的感覺，因爲和我們沒什麼實質內容卻讚嘆「神國日本」十分相似。原來俄國人和日本人在不好的精神層面上竟有相像之處。

《卡拉馬助夫兄弟們》裡，次男審問基督的理由頗得我心，不過這恐怕是杜斯妥也夫斯基的反話。康德已經說過「你可以說神是存在的，也可以說神是不存在的」，但是這位極力主張「無神」的次男卻發瘋了。

三男在悲嘆的深淵中掙扎，突然領悟到「神還是存在的」。這一段讓我覺得，俄國人終究是西洋人，和我們畢竟有所不同。

只讀作品無法掌握全貌，還好我在圖書館找到並且讀過梅列日科夫斯基討論杜斯妥也夫斯基的作品❷，他的解說非常知名，還被讚譽爲文學等級。

當天我站著連續講了兩個小時左右，連杜斯妥也夫斯基的短篇都全部介紹過一遍，自己都覺得佩服自己。聽的人應該搞不太懂我在說什麼吧。這個研究發表會本來就是「死出之旅」者的自我滿足，實在很抱歉。完成發表後，有一種放下心來的感覺。

❶ 此處之「下山校長」實指台北高校最後一任校長下川履信，他的兒子下川逸雄與竹內高等科同班。

❷ 指德米特里·謝爾蓋耶維奇·梅列日科夫斯基於一九〇一年發表的《托爾斯泰與杜斯妥也夫斯基》。

與幼友紛紛別離
——內地帝大進學組在台灣海峽被擊沉？

二月一日，就讀師範學校❶本科二年級，大正十五年（一九二六）出生的學生現役入隊了。還沒有滿十九歲。實在不曉得到底是怎麼一回事了。

在我家開了一場送別會，歡送兩位小學同班的夥伴。送行者共六人，被歡送者兩名，大家舉杯喝著並不習慣的酒，回憶小學至今的種種「過往」。對於「未來」，因爲完全不可測，誰也不去談。吸菸的動作倒是大家都很熟練。聊起以往的故事，感覺連心情都回到了小時候。

「支那事變之後學校沒有報時裝置，報時全靠工友阿姨敲擊鐵板。久松和山本兩個人從二樓把鐵板吊走，不讓阿姨敲，阿姨好生氣，跑過來罵人，老師就叫他們兩個雙手撐地去道歉，從教室開始雙手撐地爬去道歉。結果久松眞的趴著爬過走廊。」

被送行的武中菊二自己一個人唱歌歡鬧，在外廊處向我母親叩拜，大聲發誓說他「一定擊滅英美，再回到這裡」。

二月下旬，二年級的學生不必接受考試就可以直升內地的帝國大學，每個人各自收到時間保密的出發命令。不過，大正十五年出生的文科生，因爲三月一日必須入隊而留在台灣，只有昭和二年一月到三月出生的人可以出發前往內地。

今吉兄要前往京都大學就讀，歡送會還是在我家舉行。他跟我說：「當時你如果沒休學，現在就可以跟我一起去了。」

的確，現在回頭來看那一年，眞是重大的分歧點。家在榮町❷開珊瑚店的岩下是大正十五年四月之後出生的，得要留下來準備入伍，悵悵然不太說話。西和石戶兩人和我一樣休學過，他們也是大正十五年的，不過入隊通知還沒來。也許會是八月吧。今吉弟則是昭和三年一到三月間出生的。眼看大家接下來就要四處分散，各自走向人生的終點。

二月底，要去京都大學的理科生篠宮君，因爲要繞到千葉縣安房北条町的親戚家，所以來找我，說「要幫我們帶信給家鄉的祖父母」。他父親和我父親以前是同屆的同學。我們都覺得感慨，畢竟在國家危急存亡之時，我們都是大和民族大八洲❸的同胞。

小學同學大塚也來了。他是來告別的，因爲要到大阪大學讀書。一年前，爲了阻止我讀文科，他不知來過這個房間多少次。這次輪到我告誡肥嘟嘟的他：「別急著死喔！」

「就算船沉了，你也要浮在水上。你那麼重，亂動就完蛋了。」

「什麼呀，我才不會死咧！那你要保重嘍，再見！」

他敬了個禮，轉過身去，悠哉地揮了揮手，在十字路口左轉。我一直目送著他離開，直到看不見背影為止，心想說不定這是今生和他最後一次相見了。

幾天後，傳來了悲傷的消息：「船隻遭難，但細節不明。」

大塚伯母用跑的，跑到我家玄關，只說了「一夫……」就講不下去了。家母鼓勵她：

「振作一點。我女兒剛才已經趕到海軍武官府，正在處理不斷送進來的電報。」

根據詳細報導：

「內地升學組原本預定搭乘第一號船，但是臨出港前變更為第二號船。兩艘船都遭到敵軍潛艇的攻擊，第一號船沉沒，第二號船中等程度破損，但已抵達對岸華南。」

美國潛艇現在經常在基隆港外潛伏，我方採取的對策是從基隆出港後沿著海岸南下到新竹附近，再利用深夜，一口氣橫渡台灣海峽到對岸福州，然後沿著海岸前進上海。敵軍潛艇竟緊緊跟隨，深夜十二點整，在海峽的正中央發射魚雷命中我方船隻。該說他們的物資豐富，還是該說他們的技術高超呢？感覺現在美國是把這場戰爭當作遊戲在玩。

三月初，在學生也接到將發動警備召集令的預告，學年考試在混亂中結束，校內開始進行防空壕構築工程，學生們一直輪流到草山❹扛松材、杉材回學校。

三月十日，我在學校拿到了紅色的召集令書。學校直接變成了軍營，我們要當兩個月的無階級兵，從事要塞構築作業。台灣．沖繩是第十方面軍，我們被編入敢師團❺獨立混成旅團第一三八六二部隊。據說台北高校生將構成該部隊的第一大隊第一中隊和第五中隊。點名和體檢結束後，進入十天的假期。當時我們都沒想到，這十天就是身爲實質台高生的最後時光。

---

❶台北師範學校，日治時期設立，以培養初等教育師資為目的，主要招收台灣人學生。兩個校區後來分成兩校，南門校區成為今台北市立大學的博愛校區，芳蘭校區則成為現今國立台北教育大學。

❷榮町，約今日衡陽路、寶慶路一帶，是日治時期台北最繁華的商業區，有台北銀座之稱。

❸日本古稱大八洲。

❹草山，今陽明山地區。日治時期日本人開發經營這裡的天然溫泉，築路、植樹、建溫泉旅館等等。一九二三年裕仁太子來台時曾訪草山。一九三〇年更建了公共浴場草山眾樂園，令草山成為重要的觀光地區。

❺日本陸軍第十方面軍第六十六師團，代號敢。

警備召集．學徒兵入隊
——你們是哪裡的士兵？

昭和二十年三月二十日，全台灣的中學新四年級[1]以上的學生，都回到已變身成爲軍營的學校，各自入伍。台北高校也改換模樣，原本的教室變成了鋪著稻草墊的內務班。有一批學徒兵感覺很陌生，原來是一年級的新生。他們才剛剛考進台北高校，還沒當上光榮的高校生，就先變成了軍人。

非正規的學徒兵生活隨即展開。台北高校從去年開始附設了一個臨時教員養成所，讓小學老師進修成爲中學教員。那裡的二年級學生有師範學校畢業的短期現役伍長資格，於是被任命爲內務班長或小隊長，成爲我們這些高校學徒兵的長官。到昨天爲止還是寄居身分的臨教生，今天搖身變成光榮一族，立刻神氣了起來。台高的老師們則成爲軍官待遇的軍屬，調到中隊本部去了。

每天連洗臉的時間都沒有，一直重複著戰鬥訓練、煮飯和收拾善後，晚上還要背誦．奉誦軍人勅諭。原來所謂的軍隊就是這樣子啊。我的盟友齋藤兼纘自入伍那天就愁眉苦臉，一副不開心的模樣，第三天就在騎馬戰演習時腳部骨折，被送進了陸軍醫院。

四月一日，隊裡傳來了口頭傳令：「敵軍在沖繩登陸。」喊得好大聲。接著立刻有人起鬨：「台灣有救了。」

四月二日，我們內務班派出去的公差，在街上遭到美艦載機的機關槍掃射，負傷而歸。根據當事者的說法，他在西門市場的八角堂❷裡吃豆沙糯米飯糰時發生空襲，爲了不糟蹋食物，把最後一個豆沙糯米飯糰塞進嘴裡才跑向防空壕，轉瞬間被射中頭部跌倒。拆開繃帶一看，頭部左側的頭髮被削掉了四公分左右。「你喔，子彈再近個一公分，你現在已經在冥河裡載浮載沉了。」

當事人倒是精神好得很。「跟你說喔，我們走在街上的時候，有正規軍人驚嚇萬分地過來問：『你們是哪裡的士兵？』我就回答說是敢一三八六二部隊第一大隊第一中隊。然後他又問：『你們爲什麼穿著襯衫和襯褲在大街走上？』我們穿的不是外衣和外褲，是襯衫和襯褲，這不是穿出門在外面走的行頭。哎呀，丟臉啊！丟臉啊！快點給我們外褲穿啊！」

三日，我負責站衛兵。從早上九點開始，重複著立哨、待機和動哨。因爲實在很單調無聊，傍晚，有台灣婦女要從西門旁邊的樹叢進入校園，被我制止，然後還刻意去提報。

晚上中隊布告就出來了：「遇有不穩妥的當地民衆欲侵入營內，應予以嚴厲阻止。」什麼和什麼啊。就只是附近居民，一向都是穿越校園而過的，現在覺得「氣氛不太一樣」，所以在入口處躊躇而已。布告比附近居民還要不穩妥吧？原來流言蜚語就是這樣產生的。

內務班裡，短期現役伍長要負責教導我們軍人勅諭、戰陣訓等等。不曉得他是忘記了還是腦筋不靈光，頻頻卡住，語無倫次。我們也是，自以爲頭腦不差，卻怎麼都背不好軍人勅諭，喪失了不少自信。不過，改編版的步兵操典倒是很快流傳開了。

「一，所謂兵者，蓋完全無能力，卻能耐得搬運重物者也。」

「一，所謂兵長，乃稍有經驗之兵，蟠踞下士官室之一隅，具有理解報紙社會版約三分之一能力者也。」

「一，所謂准尉者，乃最有經驗之兵，蟠踞軍官室之一隅，偶有申請臨時外宿之兵，大聲一喝予以斥退，是爲其任務者也。」

四日，嚼著配給的牛奶糖，塡補銀粉的臼齒突然不舒服，然後就越來越痛，腫脹起來。領了公用外出證，到兒玉町[3]的雨宮齒科看診。牙齒出乎意料地嚴重，拿到「疑爲骨膜炎，須絕對安靜療養二日」的診斷書，回到內務班內，整夜用冰塊冰敷。

第二天，四月五日，中隊出發前往台北西岸八里庄[4]，將移駐該地構築要塞。七、八名事故兵改配屬位於高商[5]的大隊本部留守隊。六個中隊的事故兵，合起來約有三十人。

進入留守隊翌日早晨，從迴廊前端洗臉台傳來疑似隊長的大嗓門。「我這個月從軍曹升爲曹長，薪水漲爲四十八圓，所以我馬上到萬華去了一趟，結果她們的收費從二圓漲成了十圓[6]。我一直以來拚命奉公爲國，好不容易才升上曹長，她們竟然擅自漲價。以後我一個月只能玩四次了，怎麼可以這樣！可惡！」

---

❶ 日本舊制中學校要讀五年才能畢業。此處的「新」指一九四一年起，因為戰爭關係，將各中學校的修業年限降至四年。舊制台北高校生則要唸七年才能畢業。

❷ 西門市場（又名新起街市場）建於一九〇八年，室內市場的建築物分為十字樓與八角堂兩部分。八角堂是兩層樓的八角形紅色洋樓，即現在的西門紅樓。

❸ 兒玉町為今台北南昌街、寧波西街、湖口街、南海路、福州街一帶，以總督兒玉源太郎命名。

❹ 八里庄即今新北市八里區。

❺ 高商，台北高等商業學校，一九四三年改名為台北經濟專門學校，教員與學生都以日本人為主。現為台灣大學管理學院。此處的高商校園即今台大徐州路校區。

❻ 日治時期在萬華設立「遊廓」，是台北的妓院指定區。

帝國陸軍的真面目
——殘虐無人性的關東軍下士

留守隊的隊長是一位來自關東軍的曹長，看起來像個地痞流氓，總是帶著不懷好意的淺笑，遇見看似羸弱的兵就去糾纏一番，是個有時候會突然像瘋子一樣凶悍亂鬧的人。在他之前，我們周遭根本沒見過這樣的傢伙。每天他都要找一個人碴，然後毆打對方，那是他的日課。

「你們這些受了高等教育的也不過是小兵。我只從鄉下小學畢業而已，不過，我可是曹長。在這裡我絕對比較偉大，把你們搞死也沒關係，哼哼哼！」

理乙的黃姓學徒兵被他刁難打掃用具的收拾方法不對，被揍到幾乎全身瘀青，回到房間連動都不能動。

「我報告說已經打掃完畢，隊長過來察看後說：『你爲什麼把掃帚立在後方，把水桶放在前面？』我答不出話來，『爲什麼不回答！』他生氣了，舉起拳頭，左邊右邊左邊右邊，打了我十幾拳。我想，這樣下去會被打死，就回答他：『以後我會把水桶放在後面。』結果他更加憤怒：『這樣掃帚怎麼立得起來！』像發瘋似地又打了我十幾拳。看我倒在地上，才離開房間。我到現在呼吸都還會痛。」

文科跟我同年級的上村學徒兵，有心臟瓣膜症的老毛病，被隊長毆打好久，按著胸口連續躺了兩天，大家都擔心他說不定會死掉。這樣的情節每天不斷上演。

帝國陸軍應該是爲了打造強兵而採取權宜之計，給予下士官這樣的指揮權，還眞是個冷酷無情的權宜之計。爲什麼不能堂堂正正地進行訓練與教育，讓士兵眞的變強呢？這種殘忍暴虐，無論如何都稱不上教育，只不過是滿足個人卑劣扭曲的心而已。這樣下去，在和美國、英國打仗之前，被教成狂犬的士兵大概會先咬死這個長官吧。

然後輪到我了。

得到「把學校會議室的椅子搬四張到隊長室來」的命令，要我去搬椅子。學校職員表示：「椅子被軍隊拿去用，學校會很困擾。」我只能說：「這是命令，沒辦法。」就把椅子搬走了。過了一會兒之後，我被命令「到隊長室來」。到了隊長室，他說：「你這傢伙，學校老師講的話你聽不懂嗎？」

就算我事先問隊長：「學校方面是這麼說的，要怎麼處理呢？」他應該也會叫嚷：「你這傢伙，不會聽我的命令嗎？」我回答：「我遵照命令搬過來了。」並冷冷盯著他看，然後他就生氣了，揮著竹刀用力砍過來，嘴裡喊著「你這傢伙，你這傢伙」。我發現只要先凝神貫注，被竹刀敲了倒也不太痛。他喊著「你這傢伙，你這傢伙」時一面揮舞竹刀，而我則默默數著三十一、三十二、三十三。他呼呼喘息過後又掄起竹刀，敲到六十二、六十三、六十四的時候繩帶斷了，竹刀散亂開來。這個瘋子像是鬆了一口氣，大吼一句「下次再反抗就殺了你！」才結束。他也有說「去跟老師道歉」，所以我就直接去找那位職員，嚇了那位職員一大跳。

回到房間給傷口擦藥時，上村學徒兵呻吟似地說道：「畜生，不能對他動手，眞讓人懊惱。」我倒是很冷靜。

「沒關係啦。等美國人過來的時候，首先就對那傢伙施以天誅。」

這個傢伙或許是日本人，不過對於這種不算人的人，怎麼能讓他再活下去。我一定要先誅殺他之後才和美國人作戰。

炊事班被高商學徒兵壟斷，分配給我們班的食物似乎故意不公平，所以我和上村、江藤學徒兵三個人去找對方理論。雙方在空教室裡交鋒。對方來了五個人，還配置了四個人在窗外和門口。眞好笑，他們以爲這樣就算掌握到流氓的兵法了嗎？我們就手無寸鐵地和他們爭辯。不過，因爲食物而互相仇視爭執的悲慘現象事實上已經發生了。

深夜，在後門站崗。濛濛細雨當中，大隊本部副官准尉過來巡視了。因爲准尉並不是將校軍官，招呼式的敬禮就夠了，可是我三更半夜正無聊，對方巡視也很辛苦，而且沒有別人看著，我就誇張一點，發出很大的聲音，來了個舉槍致敬。准尉不但沒有生氣，還很高興地跟我說：

「辛苦了，辛苦了。你是留守隊的士兵嗎？叫什麼名字？」

我想起了軍隊的改編版操典。這種人說不定在軍隊裡面擁有出乎意料的實權。

幾天之後。

「好消息！留守隊長替換！」的命令傳來了。可是，新來的曹長還是關東軍，臉色蒼白，一副陰險的相貌。事情發生得很快。半夜警報響了，先是短響，然後是長鳴。因爲是警戒警報，大家都在室內待命，結果新隊長衝了進來，生氣大喊「空襲警報，全體疏散」，把所有人都趕到戶外去。

但是，敵機並沒有來。

他叫所有人排好隊，一個一個問：「剛才是什麼警報？」

「是警戒警報。」

啪地就是一個巴掌。沒有人回答是空襲警報，所以就一個一個巴掌連連。

打完三十幾個人之後，他用奇異的高亢聲調怒吼：

「你們好像都是接受高等教育的傢伙，如果你們當中有紅的就說出來，我現在馬上用這把軍刀把他砍了！」

學徒兵們回到房間。

「紅的是什麼啊？」

「不曉得，大概是俄國人吧，他們不是叫紅軍嗎？」

「關東軍為什麼要到台灣來？他們在滿洲對付俄國人不就好了嗎？」

理乙的學徒兵說：

「那傢伙是個偏執狂，一種精神病患。不要理他比較好。」

每天晚上，每隔一個小時，會有一架美國的B－24轟炸機飛到台北上空。比起躲進單人防空洞裡，在地上觀察敵機的動向更讓人有安全感。探照燈的交叉點處就是美軍飛機，在夜空中份外顯眼，可以清楚看見飛機的下腹部打開了，釋放出許多黑色粒子。如果飛機朝這邊呈六十度角，那就是最危險狀態，要趕快躲進單人防空洞裡。等沙沙、嘎嗒嘎嗒的聲音過後，地面會開始震動。經驗累積多了之後，甚至連距離都判斷得出來：這個大概在一公里外。

聽說陸軍有一個「特別操縱見習士官」的考試，幾個二年級的學徒兵就到文武町❶的軍司令部別室去了。

考試場地在師範學校的雨天體操場，我們被遮上雙眼，坐在旋轉椅上，被轉了十幾圈之後停下，取下眼罩，然後依照口令向前走幾步、斜向走幾步、舉手、揮手等等。及格好像很容易。開飛機的話，就要有一去不復返的覺悟，不過聽說飛行隊的伙食很美味，而且分量也足。幾天後通知送達大隊本部。

「因爲沒有飛機可用，特操的錄取與否暫且保留，或有可能改錄取爲戰車特操。」

四月三十日，各中隊復歸者的名單張貼出來了，但是我的名字不在上面，眞糟糕。我下定決心，一天也不想留在這種瘋瘋癲癲的部隊裡，一定要回歸到我原來的部隊，就跑到大隊本部的副官室去。如果我不經由隊長直接越級找副官，那個神經病隊長說不定會抓狂，不對，說不定連這個副官也會發脾氣。總之，我並不清楚日本陸軍的慣例究竟如何，搞不好其實沒人弄懂過，因爲根本就沒有規則存在。我告訴自己「好啦，就試試看吧！」的時候，正好那位副官從房間裡走了出來。他笑咪咪地問我：

「喔，竹內，是你啊，還好吧？怎麼了嗎？」

「我本來是因爲急性齒髓炎才被配屬到留守隊，只預定在這邊幾天，所以希望這次能讓我回歸到原隊。」

「這樣喔，好啊！」

副官說完，就把我的名字塡進復歸者名單裡去了。越級上訴竟然輕易通過，我自己也嚇到了。看來規則這種東西眞的不存在。

話說日本軍的兵士即使負傷也不願被送往後方，總是拚命希望能回歸原隊，這一點還被傳爲美談，其實我知道並不是這麼一回事。在日本軍隊裡，如果不待在自己原本所屬的部隊，就會被當作別處來的垃圾，沒人理睬；像貓狗一樣遭受虐待，最後死在路邊。因爲不願意被這樣對待，所以才拚著命希望能回歸原隊。

已經同寢室一個月的文科一年級江藤學徒兵，蒼白著一張臉說：「我突然被留在本部的通信科了。」應該是當了我的替身。我默默在心裡向他道歉：「對不起！因爲你得了結核病，請留在本部過得輕鬆一點。」

五月一日，我們學校第一中隊和第五中隊爲了構築要塞，從八里庄移動到北部山岳地帶，駐在草山溫泉的衆樂園❷附近。相隔一個月後，我終於回到了學友的部隊，恍如隔世。草山已經綠蔭深濃如夏，蟬鳴響徹山間。

❶文武町，約公園路、懷寧街、寶慶路、博愛路、愛國西路、中山南路、凱達格蘭大道所圍起的部分，町內有台灣總督府（今總統府）與總督官邸（今台北賓館）、新公園。

❷草山溫泉係指大屯山、紗帽山、七星山一帶溫泉的統稱。衆樂園是一九三〇年設立的「台北州公立溗堂衆樂園」，為今日的台北市教師研習中心。

全島要塞化的實質
——鐵鍬對付不了火山岩

我們三個小隊從草山出發，往上約三．五公里到竹子湖，花了十天左右的時間，各自搭建好原始風格的茅草兵舍之後入住。竹子湖只是地名，前後左右都找不到像是湖的湖。

那裡有個小小的農林研究所，附近的樹林裡蓋了幾間宿舍，就充當第一中隊本部。大約八百公尺前方是文科的第三小隊，再五百公尺前方是理乙的第二小隊，而理甲第一小隊的小舍還要更往前幾百公尺。那個地方右側可仰望形狀彷彿富士山的七星山頂，比平坦的小觀音山略低，高度大約是海拔八百公尺。

我們這一群既無木工知識更欠缺經驗的外行人，雖然簡簡單單蓋出了堪可住人的房舍，但是沒有電燈，夜裡黑漆漆的只能睡覺。喝的是岩壁湧出的水，炊事班的小屋就蓋在出水處。洗衣服只在梯田的灌溉用小水路草草了事，洗臉、刷牙一概省略。沒有浴室也沒有廁所，大便就在山裡解決，所有規矩自然形成。

據說敢兵團的參謀要來針對這個北部山岳地帶要塞構築進行指示，由我們的中隊長（我校原本的配屬將校[1]平川中尉）負責帶路。爲了不讓他們從七星山火口壁的陡峭山崖爬上來，那天早上我在硫磺岩石的峭壁上，每爬過一步就用鐵鏟把腳下的地剷掉。

到達山上鞍部後，雖然時間尚早，但想說就先吃午餐好了，剛打開飯盒，肥胖的中隊長就氣喘吁吁地帶著參謀出現了。他們好像是從我剷掉落腳點的峭壁爬上來的。

參謀在岩石上攤開了五萬分之一的地圖：

「這一帶感覺像是敵軍降落傘部隊會下來的地方。在這邊挖一百個、這邊挖一百五十個單人防空洞。」

他用紅色鉛筆在地圖的這裡、那裡畫上圓圈，幾分鐘工夫就完成了作戰指示。

我們立刻展開單人防空洞第一號試掘工程。用鐵鏟子在雜草地上開挖，結果差不多五十公分的深度就會敲到岩塊。不管挖哪裡，結果都一樣。到處都是鐵鏟敲到岩塊的聲音。這種淺洞，就算蹲著，頭也會露出地面。全島要塞化作戰，在這個火山地帶應該有點困難吧？

---

[1] 一九二五年起實行將校配屬制度，軍方會將現役軍官配屬至中等學校以上學校，加強軍事訓練。

台北半毀日
——被防空壕姑娘拯救

五月十五日，入山以來第一次到台北出公差。

學徒兵和駐屯在草山的陸軍卡車部隊協商過，要到台北方面進行聯絡或出公差時，可以搭他們的便車。

我們分乘兩輛車，順著十二公里的柏油山路下山。不同於公車的減速下山，陸軍只會踩煞車，卡車一路唧唧作響，向左向右快速猛衝轉彎下山。

開在前面的那輛，煞車半路故障，故意撞進崖側的山溝裡才停下來。原來搭便車也是要拚上性命的。

快要下到士林的平坦路面時，空襲警報響起，卡車停了下來。因爲美軍的轟炸機編隊來了，大部分人都朝下山方向散開，只有我和理乙的台灣籍林原學徒兵兩個人往山上逃。我們都在留守隊待過。

機槍掃射過來，他趕緊倒向一旁的草叢，我匍匐在木板房屋旁邊。

一個小學四年級左右的女孩子，從屋子裡跑出來對著我喊：

「軍人先生，這邊有防空壕！」

一邊用手示意一邊衝向橫穴壕，我也就跟著跳了進去。

防空壕的木頭結構相當紮實，約可容納七、八人，還有凳子可坐。

這個防空壕應該沒問題，至於朝山下方向散開的傢伙們，大概會成爲機槍的標靶。在防空壕裡，聲音都集中在頂上位置。外頭開始傳來類似蒸汽火車頭鏗鏘鏗鏘的聲音。

少女害怕地問道：「什麼？那是什麼？」

「喔，那個啊，是炸彈大量掉落時的聲音。妳聽，是不是變成沙沙沙像下雨的聲音了？快要落下來了喔！」

「好可怕，好可怕。」

少女跳到我膝蓋上，緊緊抱住我。

我安慰她「沒關係、沒關係」，不過，超級猛烈的轟炸聲響幾度距離防空壕好近，聲音大到坐不住，幾乎要整個人翻轉跌倒。

橫穴壕沒有門，入口是左右挖開的，陽光可以照射進來。如果眞的一顆炸彈過來，也就完蛋了。

可惡的美軍，幹什麼連這種山裡頭都要扔炸彈，是炸彈太多要丟一丟才願意回去嗎？就算你們物資豐富，這種炸法根本就是盲目地浪費炸彈吧？

少女的身體好燙，我幫她調整姿勢，變成背朝著我。她的胸部綁著硬硬的東西，前端尖尖的，我以爲是陀螺。這樣也想充作防彈用嗎？不過，也許靠這個真的有效。我用手捏捏看，她不高興地滑下膝蓋，重新抱好，繼續在那邊晃來晃去。隨便啦，不管她了，放她下去。

「妳們小學停課了嗎？」

「我不讀小學喔，我是第二高女❶的學生。」

「是喔（稍微嚇了一跳）。那妳是今年四月進去的吧？」

「不是啦！我去年四月入學的，現在應該是二年級喔。」

這次我眞的受到驚嚇了，趕緊放開兩手。

胸部隆起的不是陀螺，原來是她身體的一部分。爲了緩解我的難爲情吧，她說：

「欸，我個子很小，所以看起來像小學生，對不對？」

「是啊，還以爲妳是小學六年級（稍微灌了點水）。妳一個人疏開到這種地方嗎？」

「沒有啦。我父親在京町❷的朝日新聞社裡，有時候會過來這邊。媽媽每天兩地往返。女學校已經沒有課了，所以我天天在這邊玩。高射砲隊的軍人常常來這裡喔。」

這女生眞能說話。

「這附近有高射砲隊嗎？」

「嗯，這座山上有好多呢！」

難怪美軍飛機要那麼固執地轟炸個不停。

下面那頭傳來了「集合！」的口令。林原學徒兵滿身草屑現身了：

「剛才炸得眞誇張喔！身體好幾次都快被掀飛了。」

這一天的台北，包括市內繁華街區跟住宅區，第一次遭到無差別大量轟炸，台北市呈半毀狀態，多數市民開始陸續往遠郊的板橋、永和庄、中和庄、木柵方面疏開。

❶ 台北州立台北第二高等女學校，二戰時期因空襲毀損校舍，加上學生主要是日本人，戰後日本人遣返後學生人數不足便廢校，原址現為立法院。

❷ 京町指今日博愛路、開封街一段、武昌街一段、永綏街、沅陵街這一帶。

七星山中的原始生活
——蛇也是食物

我們第三分隊在峽谷下方梯田附近找到閒置的儲放農具小屋，就向台灣人農家商借，十三個人搬了進去。

其實對農家而言，軍隊跟他們要求「借用」，也很難拒絕吧，所以實際上等同於「徵收」。

每天早上七點起床，在山路上點名、做體操。八點分發早餐和午餐的飯盒，然後每組三人，出發爬上七星山噴火口的高原，挖掘單人防空洞和橫穴壕。

主食每天有三合三勺❶，但是幾乎沒什麼副食，只有醃漬類的菜和乾魚類。

早上我差不多就把兩餐份的食物吃掉大半，到了下午只好在飯盒裡裝水，丟一顆配給的糖球，做成濕濕黏黏的糖果稀飯，用兩手捧著喝。

我本來很討厭甜食，連裹豆沙的年糕都不吃，和現在判若兩人。

每天晚餐時分都會發生一些騷動。因爲每個分隊的人數不一，四個配食容器又都不同，份量是否恰當每每引發爭吵。雖然感覺很蠢，但是輪到我去領取時，還是會比較考量一番，然後就會想要抱怨，眞的很不可思議。

每星期一次，大家輪流到草山溫泉洗澡。去草山的時候，我會刻意繞到近旁去觀察台灣人軍伕作業隊分配午餐配給。他們把小小的台秤放在地上，每一份食物連帶餐具一起秤過之後再遞給對方。這樣就不會引發爭端了。台灣人社會相較之下合理得多。

我在衆樂園前廣場碰到了幼友柴田修的媽媽和妹妹玉子。記得柴田的伯母好像是唱歌劇的歌手三浦環❷。聽她們說，小學六年級學童已經規定要疏開，今天剛剛到達此地。玉子比阿修小了很多歲，還是嬰兒時我們一群人常常逗著她玩。她現在的長相和小時候幾乎一模一樣。

幾天之後，我出公差，順便繞到衆樂園申請會面，結果櫃台的人告訴我「因爲當兵的會欺負小女生，所以禁止一切會面」。現役軍人原來都是那麼壞的傢伙啊。

衆樂園也有些一般的疏開者，其中有一位長髮過肩的台北第一高女三年級的女學生，在學徒兵之間甚獲好評。理乙的盟友西告訴我：「那是我父親好友的家人，我們去見她。」我跟著西去到那邊，還被她們招待了茶點。原來是帝大❸醫學部教授的留守家人。

原始生活會逼出各式各樣的智慧。

香菸是貴重物品，所以要刺著牙籤拿在手上，一直吸到嘴唇快燙著才罷休。

火柴的頭要用融開的蠟強化過。

先把蓖麻的果實壓碎放進空罐裡，再放入燈芯，燈火要省著用。

夜裡不管下多大的雨，都有辦法生火。先折一些濕掉的樹枝，用指甲刮小樹枝，產生一堆細屑片之後點火，再慢慢添加小枝、中枝。不只是生火，連篝火都沒問題。

狹窄的小屋裡，我們在通道兩側用細竹鋪出睡覺的地方，但是睡七個人的那一邊很擠，先睡的人先贏。文科一年的台灣籍中田學徒兵動作慢，每次都要拜託二年級的。「福井桑，請你睡過去一點，這樣我只能側著睡啊！」「很吵耶！你那麼瘦，仰睡側睡還不都一樣。趕快睡啦！」

不知道是誰，在草山向人要來一大堆泡過的茶葉，用辭典的紙捲起來吸，但是煙太辣，難以入喉。理乙的學生就開講了：「香菸是因爲有尼古丁，所以才能吸。」

下雨過後翌日，噴火口的斜面會形成階梯狀的溫熱積水。有人會把手伸進水中確認溫度，宣布說「今天應該是第二輪來泡湯會比較剛好」。

也有危險的時候。草山地帶是蛇類經常出沒的地方，據說毒蛇種類就有六十幾種。有個人在山上的草叢裡睡午覺，突然覺得臉上又刺又癢，稍微瞇著眼睛一看，一條劇毒的眼鏡蛇正在額頭上蜿蜒爬著。他告訴自己絕對不能動，靜靜躺著等待眼鏡蛇通過。據他表示，感覺時間過得非常非常緩慢。應該確實如此。

我們大致都知道，毒蛇通常小而色彩鮮艷，無毒的蛇比較大，顏色偏褐色。毒蛇可以吃，所以常常被抓起來像鰻魚一樣縱向剖開，用火烤著吃。幾乎沒什麼肉，吃起來像烤海苔一樣，口感脆脆的。爲什麼這麼容易被抓到呢？學徒兵裡的捕蛇達人說：

「人是猿猴的子孫，眞的。不管什麼時候，只要蛇一動，就會本能感覺到。再來只要找一根岔開的樹枝，朝蛇頭刺下去，就大功告成啦。什麼？躺著睡午覺，連蛇從臉上爬過都不知道？那種傢伙不算人類啊。」

大便一定要在傾斜的地方。因爲如果是平坦的地方，大便會堆成坨狀，就得挪動屁股。不過有一種大翅膀的蟲，不是虻也不是蜜蜂，只要聞到大便的氣味就會湊過來，很大聲地搧動翅膀，在屁股周邊和下方飛來飛去，讓人很不自在。

高原中放牧著若干水牛群，角上都纏繞著紅布。在山裡，水牛的眼睛靜靜盯著你瞧，會有種毛骨悚然的感覺。我們的小隊長臨教伍長害怕水牛，只要是入山的工作，他都不會到現場。聽說他也很討厭蛇。這樣的人並不適合擔任山上精銳部隊的隊長。

草山的陸軍現役部隊對我們有意見：「學生部隊不可以在軍帽後面垂一塊布遮陽。」據說原因是他們的兵會誤以爲我們是軍官，停下手上的工作向我們敬禮。學徒兵裡頭也是有強者存在的：

「今天喔，在草山上啊，好多作業兵在那裡暫時休息，我就用米粒在肩章上各黏一根稻草，假裝成兵長的模樣走過。他們一個一個站起來向我敬禮耶，眞爽！」「欸欸，那叫官銜詐欺，被發現的話會被抓去軍法會議伺候的。」

---

❶ 一合即一杯米，為一八〇毫升，一勺為十八毫升。三合三勺約為公制六百毫升。

❷ 三浦環是日本聲樂家，一九〇三年日本首次的歌劇表演中，年僅十九歲的三浦環擔任女主角。她是日本最早揚名世界的女高音，也是最具代表性的蝴蝶夫人演員。

❸ 台北帝國大學，即今國立台灣大學。

台北毀滅日
——總督府的高塔仍然屹立

五月三十一日。我通常都爬火口壁到作業現場，這一天臨時決定從小觀音山繞過去，結果正好親眼目睹美軍飛機大舉來襲，我們的首都台北陷入毀滅。

剛要越過稜線進入高原時，先看到三機四編隊的B－24低飛得很詭異，從稜線上空約一百公尺處轟然而過。我心裡想，終於要對山間要塞部隊展開攻擊啦，趕緊趴倒在草叢坳地裡。結果共計十幾波的十二機編隊，幾乎毫無間斷地越過稜線，朝十餘公里前方的台北市街飛去，之後就聽見宛如遠雷一般的爆炸聲響，並且到處冒起了黑煙。

「敵方今天的攻擊相當猛烈呢！」

「對我們山裡完全不屑一顧啊！八成看透了我們這些全是半調子的單人防空洞。」

「中隊本部有一些實彈吧？要不要拿來用三八打一打？他們飛那麼低，說不定打得到飛行員的腦袋。」

「不是聽說衣索比亞軍在義大利戰爭時，用槍打下飛機嗎？」

「看來我們也走到跟衣索比亞差不多的境地了。」

「我們的三八步槍都有自己的脾氣，不順著毛摸是打不中的。像這一把，瞄準之後還要稍微向右偏，才可以命中目標。」

昭和十年，義大利和衣索比亞作戰時，日本報紙一面倒地聲援衣索比亞。然後不知道什麼時候開始，日本、德國、義大利結成了三國同盟。就是和衰弱的義大利湊在一起，才吃虧的。

我們這些對話，美軍飛行隊是聽不到的。他們完全略過山裡的軍隊，直接往台北方向飛去。

「欸，總督府的高塔還屹立著。只要那個不倒，就表示台北仍舊健在。」

不過，吃過晚餐開始休息後，一直到半夜，早上到台北出公差的學徒兵陸陸續續回來了，每個都是滿身泥濘，氣喘吁吁，舉步維艱，悽悽慘慘。「今天眞的有夠坎坷。我在古亭町的一六軒（製菓）工廠❶附近碰上大轟炸，逃到兒玉町的軍司令官邸❷那邊，結果換成那裡在大轟炸。再逃到植物園，植物園周邊又被炸。我就想，不行，這裡也危險，開始朝小南門、西門市場、北門、台北車站跑，結果我跑到哪裡，炸彈就扔到哪裡。城裡根本亂糟糟的，好像死了很多人。巴自動車❸？哪有公車啊！我就拖著兩條腿走十二公里回到草山，又走四公里回到這裡。我從來沒有像今天這樣，覺得這條山路竟然這麼遠！」

「總督府的高塔還屹立著，沒有倒喔！」

「塔還在？簡直難以置信！」

翌日，尋常科的學友、外號野蠻人的山上學徒兵，像中了邪似地叨唸著：「我家在台北車站後面，炸彈掉在那裡了。我媽媽一個人住在那裡，我要回去看看。我去申請臨時外宿。」然後朝著中隊本部而去。

「那傢伙說炸彈打到他家了。距離這裡直線距離也有十公里，矇矇朧朧的又看不清楚，他怎麼知道哪一間房子是他家？」

「嗯，這大概是亨利．柏格森❹所說的『直覺認識』啦！」

「什麼啊，哲學嗎？」

中隊本部大概也被他的氣勢震懾到，中隊長准許他外宿。他立刻下山，當晚沒有回營。我這才體認到臨時外宿有多麼難申請，同時也想起了那個「准尉的任務」。

翌日，山上學徒兵回到山上時看似已放下心事。他住在後車站，是四戶人家相連的大雜院，左右兩邊的鄰居家都毀於炸彈碎片，只有他家沒事，他的母親蹲在衣櫃旁躲過了一劫。衆人都覺得佩服：

「炸彈眞的幾乎打到他家了呢！」

❶一六軒是日人森平太郎在本町開設的和菓子名店（今重慶南路一段）。後來他將店面交給妻女經營，自己創了新高製菓，於今古亭市場旁開了洋果子工廠，研發生產的香蕉牛奶糖、新高水果糖、風船泡泡糖（亞洲第一個泡泡糖）等大受歡迎，更銷回日本市場。

❷軍司令官邸現為國防部陸軍聯誼廳。

❸巴自動車（巴バス）指巴自動車商會的公車。日人館野弘六在草山蓋了巴旅館，並創巴自動車商會，經營往返台北、士林、北投、草山間的公車路線，大眾運輸帶動了草山溫泉業的發展。

❹亨利・柏格森（Henri Bergson, 1859-1941）是法國哲學家，主張科學和哲學能夠共融，直覺才是把握真實的方法。一九二七年，他因獨到見解與優美文筆得到諾貝爾文學獎。

編入現役．最後的休假
——真的沒有飛機了

兩個月的警備召集已經結束了，整個六月上旬，學徒兵們都半信半疑，是不是會先除隊❶。結果是半疑的一方獲勝，十日之後，布告出來了：

「沖繩戰線勝利無望，將進入持久體制。學生部隊回溯至召集日起等同陸軍二等兵，近期內將盡快實施各兵科幹部候補生考試。」

緊接著各個中隊也接獲指令：「於六月當中輪流休三天兩夜的假。」我分配到的是最後一組，在六月十七日台灣始政紀念日❷那一天回到家，距上次回家已經差不多兩個月了。

母親告訴我：「五月三十一日的大空襲眞的很慘，東門町前面的步兵聯隊和山砲隊❸火藥庫被嚴重轟炸，那附近的住宅區也災情慘重。我們的町內會會長石原先生，在京町的店被炸彈直接命中炸到三次，人也被炸死了。鄰居們多半都疏開到其他地方去了，現在町內只有幾家還有人在。因爲你和不二子不曉得什麼時候會回來，所以我才決定留守在家裡。我們有一個堅固牢靠的防空壕，應該不會有事。三十一日那天，竹津桑（父親的同鄉）來我們家，在防空壕裡打瞌睡，跟我說『今天有點搖晃耶』，眞是女中豪傑。我自己也是一點都不覺得害怕。」母親說這一番話，好讓我放心。

「前面那戶人家也疏開到別處去了。松山機場的大隊長和部下一起疏開過來這邊工作，現在就住在那間房子裡。偶爾我會邀他過來吃個飯。」

母親既然這麼說了，晚上我就過去打了個招呼。對方好像是陸軍士官學校出身的少佐。我沒告訴他自己即將追溯時間成爲二等兵，只說自己是「台北高校的學生，從三月起就在山上構築要塞。最近好像配置會有變更，所以放幾天假。聽說地上部隊會被增派到菲律賓和沖繩去」。他也同情地說：「對呀，大家都很辛苦呢！」

因爲我實在很想知道，所以就在告辭前問他：

「什麼時候要航空反攻呢？」

當時我全神貫注，想憑藉直覺閱讀他的臉色，結果得到了一個驚天動地、難以分辨是否算是意外的答案。他以非常沉痛的表情思考了幾秒鐘，然後用快要哭出來的語氣告訴我：「沒有。我們已經沒有飛機了。」

「眞的沒有了嗎？」

他吐出來的回答是：

「對，完全沒有了！」

第二天，我把住家附近的小巷子、水圳、溝渠、道路等等，依依不捨地繞過一遍，第三天睡了個午覺，三點左右離開家門。這算是我最後一次看到這個家了吧？庭院、防空壕、玄關，所有的事物看起來都和原本的感覺不同。明天起，我不再是單純的防衛召集，而是現役部隊了。我要去參加的是一場沒有飛機、絕對沒有勝算的戰役。當年楠木正成赴湊川❹時，大概就是這種空虛的感受吧？浪花節❺就有這麼一句：「跨過門檻，走向死亡。」

❶除隊，即退伍。

❷一八九五年六月十七日，日本統治台灣的首任總督樺山資紀舉行始政式，宣告日本治台的開始，這一天稱為「始政紀念日」，之後每年這一天便成為重要節日。

❸日治時期的台灣步兵第一聯隊及台灣山砲隊軍事駐地，原址現為中正紀念堂和兩廳院。

❹楠木正成是支持日本南北朝時期，南朝後醍醐天皇的武將，在湊川（在今神户）之戰中明知必敗仍出戰，死於此戰。

❺浪花節是明治時代一種在三味線伴奏之下説書的表演形式。

對勝利感到絕望
——高砂族❶的藥草很有效

回到山上以後，我每天悶悶不樂，做什麼事都提不起勁。那個機場的負責人說「沒有飛機」，應該是眞的沒有了。去年十月十二日台灣近海航空戰的時候，擊沉那麼多的美軍航空母艦，原來全靠本土的航空部隊。在那之後，用特攻隊去打雷伊泰島戰役、菲律賓戰役、硫磺島、沖繩戰，現在本土大概也沒有飛機了。近代戰爭如果沒有制空權，是絕對打不贏的。所謂百戰不敗的持久戰，不過是夢想而已。

今後美軍可以登陸日本本土，把帝國陸軍悉數殲滅掉。在那當中，特別行動隊可以到台灣來，差不多一個月就能擊潰主力軍。如果沒有飛機，在地面上無論決戰還是敗走，結果都是完蛋。不管怎樣都沒用。本來以爲撐下去總有轉機，其實那個想法跟在沙漠裡看著海市蜃樓沒什麼兩樣。除了航空隊的幹部之外，無論軍隊還是國民都不知道實情，說不定還以爲「明天就會吹起神風」，其實明天不會有風吹起，大家都要葬身海底。所謂「不知者心不煩」，說的就是這個。只要不曉得，甚至可以笑咪咪到最後死掉啊。

我得知了軍隊的最高機密，但是一點也高興不起來。就算我告訴學友夥伴們「其實已經完全沒有飛機了」，又能如何？有句話說「眞相令人仰望」，但是我第一次體會到，有些眞相根本毫無用處。即使心中慨嘆，我卻一滴眼淚也流不出來。

結束作業回到隊舍，獨自一人在附近路邊休息，文科的學友大森學徒兵賞了我一拳：

「喂，竹內！你放完假回來就一直萎靡不振的。打起精神來！」我看起來大概怪怪的吧。可是，絕望畢竟還是絕望啊。

我們的臨教伍長小隊長，在中隊長巡視點名的時候訓示我們：

「今後即將進入眞正的持久體制，希望你們更加奮勉努力。」

結果中隊長就抓狂了。

「這是怎麼回事！對士兵講什麼『希望』。叫士兵去做事、去死，都要用命令式，才是長官說話的樣子。你講講看，現在馬上講講看，叫士兵去死，講講看！」

他用手拍打小隊長的臉，甚至取下軍刀，當著大家的面，連刀帶鞘地敲打小隊長的肩膀好幾下。眞是愚蠢。告訴士兵「希望你們努力」，有哪裡不好嗎？大家都得死掉的日子就快到了，還要擺中隊長的架子嗎？你沒有命令去死，大家也還是會死。你還不是一樣要死。就算你用配屬將校軍官的蠢腦袋去爲國家擔憂，也爲時晚矣。

小隊長被撤換了。從第一小隊調來了一位滿臉鬍鬚，外號叫「雲助」❷的臨教伍長。

「我可是會斷然行事的喔！」

他是那種聲音異常尖銳高亢的人，和留守隊的關東軍隊長屬於同等級，是需要小心戒備的對象。可是我滿腦子都在想戰局絕望的事，不知不覺竟然著了他的道。

有一天傍晚點名時，雲助頻頻進行訓示，而我則出神地看著從前方大屯山腳橫向一字展開的桃園台地，清楚映照在晚霞中的景觀。從小看慣的這片丘陵，還能再看幾次呢？我有點感傷。然後，耳邊突然傳來雲助憤怒的聲音，有兩、三個人被打，我也吃到了從側面揮來的拳頭。

「你們這些傢伙，看不起我教育程度低，是吧？」

他大吼著。又是一個仇視高等教育的，眞可惡。不過這次和在留守隊被竹刀敲打不同，我沒有事先作好準備，結果上回那顆臼齒被打到搖搖晃晃，第二天開始疼痛，我連著請了三天病假，躺在那裡。

白天小屋子裡沒有半個人，我只能盯著稻草屋頂瞧，不過也是有一些新的發現。從六月編入現役開始，這個分隊就配屬來一個個子矮小的關東軍一等兵。他總是裝作出門參與作業的模樣，其實馬上就回到小屋子裡，一整天裹在毛毯裡不動。吃晚餐時不跟任何人講話，到晚上躺下來又睡。也是有這種帝國陸軍士兵呢！

等我重新回到山頂的要塞作業，中隊本部來了個傳令：

「竹內二等兵的母親要求會面。立刻向本部報到。」

大概是來告訴我父親戰死的消息吧？我那個愛罵人的嚴厲老爹，支那事變之後，從廣東、香港到爪哇，為國盡心盡力不曾停歇，終於早一步到高天原去了嗎？他曾經那樣醉心於神道，應該是心願得償，躋身於八百萬眾神之間了吧？留下來的母親真可憐，身為兒子，我得要好好鼓勵她。一邊想著一邊趕到本部，發現母親是和住在附近的大井君媽媽一起來的。

母親說：

「大井太太告訴我，你的結核又發作了，躺臥在床，她願意帶我來看你，我們就搭上卡車……」

並且取出了從高砂族的結核特效藥草提煉的西法安生[3]藥包。原來父親並沒有過世。我好像沒有靈感預知能力。

服用西法安生特效藥之後，身體一下子就變熱了，似乎有效。跟注射鈣質的感覺很接近。服用一個禮拜以後，我就恢復元氣了。

沒有飛機，百戰必敗、必滅。再怎麼樣也沒用，絕望了，必定是在這裡那裡吃敗仗，然後完全滅絕。我不斷地想，想到發膩，其實是因爲我很想活下去，才會焦躁，才會讓自己跌落深淵無以自拔。如果我不要想著要活下去，也就沒什麼大不了。死了也沒關係。我跟我的家人，大家都死掉也無妨。勝利的美國人終究也是要死的。根本不需要去羡慕別人說「那傢伙竟然能存活」。我只要相信，在這個世界上有生就一定有死，但是在那個世界裡，要活還是要休息，都是可以自由隨性的，那樣不就好了嗎？

而且，在這個世界短短的這段時間，我可以盡量活得開朗自由啊！想到這裡，我的精神突然變好了。原本的那些煩惱全都消失吧！我可以死喔，我絕對可以死給大家看，但是我也可以順便來個「天誅」，把這個世界上的那些人非人給解決掉。別太靠近我，我可是會玩眞的喔！

❶ 日本時代中後期起，稱台灣原住民為高砂族。「高砂」也是台灣的別名，地名、公司行號以高砂命名的情況很普遍。

❷ 雲助，即流氓。

❸ 指頭花千金藤鹼（Cepharanthine），自原住民藥草大還魂（玉笑葛藤）中提煉，這種草本蔓藤產於台灣中低海拔山區的濶葉樹林中或林緣。

謎樣的將官座車
——莫非沖繩敗將？詢問往台北的道路

有一天早上，出發去進行作業途中，在山崖下路邊吃起了午餐便當。一輛深藍色轎車從山上開下來，停在我的面前，只見一位佩戴肩章的軍官走下車來。這可不妙。車子前方有黃色小旗。好像是兵團長級的人物無預警地來到山中視察了。大概要問我「你是哪個部隊的？竟然這個時候在路邊吃東西！報上軍階姓名來！」然後大隊本部八成要判我輕營倉處分❶吧。

站起來敬禮之後，軍官說話了：

「問你一下，這條路可以通往台北嗎？」

「是的，會通過草山往台北。」

「是喔，謝謝你。」

車子裡好像坐著一位大人物。

「這算什麼啊！從金包里翻越大嶺過來的吧？不曉得這條路通不通往台北的傢伙，應該不是這附近的台灣軍。」

「該不會是在沖繩吃了敗仗之後，並未全體『玉碎』，有人溜到這邊來了吧？講話那麼客氣，因爲敗軍之將不與兵語啦。」

這件事我回到小舍之後，竟然忘記拿來說嘴了。

在小隊裡，雲助越來越囂張，每天點名時都要我們背誦軍人勅諭，背不出來就碎碎唸：「你們這些受高等教育的，笨蛋嗎？連這都記不起來，還能說是高等教育喔！」有時候還大呼小叫，說我們「抗命！」或者「你這傢伙，『重營倉』伺候！」山裡頭最好是有重營倉。沒建造重營倉是要怎麼把人關進重營倉裡？我們才這麼說呢，事情就發生了。

❶營倉是舊日本軍隊的禁閉室，用以懲罰或暫時關押等待判刑的犯人，依情節輕重又分為「輕營倉」、「重營倉」。

輕營倉事件
——順道回家是否違反軍律

有一天，到台北出公差的竹山學徒兵，天黑了還不見歸隊。

「那傢伙是個山男，該不會逃脫到中央山脈深處的蕃社去躲起來了吧？」大家拿他當話題說了一陣之後就睡了。夜裡兩點多，響起了窸窸窣窣撥開草叢的聲音，是他回來了，一臉的憔悴：

「離開大隊本部之後，為了讓部下回自己家，我在路上下令『解散』，被新任的本部副官看到，就被他押走了，一直拷問到九點，硬要我招認『第一中隊准許出公差者順道回家』。我始終不肯承認，結果被喝令說是『像你這種倔強的傢伙，我要判你重營倉。給我回山上去等著！』然後才放人。」大家都很同情他：

「不要理他啦！這座山就是營倉啊，事到如今還講什麼軍律，笑死人！」

不過他看來是嚥不下這口氣：

「那傢伙，美軍來了，我首先就把他幹掉！」

叨唸不停的同時，眼睛瞪成了三角形。好像大家想的都是同樣的事呢！

明治大帝啊，軍人勅諭裡說「須知上官之命令即朕之命令」，你原本是不是要說「上官之正確命令」，但是漏了幾個字呢？在軍隊裡，有一些上官根本不是人，拿著你的名號幹盡了一切沒道理的事，你知道嗎？

如果要講究命令的正確，統制便無法成立嗎？像那種程度的統制，結果還不是沒什麼用。鬥犬教育終究只是畜生教育。培養狂犬，雖然可以噬咬敵人，但自己人也難免遭到噬咬。這樣也算「萬代天皇所統率的軍隊」嗎？

大隊本部仇視高校部隊第一中隊，校史上早有淵源。

昭和十六年，現在的大隊長剛剛到我們高校擔任配屬將校，軍司令部井上少將還是誰到學校演講，本來應該由校長在前面引導，那位少將卻比校長還快，而且從相反方向上台，然後在台上轉來轉去，學生們都笑了。少將很生氣，痛罵我們學校，當時還是中佐的配屬將校當然也被訓斥了一頓，還因此被降職到其他學校，朝向大佐的升遷之路也遭到延宕。這其實只是個「少將器量狹小影響配將升遷」的小故事，但是我們一致認定，這些全都是那批人非人的地痞流氓假借天皇名義幹下的惡行。

你們這些軍人，死掉回到高天原之後，沒有資格覆命說是「已盡本分，剛剛返回此地」。你們這群混蛋，應該要說的是「假借您的名義，只顧逞一己私欲而誤國」。

中隊命令傳來了，竹山學徒兵的處分是「輕營倉三天」。他還是老樣子，到山頂參加作業，東走西走的，嘴裡叨唸著「今天這裡就是我的營倉」。三天就這樣過去了。

「拿木頭裝上去」事件
——素人從軍的悲哀

竹山學徒兵三天的輕營倉時間，都在幫忙製作木槍。

「什麼？爲了防禦美軍登陸，終於要製作木槍了嗎？」

這個故事還眞堪稱經典。六月底時，中隊本部的炊事小屋失火，隊員們的槍枝都被快速取出，只有一把搶救不及，槍身木質部分被燒焦脫落，只剩下槍筒。

中隊長是剛從配屬將校升上來的素人軍人，看見軍令書上寫著「陛下的武器如有減損，應向陸軍大臣報告」，以爲這是不得了的重大事件。他垂頭喪氣地扛著那把槍身，由隨從陪伴前往台北的大隊本部。大隊長最討厭台北高校，台高第一中隊出了事，難免當場痛罵一頓，但是他們兩個都不是職業軍人，都不知道應該如何善後，於是一起到軍團司令部報到。那裡有眞正的軍人，結果軍人跟他們說：

「笨蛋，裝木頭上去！」

「是，今後會萬分小心！」

「裝木頭上去就好了。」

「是，今後將萬分小心！」

「笨蛋，我是跟你說，裝木頭上去！」

「什麼？」

「接木頭上去啦！」❶

也就是說，真正的軍人跟他們講的是「那種無聊小事不需要兩個人來報告。真的報告上去，軍團長也沒辦法輕易了事。槍身的木質部分脫落，那就再裝個木頭上去就好」。他說的確實合理。分發膠底鞋時，如果回收的數量不夠，就把一雙剪開變成兩雙湊數。和這個是一樣的道理。

我們第三分隊的三八式步槍不夠，也有一些木槍。所以就拿木槍出來，用杉材有樣學樣地削著準備充數。

「可是，這種事怎麼會傳出來呢？」

「是月原啦。他就是那個隨從，跟著去到軍司令部，在隔壁房間等待時，把整件事情從頭到尾聽得一清二楚。」

---

❶「小心！」和「裝木頭上去！」的日文發音相同，都是「キヲツケロ」。

放牧水牛事件
——一年份的牛肉如夢幻般消失

時序進入七月。有一天，有命令要所有人從各自小隊搬運木材到我們分隊班負責的橫穴壕去。我本來應該要帶路的，因爲一些事情耽擱了時間，趕緊一個人扛了一根原木趕路上山，然後就聽到先出發的人好像在山裡迷了路，正在吵吵鬧鬧地討論行進方向。

「喂！三分隊的工地在這個方向啦！」我喊過之後就從小徑向右轉，竟然碰見三頭放牧的水牛親子，排成縱隊蹲坐在路上，眼睛眨也不眨地盯著我瞧。把整條路都塞住了，眞是拿牠們沒轍。不過，反正水牛本來就是安靜老實的動物，只要我不出手，應該沒問題。我慢慢從母牛旁邊走過，然後假裝沒看見小牛正瞪大眼睛看著我，順利走了過去，終於來到水牛爸爸的肩膀附近。糟糕了！牛爸爸突然站了起來，往後倒退，低下頭，把彎曲的大角對著我，擺好架勢。與此同時，牛媽媽也站起身，擺出誇張姿勢，小牛則慢吞吞地躲到媽媽身後。

心跳幾乎要停了。我告訴自己，不可以動，絕對不可以動，扛著原木看著天空，絲毫不退縮。五秒、十秒、十幾秒後吧，水牛爸爸突然向後轉身跑了起來，整個地面爲之震動。接著小牛和母牛也跑走了，距離近到幾乎和我擦身而過。終於撿回了一條命，我放下原木，癱坐在地。然後，隊友們從山林間撥開草叢走了出來，悠哉地問我：

「喂！水牛怎麼啦？怎麼不見了呢？」

第二天，我又看到那三頭親子水牛，走在比我們工地更高的山崖上。我用短劍敲打飯盒發出聲響，三頭水牛開始往崖上逃跑。這可好，那條路的盡頭是七星山噴火口壁，再過去就沒路了。我唆使兩個隊友：

「把牠們趕下噴火口。這可是一年份的食糧呢！」於是我們三個人開始敲打飯盒追牛。終於把水牛逼到山崖盡頭。只剩最後一步了。正要邁開步伐時，三頭水牛突然轉向，用腳踩地兩、三次之後，轟然朝我們這邊衝了過來。危險！快逃！我們三個也轉頭往下跑，但是水牛的速度比我們快，轉眼就追到我們後面。

「往旁邊逃！」我大喊著跳向草叢深處，接著撥開雜草拚命往上方爬。三頭牛快速順著小徑衝下了山。又撿回了一條命。一年份的牛肉如夢幻般消失無蹤。奇怪，明明就是動物，爲什麼牠們會知道「那條路行不通，再過去就會跌落噴火口而死」？

臭蛇之災
——把踏住蛇的腳放開

有一天傍晚，聽到小屋外頭有人在大聲叫喊「救命！蛇啊！我快被蛇咬啦！」分隊員們衝出去一看，原來是到中隊傳令回來的福井學徒兵，在草地上踩住一條長約一公尺半的蛇的尾巴。蛇很生氣，脖子垂直立起，正要咬他。兩三個人跑去拿準備做爲柴薪的樹枝，在蛇的正前方擺好架式往牠敲下去，但是蛇頭一甩就閃開了，打不到。福井繼續喊叫：

「趕快啦！我會被咬！」

不知道誰發現了，就跟他說：

「把你踏住蛇的腳放開！」

他跳開之後，蛇拖著長長的身體，爬進暗暗的草叢，消失得不見蹤影。

「你有夠笨耶，爲什麼踩住蛇尾巴，然後在那邊喊救命？」

「嗯，我以爲可以幫晚餐加菜，就偷偷靠過去踩住牠的尾巴，可是後來嚇壞了，根本沒時間思考放開腳就可以獲救這件事。」

「算了吧，算了吧，那是臭蛇❶耶。牠沒有毒，被咬到也不會死，可是根本就臭到無法下嚥啊！」

這是「山男」竹山學徒兵的回答。

❶臭蛇，王錦蛇，俗稱臭青公或臭青母，無毒但具攻擊性，受威脅時會排出有強烈臭味的液體。

坍方事故與友情
——有沒有孟宗竹？

據說，大正十五年（一九二六）出生的人，已經於七月中旬成爲正規的徵兵對象，下山加入正規部隊。而聽到我們這些學徒兵往前追溯到三月，也已經正式從軍的消息時，我也只稍微想了一下「那是什麼事啊」而已。我覺得現在的台灣軍沒分什麼正規不正規，已經變成孤立無援的雜軍了。

我聽說理乙隊的盟友西，因挖掘横穴壕時遭遇坍方事故而延後入隊，在小屋裡臥床療傷，便趕去探望。從尋常科時代就經常一起玩鬧的山口，沒有出門作業，留在小屋裡，不辭辛苦地照顧他。

「你看，這傢伙說『連想小便都沒辦法出去，幫我砍個竹筒來』，所以我特別下到草山附近找竹叢，砍了一根回來。幫他服務那麼多，以爲他會感謝我，拜託我代替他『去跟草山的氣長足姬❶會面』。結果這傢伙竟然說『這麼小的竹筒，連前端都放不進去』。欸，你知不知道哪裡有粗一點的孟宗竹林啊？」

只要存著玩鬧之心，我們就算還活著。

❶氣長足姬，又稱神功皇后，據記載曾攝政、率兵出征。此處是代稱某個西所認識的女孩。

又朝宮中御投彈
——困難的敬語

有一天，文科一年級、瘦巴巴的中田學徒兵去中隊傳令回來。
「欸，傳令，今天有沒有弄（偷）報紙回來？」
「沒。我在本部有看報紙，但沒弄回來。」
「最大條的新聞是什麼？」
「是什麼呢？啊，對了，頭版印的是『美國飛機又朝宮中御投彈』，字超大的。」
「什麼？御投彈？是美國人丟的炸彈吧？」
文科二年的福井學徒兵問了。
「對啊，因爲是美國飛機啊。」
「那就不可以說御投彈吧。不需要加上敬語。」
「是嗎？可是報紙上眞的是寫御投彈喔，我親眼看見的。我們講話不也常常要加敬語之類的嗎？朝天皇陛下投彈的話，加個敬語應該的啦。」
「不對，敬語的確是個難搞的東西，可是絕對不會講御投彈啊。對吧？對吧？」

福井向周遭衆人求援，大家或許同情台灣籍的文學青年中田學徒兵，不想加入爭論，既不表示肯定，也不表示否定。不過，有一點我很確定——一定不會講成御投彈。語言實在很不可思議。

學徒兵不解性事
——紫黑色是什麼色？

第三分隊有四位台灣籍的學徒兵。某個月色明亮的夜晚，大家坐在小屋前空地上開始閒聊，臨教一年級的陳姓學徒兵被選爲倒楣鬼。

「欸，教我們一些厲害的台語嘛。本島人吵架時動不動就講『幹你娘、賽你娘』，那是什麼啊？」

「跟日文的『馬鹿野郎』一樣，不好翻譯耶。」

「我的男鳥，紅吱吱呢？」

「我的那一根，紅咚咚。」

「女生的那個要怎麼講？」

「你的＊＊，黑漆漆。黑漆嘛烏的。」

「黑漆嘛烏，是什麼東西黑黑的啊？」

「正確的說法應該是紫黑色啦，哈哈哈。」

（受到驚嚇的模樣）

「你這個笨蛋，如果被講成那樣子，不管什麼女生，都會很生氣吧。」

「對喔，所以這種不好的話，還是別在人前說出口比較好。」

不曉得誰又起頭了：

「欸欸，有個老闆娘，被疏開到中隊本部下面，就是有時候會爬到山上那個女的。中隊長那個肥仔對她不錯。」

「對，是有這個人。」

「那個老闆娘被取了個綽號，聽說叫作『巴自動車』。」

「爲什麼那個女的是巴自動車？她力氣很大嗎？」

巴自動車是跑台北到草山間的公車，十二公里長的山路，單程要五十五分鐘，每天轟隆作響地重複著上山下山。

「不是那樣啦。最近巴自動車的班次變少了，而且不帶點東西給他們還不肯載你。肥仔也是啊，都帶著中隊的官給品進貢給老闆娘，才給上。所以叫作巴自動車。」

「什麼是給上？」

「所以啊，就是那個嘛。」

「講什麼傻話，給肥仔上了豈不是要被壓死。首先那個就不是騎上去做的事情啊。」

「是喔，那要怎麼做？」

「注意聽喔，首先兩個人要並排仰臥，然後左右轉成面對面，然後就從這邊把左腳跨上去。」

「欸，爲什麼是左腳？」

「因爲我們在這邊，朝那邊跨過去，所以是左腳。如果我們在那邊，朝這邊跨過來，就會變成右腳。」

「是喔。等一下喔。有兩個人，我在這邊，然後面朝這邊，如果把腳跨過去，眞的耶，會是左腳，我懂了。欸，接下來要怎麼辦？」

「接下來就自己看著辦！」

（作愕然狀）

「喂，小子，你剛剛說的，都是眞的嗎？」

「應該吧！」

「什麼，原來是『應該吧！』」

臨教一年級的台灣學徒兵S，平常老是擺著苦瓜臉，不跟任何人說話，這次好像也上鉤了，笑嘻嘻地加入聊天陣容。「欸欸，會不會有男人在結婚當晚就做起那件事呢？」

「你這個笨蛋，不就是爲了做那件事才辦婚禮的嘛！」「可是一定會那樣嗎？不做那件事不是也沒關係嗎？應該也有不做那件事的男人吧？」

「就只有你啦，不想做也隨便你啦！不對，你不可以亂來！不對，隨你高興，別做好了！」

有一天，福井學徒兵去中隊傳令回來後，喜孜孜地說：

「欸，今天這裡的關東軍一等兵被中隊長罵，還被左右開弓打了幾巴掌耶。肥仔吼他『你應該知道！』，他用尖銳的聲音回說『我沒印象！』。那個大叔不參與作業，什麼都不做，原來不曉得什麼時候到哪裡幹了好事。」

「所以他得了什麼病？」

「那個啊，還眞是傑作喔。他到北投的陸軍醫院看過醫生，聽說診斷書上寫的是『YOKONE』❶。」

「什麼？陸軍醫院的軍醫們在開什麼玩笑啊！因爲那傢伙整天都躺在小屋子裡睡覺，所以病名就叫作『YOKONE』喔？」

「就是嘛，亂開玩笑。躺著睡也算是病喔！」

第二天傍晚，福井傳令回來，一臉正經地說：

「好像眞的有一種病叫作『YOKONE』耶。聽說是性病的一種。」

「是喔，原來還有那個喔。」

---

❶指軟下疳（chancroid），由細菌感染傳染的性病。日語發音「YOKONE」與「躺著睡」相同。

七月的割稻公差
——中三的學徒兵

七月二十日，有個到士林街農家幫忙割稻的公差，四天三夜，我去了。在街役場❶研修所的幾個房間裡鋪稻草墊充當宿舍，我因而享受到睽違三個月的有電燈、有自來水的民間生活。

大清早就到農家，吃過白米飯後出發去水田，泡在水裡直接收割。左手握住五束左右的稻子，用鋸齒狀鐮刀割下，接著再握，再割。從上下兩面曬著盛夏的太陽，眞熱。第一天我相當努力，但是收割的量只有專業農夫的四分之一左右。帶著水氣的稻束塞進兩邊的籮筐裡，重量大約有一百二十公斤。只見農家的老人用扁擔挑著，輕輕鬆鬆地走在田間小路上。想說應該沒什麼大不了，也試著挑挑看，結果兩個籮筐好不容易才扛離地面，走沒幾步路就腳步蹣跚，只好卸下籮筐。原來專業的這麼厲害。但是休息時跟他們閒聊，聽他們說起：

「先前被徵召去挖掘殘壕，叫人用鏟子挖土，累到差點死掉。」

覺得眞好笑。因爲做的是平常不習慣的事，所以才會感到辛苦。這次出公差，一天可以吃到五次的白米飯，而且還有很多配菜，我覺得體力恢復了不少。

傍晚回到宿舍，一群台灣小孩在路上跑來跑去玩耍，結果當中一個小學一年級左右的小女孩撞到了我。長得挺清秀的一個孩子。有句話說「萍水相逢也是累世之緣」。我從口袋裡拿出一個炒豆糖糕遞給她，她一動也不動地看了我差不多十秒鐘，才伸出手來靜靜拿走了豆糕。

夜裡因爲沒有空襲，就散步到士林街。在黑暗中看到了香菸的火光，於是走過去說了句：

「不好意思，借個火。」

對方「喔」了一聲，起身把香菸舉了起來。我嚇了一大跳，因爲他只是個身高頂多五尺的少年兵。點了火之後，我跟他說：

「多謝。你是哪裡的部隊？」

他是台北三中三年級的學生，七月一日被召集，配屬於近郊各部隊的通信兵。原來連中學三年級的學生都被捲入這場必滅的戰爭了。大家都是要同生死共患難的。一起赴死的夥伴變多了，眞讓人放心。

回到宿舍正要就寢，覺得窗前作響，似有人影。繞到外頭瞧瞧，卻不見蹤跡。窗框的外側有一袋台灣麻糬。大概是傍晚那個女孩送我的回禮。謝謝妳！年幼的孩子們應該可以在這場戰爭裡存活下去吧。希望他們不會成爲奴隸，都能幸福度日。

第三天中午，雖然我小心注意，還是被鋸齒狀鐮刀割傷了左手無名指。血噴了出來，我趕緊用手巾壓住，回宿舍找衛生班治療。山上學徒兵也在那裡，按著手，臉色蒼白地說：

「混蛋的臨教衛生上等兵，我絕對饒不了他。我割到尾指指根，指頭垂下只剩一層皮連著，他看了竟然亂說『割得眞漂亮！就讓它垂著吧，不會死啦！』連麻醉都不幫我上，直接就擦藥，痛得我半死！」

第四日，因爲作業當天就要結束，下午提早收工，五個人到街道附近的冰店買了冰棒吃。付帳時，店裡的人說一根冰棒五十錢，我們嚇一大跳。一個學徒兵故意敲打佩劍威脅老闆：

「什麼？一根五十錢？一般冰棒的市價是一根兩錢欸。你們是黑店嗎？我不會放過你喔！」

我們最後是留下五十錢左右走人的。台灣人老闆娘用帶著恨意的眼光看著我們離開。其實冰棒是一根一錢，榮町光食堂❷的特製冰棒才要兩錢。不過說不定已經漲價了。火柴現在只有黑市價格才買得到❸，一盒要六圓。我們在山上的小屋子裡也說：

「報紙上寫重慶通貨膨脹很嚴重，法定幣值下跌，物價飆漲五百倍。但我們這裡的火柴也漲了六百倍，沒有立場笑話別人啊！」

❶ 街役場，相當於今日的區公所、鎮公所，士林街役場建築如今作為士林公民會館。

❷ 光食堂是餐廳，有壽喜燒、鍋物、午間套餐等，冰淇淋和冰棒是招牌商品，在日治時代的台北有四家店。

❸ 日治時期自一九四二年起，火柴也列入專賣項目。

步兵操典大變革
——散開四十步三十步

伴隨著沖繩戰役的敗退，步兵操典已經改訂，據說再來就要進入實際訓練了。小隊（四個分隊）在敵前展開時，本來各分隊的四名班兵要各自橫向分開四步、縱向退後三步散開，現在改成橫向四十步、縱向三十步散開。說明原因是「爲了防止美軍的猛烈砲擊導致一次四人悉數遭到殲滅」。七星山高原上，在幾乎與人同高的茅草地帶，我們開始實施訓練。「目標某某，散開！」口令之後，四人立刻橫向四十步、縱深三十步散開，然後才前進。可是用原來的怒吼喊口令方式會被敵人發覺，所以要改成低而尖銳的聲音。但是，在茅草隨風搖曳的狀態下，既聽不見「前進」的指令，更看不見同伴的身影。最後的結果是，喊的時候除非把尾音拉長成「第三分隊——向前——」，否則就行不通。現在與美軍戰鬥，部隊應該已經不可能有條不紊地前進了。換句話說，在第一次交手之後，再來就只能倚賴少人數的創意游擊戰。

當我還是在校生的去年夏天，當局已經因應塞班島的陷落而有了新的說法：「我們日軍傳統的白刃戰造成了相當大的損害，今後需要改變戰術。不可於彈丸用盡後再進行白刃突擊，應在槍枝中預留最後一顆子彈，最後關頭要刺殺敵兵時再轟他。」

當時由一名配屬將校負責現場演練，只見他衝過來，跳起來，朝三公尺外的目標開槍射擊，但是沒射中。那個時候局勢還不差，所以大家看著看著就起鬨起來。

「這個做法會不會有點卑鄙啊？」

「不會不會，置對方於死地乃是武士兵法，不能算卑鄙。不過，連近在眼前的標靶都射不中，這個子彈還眞是靠不住喔！」

在塞班島戰役裡，我們的白刃兵士帶著步槍刺刀向前衝，美軍雙手持槍等著，然後從下方跳出來，翻過槍托底部向上毆擊我軍的臉。據說我軍因爲這個戰術而受創嚴重。

當時那個「最後的槍擊」實技訓練，現在又在七星山高原重現了。在起起伏伏的草原上，忽高忽低地持槍猛衝大約三十公尺，在搖晃踉蹌中拔身跳起，射出空砲。就當作有射中目標吧。

如果美軍眞的登陸，斥候或者尖兵隊來到這座山中，和我們在茅草中相遇；對方應該也是二十歲左右的年輕人，我們要拿槍射他嗎？應該會吧。不然就要換我們被殺了。不過我們拿的是明治三十八年式的槍，要先拉起再壓下擊鐵，一次只能射出一顆子彈，而對方用的是等同於機關槍的連發型自動小槍。事到如今，白刃戰既是我方戰鬥的開始，同時也是終結。

結束了白刃兵士一發必中的演練之後，回到小屋，擦拭著三八步槍，輪值到中隊本部傳令的福井學徒兵回來了。黃昏時分，他從梯田間的小路下來，還在老遠的上方就開始大聲喊：

「除隊，除隊！決定先除隊！」

因爲上次的臭蛇事件，幾乎沒有人要相信他：

「騙人的吧？都這種時候了，怎麼可能除隊？」

「眞的啦，眞的啦。剛剛從大隊本部發來的電報，說是『由於戰局處於劣勢，暫且保留兵力。學生應於自家待機』。」

因爲理由聽起來相當合理，中田學徒兵相信了，接著臨教一年的年少學徒兵也信了，在小屋前的空地上跳來跳去：

「耶！萬歲！可以回家了！要下山了！」

不過二年級的學徒兵總覺得有詐：

「欸，最關鍵的福井跑到哪裡去了？」

「是喔，不曉得什麼時候不見了。」

「說到萬歲，小隊小舍裡的人應該也會喊吧？一點聲音也聽不到啊？」

福井蹲在往下轉入樹林的小路草叢邊。

「怎麼啦？你騙人的喔？」

「嗯，我在上面那個轉角跌進田裡，心情很悶，所以想到要來騙騙大家。是很熱鬧地騙過了，之後卻覺得好沮喪。我正在沉澱混亂的情緒。」

沒有人生氣。反正他好歹讓我們在不可能實現的夢想世界裡，稍微窺看到一絲亮光。說不定還有人對他懷抱些許感謝之意呢。

戰況終究還是只能朝向悲慘的結局發展。

造營舍以因應持久戰
——一天能割幾把茅草？

由於主營舍的漏雨現象越來越嚴重，我們小隊停止建設要塞，開始在附近樹林間開拓空地建造營舍。所有人連續數日都在割高原地帶的茅草。因爲進展不順利，小隊長就想出了餿主意。

「茅草這種東西，努力一天，大概可以割幾把呢？」

「嗯，好的話一天三十把左右吧。」

「好，明天開始，我們用兩天的時間來辦個割茅草競賽。割最多茅草的人給他一個晚上的外宿許可。」

於是，各分隊以二年級的學徒兵爲中心展開討論。

「這樣吧，因爲我跟雲助那傢伙說了，一天三十把，我們就用這個標準來進行。不要搶先，外宿獎勵等等的就不要理它了。」

可是很快地，第一天晚上就有了糾紛，臨教一年級的台灣籍K學徒兵竟然割了一百二十把，據說小隊長眞的給他一晚的外出許可。第二天，K學徒兵歸隊後被帶到附近的樹林間，遭到二年級分隊長們的質問。

「對不起，因爲我沒注意，沒聽說有那個協定。」

雖然他道歉了，但是大家認爲：

「那個傢伙，那種神情怎麼看都不像是不知情。下次再搞這種把戲，絕不饒他，一定懲罰。」

原來所謂的軍紀，在這種地方也是存在的。

這兩天的割茅草競賽，有件事讓我很在意。下山校長的兒子，從尋常科時代就是我的同友，他居然一個人坐在山間靠近頂端的路上，完全不參與。下山是個認眞的學生，以前不管是軍訓還是校內作業，他總是排在大家的最前面，比誰都要勤奮努力，這次卻發呆似地看著地面一整天，簡直跟羅丹的雕像一樣。晚上，在分隊小舍裡，我開玩笑地說：

「欸，下山變得完全不參與作業了。這個世界走到盡頭了。」

不過，每個人都默不作聲，完全沒有笑一下的閒情逸致。

有一天，福井說起七星寮❶的同友，理甲的池上學徒兵，在疏開地的陸軍醫院病逝。說著說著，就嚎啕大哭起來。學徒兵終於出現了戰病死第一號，接著還會越來越多吧。明天說不定就輪到我。這個時候每個人都默默無語，沒有人有心情去安慰福井。

---

❶七星寮是台北高校的學生宿舍，當時可由學校看到台北一帶最高的七星山而命名。

與朝鮮軍的友好——首次見到朝鮮人

在七星山和大屯山的中間區域，出現了一批不常見的陸軍部隊。偶爾也會有體格不錯的軍人繞到我們分隊小舍來，或借借報紙，或詢問一些山間的情況。

「喂，朝鮮虎兵團❶的軍人過來，跟我說『借看一下報紙』耶。那是朝鮮兵嗎？體格很讚啊，他們都吃什麼喔？」

「朝鮮人是採志願制的，可以精挑細選體格好的兵。馬上就會瘦下去了吧？」

「爲什麼這種時候會有朝鮮軍來到台灣的山裡頭？應該到日本內地去支援吧？跨過沖繩來到台灣，其實也派不上什麼用場啊！」

「嗯，可是他們都很老實又有禮貌，跟關東軍那些地痞流氓大不相同。」

「他們的眼睛都好細，沒有一個是大眼睛的。原來那就是朝鮮人，我第一次看到朝鮮人耶。」

逐漸地，我們還是和朝鮮人互相交換了一些訊息，瞭解了事情的眞相。

朝鮮軍爲了支援菲律賓，今年起就嘗試強行登陸呂宋島，但是美軍的反擊非常激烈，三分之一的朝鮮軍淪爲波臣，只有少數人登陸成功，其他的逃到了台灣。起初他們都在南部的平原地帶，因爲美國軍機轟炸個不停，逐漸被分散配置到山裡。他們是擁有山砲和卡車的機械化部隊。

有時候他們會帶著食物過來，想閱讀學徒兵的報紙和書籍。傍晚時分大家吹著口琴，互相交流一些歌曲，山裡洋溢著台灣朝鮮友好的氣氛。我還記得《阿里郎》和《桔梗謠》的旋律。

敢兵團和虎兵團之間似乎已經取得默契，根據大隊通告，大屯山七星山方面的學徒兵只要出公差，隨時都可以搭乘駐紮在草山溫泉附近的虎兵團卡車部隊的車。本來我們這些陸軍學徒兵一直都遭到陸軍卡車忽視，只能靠海軍卡車的同情施捨讓我們搭便車，感覺很不合理，現在應該可以好過一點。不過，本土決戰看來勢在必行，像這樣把關東軍、朝鮮軍送到台灣來，只能說是太太太可惜了。

❶日本皇軍步兵第十九師團，代號虎兵團，本是朝鮮守軍，一九四四年被派往菲律賓支援戰事。

年輕體力的極限
——想停戰，但不可能投降

到山上已經三個多月了，學徒兵部隊的體力呈現急速衰退狀態。蚊蟲咬傷化膿久久無法痊癒。膿消去後變成噴火口形狀的洞，周邊腫脹成紫色，一按就隱隱作痛。我們稱這個叫作「南方潰瘍」，塗抹磺胺類藥物軟膏也不見療效。

出完公差從中隊本部回來時，我們都會抄近路走山間梯田的畦道。向晚時分，天色昏暗，走在前方的僚友突然不見蹤影，接著就聽見他跌落下方田中的聲音。「欸，還好嗎？」趕快把他拉起來。而且，這種狀況發生的次數越來越多。爲什麼呢？因爲營養不足，造成了夜盲症或腳氣病。

糧米減量成一天三合。幾乎沒有副食，湯裡頭只漂浮著空心菜葉。能夾雜一點豬肉乾的碎渣算很稀罕，會被大家當成珍貴的營養品。

爲中隊出公差。下山到草山附近的集積屯所領取一整袋米，然後兩人一組運回位於上方三公里的中隊本部。一袋米有六十公斤，用擔架扛著走，感覺手腕快斷掉，走個十幾公尺就要先放下來，再重新前進。半路上碰到了難得遇見的海軍山間卡車，向他們敬禮後搭上了便車。一位看來像是下士官的人大聲對我們說教。

「陸軍到底在想什麼喔？以目前的戰局，即使是一個士兵的戰力都不該浪費，應該要珍惜保存的。怎麼可以消耗兵力，用人力搬運米袋上山！回去之後一定要把這話轉告給你們隊長知道。」

雖然陸軍也公告了「禁止毆打士兵」，不過現在那些臨教下士官之所以不再毆打學徒兵，原因在於「近期將舉辦各兵科特別幹部候補生考試」的傳聞。因此，學徒兵們已經敢翻臉，堂而皇之地大聲說：「等通過了特甲幹考試，看不順眼的下士官，我會好好回禮一番的。」

我們的小隊長變得有點怪怪的。明明已經處於糧食不足的階段，竟然命令炊事班說：「我的階級章是伍長，不過既然被任命爲小隊長，應該比照軍官待遇。我的食物不能跟一般兵一樣，幫我做軍官餐過來。」

炊事班不得已，只好用豬肉、罐頭幫他另外烹煮食物。都已經到了大家必須一起死的時候了，怎麼還有這種蠻橫可惡的想法。他強迫炊事班「軍官餐不可以直接送過來，一定要在第三分隊小舍接受檢查後再送來」，所以我們就用混了糞尿的泥水洗過食物之後才送去給他。可是聽說他吃了沒事，連拉肚子都沒有，顯然應該再多一些天譴。我們從理乙小隊那邊弄來了瀉藥和興奮劑，混進他的食物裡。這下子立即見效。根據夜哨報告，他昨晚前後跑了八次廁所，嘴裡碎碎唸著：「奇怪，肚子不舒服，都沒辦法睡覺。」

我們這些學徒兵，平日看起來身體強健的人也開始逐漸出現了衰弱徵兆。有一天，理乙隊柔道三段的增山和小島兩人，到草山的診療所就診，回程時覺得走路困難，在山頂的路邊休息。文科的川端學徒兵也剛從台北郊外的陸軍醫院回來，在路上碰到他們，一起走了回來。三個人的氣色都不好，沒什麼元氣。當健康受損，山中的原始生活會讓人覺得連生存都很辛苦。精神還算好的文科同級生古學徒兵說：

「在這麼欠缺制空權的狀態下，龐大的軍艦應該無處可以躲藏。就算躲在瀨戶內海的島嶼後方，也會被美軍轟炸掉。我想聯合艦隊大概已經幾乎不存在了。」

我自己當時也有直覺，松山機場大隊長說的「沒有飛機了」應該是真的。在山裡從事掘壕工程，我們都知道，要挖幾千個大型橫穴根本不可能。更何況隱藏飛機，一定要在緊鄰平地的山麓，而且也需要跑道。從空拍的照片就可以看得一清二楚。

南部有弄了一些偽裝工廠，美軍飛機連炸都不去炸一下。聽說從降落傘跳下來的俘虜表示：

「看空拍照片就知道，那裡沒有工廠。」

川邊學徒兵斷斷續續說了：

「不用休戰條約，先締結停戰協定就好了。就算只停止戰鬥狀態也好啊。」

一整群人默默無語。沉重的氣氛籠罩不去。

這場戰爭，是我們這邊在協商到一半時，突然出手挑動引起的。事到如今，是不可能指望美國饒過我們的。要停止戰爭，應該會要求我們無條件投降吧。如果我們能接受這個，大概就會停戰了。然後，美國跟他們的聯軍就可以兵不血刃地佔領日本領土，日本男子全都會被去勢，分配到全世界各地去當苦力工人。倒在士林街頭的ＡＢ血型苦力身影，又浮現在我眼前。我們人數不多，大概會被帶到印度還是地中海附近的港口，在那邊辛辛苦苦當底層勞工，勉強活個幾年，就結束了恐怕沒多長的人生。那就是「停戰」。不過，無論再怎麼說，這個帝國陸軍是絕對不可能「投降」的。「寧死不受身爲虜囚之辱」乃是天皇軍隊的鐵則。所以我們不會成爲苦力，只會持續遭受美軍轟炸和登陸戰的折磨到死，大和民族只有完全滅絕。

如今我們的頭腦和胸懷中，已經沒有必勝的信念，有的只是「必滅」的意識。

在往草山和往北投的山間岔路附近，聽見遙遠下方的砲聲，然後看見一架漂亮的美軍單引擎戰鬥機飛了過來，發出輕巧的聲音，從峽谷往七星山方向消失不見。Ｐ－５１。速度快到讓人難以置信。面對強力的物質，精神只有冰冷堅硬而沉默。

通信見習士官考試
——排除台灣籍學徒兵

聽說要舉辦以二年級學徒兵爲對象的通信科見習士官考試，所以去了中隊本部一趟。兵團司令部派來軍官和下士，大概花了半個鐘頭，跟我們做了一番關於軍隊通信的說明，還教我們アイウエオ五十音的摩斯電碼，然後立刻進行考試。

結束之後，我被要求留下來幫忙整理。在隔壁房間整理考卷時，軍官走進來問下士：

「今天參加考試的人裡，有沒有台灣籍的？」

「有，有一個叫作 KOKENMIN 的。」

「好，把他從合格名單裡剔除。」

這又是什麼跟什麼呀！先宣傳一些什麼「同爲天皇赤子」、「一億一心」、「內台如一」等等的，如今爲什麼又不能採用台灣人作爲通信軍官？

古學徒兵已逝的父親是台籍貴族院勅選議員，母親是內地人。如果連混血的半個內地人都不能信賴，那這場戰爭乾脆就讓純粹的大和族去打，不要借助別人的力量嘛！不過，我想一切都已接近終點，也沒什麼好憤怒了。阿古，你別生氣，到了那個世界就不會有什麼機密、歧視了，一定的。

病兵歸山之行——台灣籍學徒兵也「誓死為國」

到台北去出了趟睽違已久的公差。傍晚來到御成町❶的巴自動車起點，碰到理乙小隊鄭聖德學徒兵帶領的人，就和他們一起。有個一年級的學徒兵因爲急性瘧疾發燒，病懨懨地躺在椅子上。

「如果是登革熱，聽說比瘧疾還危險呢！理乙的高橋他爸爸是醫學院教授，正在研究登革熱，結果得了登革熱，前幾天過世了。」

我和鄭學徒兵談論著「怎麼辦？要不要把他帶回大隊本部？」卻聽到生病的那一位掙扎喘息著說「請帶我回山上去」。

公車來了。乘客們爭先恐後互相推擠，我趕緊大聲敲響佩劍，威脅恐嚇他們：

「讓開讓開，病人，讓病人先上車！」

終於勉強擠上了公車。等車的幾乎都是台灣人，都用帶著怨恨的表情看我。最後有幾個人沒擠上車。沒擠上車的人只好走十二公里的山路。我在心裡說著：「對不起，都是因爲戰爭。請不要認爲我們學徒兵在作威作福。」

途中看到兩輛卡車開過，車上滿滿載著垂頭喪氣的紅毛兵俘虜。卡車是要開往圓山後方的收容所，而我想的是：「應該叫那些傢伙下車用走的，把卡車給我們用。」

公車發出超大的引擎聲，用差不多等同於步行的速度，花費大約一個半鐘頭抵達草山終點站時，天已經黑了。理乙小隊的房舍比文科小隊還要遠，抬著發高燒的病人走五公里山路是很困難的。於是我和鄭學徒兵一起去找從以前就駐紮在衆樂園內的卡車部隊隊長。隊長正在和室裡下圍棋。身爲領隊的鄭學徒兵先報上隊名，然後說：

「因爲有一個兵正在發燒，所以過來拜託，如果現在有要開往竹子湖的卡車，請讓我們搭個便車。」隊長大概是圍棋下輸了，正皺著眉頭盯著棋盤，就生氣地說：

「什麼！你剛才說什麼，再給我說一遍！」

鄭學徒兵用一樣的語氣重新說了一次。

「什麼什麼，你們知不知道自己在說什麼？什麼是『如果現在有要上山的車？』什麼叫如果有！你們以爲天黑之後還會有上山的卡車嗎？怎麼可能會有！別胡說八道了，快回去！」

我們黯然地呆立在那裡。想到生病的學徒兵那麼痛苦，即使跪下去拚命懇求他都沒關係。我們會說「如果有」，是因爲這樣講比較客氣。就算跟他說「請派一輛卡車」，他還是可以刁難我們的。重點在他有沒有心要援助發燒的友軍吧。這個陸軍軍官，不是東西的傢伙，美軍登陸時我一定要替天行道，讓他滾下地獄去！

鄭學徒兵平靜地說了一句：

「承蒙照顧，我們回去了。」

黑暗的走廊上，隊長的聲音追了過來。「喂！你們打算怎麼處理生病的兵！」

「扛著他爬上山。」

「你們！他死掉也沒關係嗎？」

鄭學徒兵又平靜但是凜然地說道：

「沒有辦法，大家都是爲國而死的。」

鄭聖德你眞棒！那個比畜生還不如、不配當人的隊長，你訓誡得眞好！你是出生於此地的台灣人，你們本來不必跟美國人、英國人打仗的。你就算爲大日本帝國捐軀，也不會前往高天原，應該會去其他的世界吧。不過，總有一天我會到那個世界找你，並且鄭重地向你致謝和致敬。

走了十來分鐘之後，一輛引擎轟然作響的卡車沿著山路上來，超過我們在前面停下。開車的士兵安靜不語，我們也默默把瀕死的夥伴抬上了卡車。卡車在深沉的夜色中忽左忽右地慢慢開上山，車上所有人都默不作聲，空虛的心情難以形容，只覺得以往大日本帝國的光榮形象，正在我們的腦海中無聲無息地崩解潰散。

這場戰爭可以輸。戰敗然後完全滅絕，這是必然的結果。

眾神明鑑，我們至今仍舊持續著這場沒有道理的戰爭，仍舊違背神意朝毀滅的方向衝撞。敬請眾神明鑑！

❶ 御成町，約為現在中山北路一段、二段附近，中山區民安里、中山里範圍，因裕仁太子來台時立下的御成碑而得名。

帝國海軍的原子彈
——戰爭或將於八月結束

到草山出公差。在遠比巴自動車終點還要下方的車道上，被一位海軍軍官問路，於是帶著他找到要投宿的旅館。

那位剛從東大畢業的軍醫中尉領我到房間，除了道謝，還送我五包光牌❶的香菸。吸一口菸，口腔中立刻瀰漫芳香之氣。台灣軍軍人抽的武士牌香菸很辣，吸了以後滿嘴火辣。海軍軍官的香菸等級果然不同。

我跟他聊起今天出公差時聽其他學徒兵提起的話題。話說朝鮮軍虎兵團的某位下士官，信心十足地宣稱：

「日本做出了超厲害的小型炸彈，小到可以放進口袋。只要一顆這種炸彈，不管戰艦還是航空母艦，一次就能擊沉十幾艘。接下來聯合艦隊就要用這種炸彈了。這場戰爭八月就可以結束了。」

海軍中尉完全不驚訝，笑咪咪地回答我說：

「喔，大概是原子彈吧？聽說那個會破壞物質元素的原子，能釋放出極強烈的能量，差不多火柴盒大小的一顆，就足夠轟垮塞班島。日本開發成功了嗎？如果真的做出來就好了。」

聽了他的話，我心裡還是很平靜，只覺得「那種奇蹟不過是祈願到極致的海市蜃樓，不可能出現在現實中」。不過，這是個不錯的話題，回去要吹噓給別人聽一聽。我一邊想，一邊走回營舍。

因爲時間還早，小舍裡沒有半個人，於是繞到小隊本舍一看，只有文科一年級的久坂學徒兵獨自臥病在床。久坂是台北一中四年級進到台北高校的年少學徒兵，起初我們一起在內務班，同寢室。他老是愛說黃色笑話，很有人氣。這麼剛好只有他跟我，就來幫他加個油，打打氣吧。

「喂，久坂，提起精神來！我今天聽到了一個好消息喔。海軍開發出了火柴盒大小的強力炸彈，只要一顆就能夠轟垮塞班島。聽說戰爭八月就可以結束了。」

本來以爲他會開心，結果猜錯了，他用低沉微弱的聲音回答我：

「竹內，謝謝你。你想用這個話題鼓舞我，你的心意我很感激。你是好人，我衷心感謝。不過我已經不行了，好像是結核病復發了，燒一直都退不下來，我知道自己在一日日衰弱中。我即將死在這座山裡，我會懷抱對大家的感謝之情死去……」

「別說這種喪氣話。那你好歹要活到八月，八月就快到了啊！」

---

❶ 一九一一年，台灣專賣局台北菸草工廠開始生產，光牌和武士牌都是當時台北菸廠的商品。

美軍登陸的非常召集
——悽慘強行軍，倒而後已

八月四日晚上十點，傳令兵在漆黑的山間林道奔馳，喊著「緊急！」「緊急！」是什麼事情呢？「立刻全副武裝，到中隊本部集合。」入山以來首次揹起軍用背包，肩上扛著三八步槍，趕到竹子湖，接到的是兵團命令：「火速於草山集結。」美軍終於登陸了嗎？不對啊，並沒有正式的轟炸，頂多是美軍小部隊的偵察登陸吧？不對喔，如果從淡水或八里庄海岸登陸，轟炸的聲音傳不到山裡。用這個裝備去支援海邊的戰事根本就是自殺行為。全島要塞化到底有什麼意義啊！偶爾傳來壓低音量的竊竊私語，我們在十一點左右抵達草山。別的學徒兵團也來了，朝鮮軍虎兵團、卡車部隊，以及其他現役部隊好像也都集結過來了，衆樂園周邊放眼看去全都是軍兵。稍微等待到十二點整，一位看似兵團司令官的人站起來訓示：

「全軍於超乎預期的短時間內達成集結，顯示緊急集合訓練的成果相當良好。」

連喘口氣讓我們說句「哎呀，原來是訓練喔！」的時間都沒有，下一道命令又傳了下來：

「假定美軍兩個師團已從淡水方面登陸，我們部隊現在開始朝北投方面出動迎擊美軍。」

領到分發的乾麵包之後，部隊展開深夜山路的沉默強行軍。傳令的聲音非常低沉。不准發出槍枝互相碰撞的聲響，因此槍枝要倒著扛，才能扛得又直又挺。路上一邊假寐或是一邊實際演練夜襲，不斷朝山下行進，拂曉時分於北投附近遇見假扮的敵軍大部隊，重複進行斥候、偵察行動，最後兩軍於七點半左右在郊外的草原對峙，演習隨即終了，連個喇叭聲都沒有。我才剛在想，那麼接下來該要大休息了，來睡一覺吧，結果又來了個兵團命令。

「假定北部海岸金包里方面有敵軍一個師團的突擊隊登陸，我隊將立即折回，予以殲滅。」

草草結束早餐，全軍於八點鐘出發，從新北投車站前返回山路。專賣局的養氣莊❶我從小就來過無數次，這次要從養氣莊前走到頂北投❷。去年夏天我還和同級生阿古到這附近的溫泉旅館住，在山道上悠哉蹓躂。但這條路現在看起來就像是通往死亡之路。

八月的太陽熾熱，揹負著包括毛毯在內的重裝備，連現役部隊兵士都陸續倒下，或許身體已經相當衰弱了吧。簡直像在看慢動作影片一樣，只見緩慢在前方爬山的兵士突然停下腳步，然後膝蓋無力，向前仆倒在地，但是沒有人有餘力可以伸出援手。水壺裡的水早就喝完，但是沿途沒有人家可供補給。我想起了「口渴比飢餓更容易讓人倒下」這句話。途中，看見山崖岩壁有清水滴落，大家拚命舀著喝。衛生隊的傳令兵衝過來大喊「絕對不准喝生水」，結果沒有半個人理睬他。不過，迂迴爬上蜿蜒的山路後發現，上方是梯田，田裡的污水滲透流向下面的岩壁，我們剛才喝得津津有味的，原來是糞尿水。不過沒有人在乎，繼續向前進。

部隊已經無從管制，各員或休止或步行，我們的中隊小隊現在身處何處、如何行動，完全無法知曉。我意識到，這已經算是山岳游擊戰的實演了。

聽說有傳令兵過來說「衛生兵總撤退」。或許是假消息，不過如果倒下了，眞的是會死掉的。半路上看到我們那個雲助小隊長癱坐在路邊，臉色蒼白，無法動彈。我費盡氣力告訴自己「看吧！這就是吃軍官餐的天譴！」，然後一步一步吃力地從他面前走過，爬上山路。下午一點多，我氣息奄奄地回到了草山的出發地。終於可以大休息了，不過全軍有三成多的人脫隊，大家都累得像死了一樣。待機不久之後，傳來了「金包里進擊行動中止」的命令。

---

❶ 一九三三年落成的專賣局養氣俱樂部北投別館，有溫泉設施，主要是給專賣局職員及家屬使用。建築位於今台北市北投泉源路上，於一九九〇年代拆除。

❷ 頂北投，指位於北投北方高處，今硫磺谷、龍鳳谷、十八份一帶。

滿滿一飯盒的水
——並沒有說要一次喝完

因爲大強行軍而親身體驗口渴難耐的痛苦之後，第二天，山上學徒兵很誇張地表示：「只要夠口渴，人是可以喝掉一整個飯盒的水。」

「飯盒的容量有一升❶耶，再怎麼說，也喝不了一升的水啦。」

「絕對喝得了。我來喝給你看。」

「要賭什麼？」

「好，就賭公家配給的羊羹。如果我喝得下，大家的羊羹都歸我。」

不愧是台灣島，自從我們入隊之後，每個人每個月都配給到一條一六軒的小型羊羹。身在無法取得糖分的山裡，羊羹算是最最珍貴的物品。山上學徒兵從一早開始就不喝水，傍晚結束作業回到小舍，坐在門前的空地上，拿出了自己的一條羊羹。五個人也各自取出自己的羊羹，由代表盛了一飯盒的水端過來。山上不慌不忙地大口大口喝將起來，但是喝不到兩合就喘了口氣，放下飯盒，用略帶痛苦的聲音說：

「聽好，我可從沒講過要一次喝光喔！」

這可出乎大家的意料：

「什麼啊，你這是什麼啊！要是分成一、二十次喝的話，一升誰都喝得下吧！」

所以呢，這場比賽算是平手，不分勝負。

我這才發現日文很難。很多時候會把一些應該附加的條件省略不說，所以會有這種各說各話的現象。

❶一升約一・八公升。

機場射擊班
——無法挖掘掩體壕，百發百中必死無疑

中隊的傳令員過來說：

「將在松山機場成立以輕機關槍射擊敵機的特設射擊班，有意參加者請向本部報名。」

當時我一個人在小舍外頭洗衣服，就回答他：

「喔，我要報名，麻煩幫我加在名單裡。」

聽說特別甲種幹部候補生考試也快到了，不管在召募什麼，我都要參加。

第二天傍晚，同一位傳令員又繞到分隊小舍來叮嚀我：

「竹內桑，昨天說的機場射擊班，你眞的要報名嗎？上面要我過來再跟你確認一下。」

「嗯，可以啊。反正是從掩體壕射飛機，也不一定會死掉。」

「不對喔，因爲是機場，不曉得我們的飛機什麼時候會要緊急迫降，好像沒辦法挖洞。聽說是在旁邊的草叢裡，由一個人扛輕機關槍，一個人射擊。」

「那敵機用機關槍掃射一下不就清潔溜溜啦？好啦，男子漢，既然已經說過要去，就不會反悔，還是幫我加在名單裡吧。」

在旁邊聽我們講話的僚友先津也說了：

「從飛機上用機關槍掃射，據說是百發百中的，不會危險嗎？」

沒關係啦，就算叫我現在立刻去，我也會去。那邊應該可以比照飛行兵，吃到不錯的食物。沒當成特操而少吃到的份兒，我要好好吃回來，吃飽飽的，早一步到高天原去。留在後頭的是地獄，往前進則是天國。我還是早點到天國去享受輕鬆比較好。

總而言之，在這個山裡頭毫無意義，我已經待膩了。一天也行，我想要盡快下山。

美國的新型炸彈
——在台北上空看見降落傘

八月七日的報紙上寫著「廣島被投下新型炸彈，受災慘重」。第二天，傳來了兵團的命令：「新型炸彈附帶著降落傘。落下時不可觀看其閃光，須以水沾濕白布覆蓋自身。」不知爲什麼，我總覺得那和能夠轟垮塞班島的炸彈很像，不過新的營舍即將完成，我們正忙著進行最後的內裝工程，沒怎麼把心思花在這件事上。

八月十日，報紙上刊登著蘇聯對日宣戰，還有長崎也被投下了新型炸彈的記事。以前學徒兵之間流行過一首歌，「紅色的花是曼殊沙華，雨滴落在荷蘭宅第」、「長崎山坡的石板路，向晚時分的煙火」，還有「因爲父親是外國人」，這些歌詞令人心中充滿感傷❶。

地球乃是宇宙中的一顆行星，爲什麼人類必須在地球上互相廝殺？只要有一方先說一聲「不打了」，不就好了嗎……

臨教伍長當中也有原本是關東軍的人，據說他每天看了報紙都在講：「蘇聯軍的進擊速度太快了。」別再裝懂了，報導哪會正確啊。滿洲很大，用無邊無際的泥濘戰就夠拖延了。不過，大日本帝國天皇逃到滿洲，像重慶的蔣介石那樣不斷喊著徹底抗戰這種事，倒是不可能發生了。

日本人還是像櫻花盛開後飄落那樣，所有人一起陣亡，那樣最好。

我自覺已經接近尾聲，是時候該在這個山裡留個碑銘了。橫穴壕早晚要垮掉，還是大草原好了。我爬上山頂，找了一塊方形的石頭，用釘子在上面刻字。

我刻的是「昭和二十年八月末日，一位天才」（我的血型是AB型，應該算吧）。接著我開始推敲思索，「永眠於此」比較好，還是「就此永遠離去」比較好，結果聽到天空高處傳來爆炸聲，然後是我方高射砲轟隆作響的迎擊聲音，抬頭但見空中有白線向四面八方呈放射狀散開，一頂降落傘正緩緩飄下。

「這是新型炸彈。少數飛機以較高的高度飛行，並投下附有降落傘的炸彈。」新型炸彈終於也出現在台北上空了。我丟下石塊跑到橫穴壕邊，大聲喊道：

「東南六十度，降落傘！」

好讓附近的作業隊知曉，又跟神德和李學徒兵說「是新型炸彈！」然後才跳進橫穴壕裡。可是等了老半天，都沒有閃光，也沒有大爆炸，於是洩氣歸隊。

小舍裡有位軍事通，告訴我說：

「那是口徑十公分的陸軍新型高射砲。爆炸時金屬絲的白色彈幕會向四面八方散開，鉤住敵機使敵機跌落。別名叫作章魚腳。以前的砲口徑只有七十公釐，據說現在這個口徑已經大到有一百公釐了。」

碑銘石的事就這樣被我忘得一乾二淨。

❶ 出自梅木三郎作詞、佐々木俊一作曲，發表於一九三九年的〈長崎物語〉，描述少女阿春的故事。阿春是義大利與日本混血兒。當時幕府轉向鎖國、驅逐外國人，阿春和她的母親被送出國，搬到巴達維亞（今雅加達，荷蘭屬地），歌詞是描述阿春在異國思念家鄉。

特甲幹考試
——看見神國幻影

八月十三日，爲了參加特別甲種幹部候補生考試，二年級的學徒兵都到草山的衆樂園前廣場集合。臨教伍長那些傢伙最近已經老實多了，當上見習士官、讓他們敬禮再回禮的想法也不像以前那麼強烈了，不過說到要考試，還是會下意識地鼓足幹勁。

「合格的比例是幾成呢？」

「哎呀，只要四肢健全的人都會及格啦。事到如今，不只士兵和見習士官，聽說連少尉中尉都是消耗品了。」

大屯山第五中隊的高校夥伴也來了。因爲可以趁機見到全校學生，連下山校長都從台北來到山裡，對所有台高生展開訓示。

「現在學校裡已沒有學生。沒有學生的教師，是最不幸的人。相對地，能夠爲國家奉獻生命的諸君，你們是最有福報的人……」

好了，省省吧，新制的校長。不管你說誰才是幸福的人，所有的日本人不久之後都要被殺光，從這個地球上消失。你們煞有介事、威嚴十足地一再宣示的新體制，還有大東亞共榮圈、大日本帝國，一切都將如泡沫般消逝無蹤。

我總覺得一定有某個環節在哪裡出了差錯。是誰在什麼地方認爲即使沒有物資也能夠勝利？是軍人嗎？帝國軍人們的囂張已經誇張到滑稽的程度，而且也不是人類應有的模樣。和那些軍人密切掛勾、訓示學生的教育人員也很讓人不愉快。你們都安靜點，去死吧！

面試的時候，我被問到：「今後的帝國軍人，不只是軍事方面，也應該加強對於政治方面的認識。關於這個看法，你覺得如何？」

軍事方面已經沒救了，這個我知道。如今才來認識政治層面又能怎樣。不過，如果你那麼期待，我就來取悅你一下好了。

「是的，我認爲今後的軍人，需要各方面的廣泛知識。」

「不對不對。軍人只要思考軍事就好了，不可以對政治多嘴多舌。政治交給你們的父親輩去處理就好了。」

在很詭異的場合講到了父親。我父親應該還在南方的爪哇島，住在從荷蘭人手中搶來的豪華房舍裡，把印尼人當作家臣僕人使喚吧。不過，這些也都要結束了。

從中隊本部指揮班的僚友處聽來了一些流言。藉著特甲幹考試製造大量的學徒兵見習士官，目的在於企圖派游擊特攻軍到沖繩。因爲學生的頭腦好，特攻應該會有效果。好，好，軍隊啊，還在精神上自欺欺人啊。大日本帝國陸軍到了最後關頭，終於想到要利用學生的高等教育頭腦了。

沖繩的學生諸君！台灣軍的學生士官們接下來就要去支援你們了。不是爲了勝利，而是要去拯救你們應該已經無辜犧牲而徘徊徬徨的靈魂，帶領你們前往高天原。別說你們不想去高天原。先到我們遠祖居住的地方一下，然後就自由了。不管你們要想什麼，要做什麼，都可以。

午餐後的休息時間，我在衆樂園前的庭園斜坡打盹，體驗到一種不可思議的感覺。櫻花樹和榕樹的綠葉交錯掩映，八月的藍天鮮艷亮麗，白色雲朵輕輕飄過，燦爛的陽光從縫隙間灑落。似睡非睡間，只見兩個人影沿著小徑從下方走近，掠過我的眼前。走在後面的少女身穿勞動服，揹著後背包，側臉絕美不可方物，閃耀著神聖的光輝。我彷彿置身於幻想世界。恢復意識之後，抬起上半身，看見小學時低我一屆的古川學徒兵就在我身旁。

「奇怪，剛才過去的那個女孩，好像在哪裡見過？」

「什麼啊，竹內君，剛才那是家長會長先生家的小弘子啊，比我還小一屆的……」

「我們讀的小學裡沒有那麼漂亮的女生啦。」

「有啊，竹內家不是在昭和町的原野附近嗎？再往前一點的住宅群，最前頭那一間就是家長會長先生家。那時候你看過她啦。」

別說得太具體啊，幻想的世界就讓它停留在幻想裡才好。我又躺回斜坡，閉上雙眼。沐浴在溫暖的陽光下，好舒服。我有一種「眞好」的感覺。到底是什麼眞好呢？其實我也說不上來，一方面是因爲有個漂亮女孩在，眞好，或許也因爲能夠親眼看見了「美」，所以眞好。到剛才爲止，我都在思考大家即將死去，即將消逝無蹤，原來美的形式也存在於這個世界上。眞正的形式在天國，但是這個世界裡也有。天國在那個世界裡，但也在這個世界裡。所以這個世界和天國是一樣的。死和生也是一樣的，都很好。這就是「眞好」的感覺吧？天國的確不遠。好像已經近在身邊了。

我覺得《卡拉馬助夫兄弟們》裡的老三阿萊莎，彷彿就在附近呼喚著我。

他們那一家人的故事眞是悲慘。長子和幾乎等同於俄羅斯化身的父親大吵一架，嘶吼著「我要殺了你」。長子酩酊大醉之際，父親遭年輕時與下女所生的醜陋私生子殺害。被懷疑爲弒父凶手的長子鋃鐺入獄。次子高談闊論指責「耶穌基督正是爲世界帶來最大災害的罪魁禍首」，最後精神崩潰陷入瘋狂。阿萊莎完全被現實壓垮，當他對這個世界與人類絕望時，突然看見了神的世界。對此，我在閱讀這故事時認爲相當突兀，完全搞不懂爲什麼會變成那樣，並且在搞不懂的狀態下完成了最後的研究發表。現在我懂得阿萊莎的心情了。神畢竟還是存在的。或許我可以在天國碰到他，和他好好談一談。

現在，我也看到了神國的幻影。

最後的哲學討論
——感謝柏格森

十三日晚上，先津學徒兵拿著酒瓶過來邀我「爬山去」。我們爬上小觀音山。在夜裡可以看到左手邊黑黑的是大屯山、右手邊是七星山頂，在滿天星光中找到了北斗七星和北極星。我們台高的第二校歌歌詞就是：

清晨仰望七星山　映照希望之色中
黃昏漫步淡水畔　思念清清宛如水
以此聖域為道場　淬煉德智七春秋

先津一面和我對酌，一面絮絮叨叨地講著康德說過這個，而新康德派的說法是那個，黑格爾則認爲是那樣。哲學的話題非常不可思議，自己所講的事，只有在說的當下知道意思，過後就搞不懂了，更何況是別人講的，根本無從理解。我自己讀尋常科四年級時，曾經在文集裡寫過一篇〈何謂哲學〉，後來也是看不懂，還要自己爲自己翻譯。

聽先津沒完沒了地講著，我覺得他有「今生就此訣別」的味道。特甲幹通過之後將立刻進入現役部隊，學徒兵部隊也勢必面臨重新編制。台灣軍隨時會出擊菲律賓和沖繩，然後大概就一個接一個自然滅亡。

我自己這邊其實也有話想說，我想說的是關於柏格森的事。「康德的認識是平面圖式的，欠缺關於動的說明，辯證法式的認識是由黑格爾建立的。不過，我覺得柏格森『生命之流』的看法才正確。事物本來就處於動的狀態，『動』用直覺就可以知道，靜止下來觀照才是例外。『生命』在動之中遭遇到阻礙，『知』就會運作，將事物停止下來進行觀看，解決之後生命又重新流動。流動有『維持』和『發展』這兩個作用。維持自我，維持家庭，維持共同體，最後是維持國家。這個作用和『人類愛』的作用是不同次元的，應該屬於『發展』。生命只有維持是不夠的，也要發展。國家並不是最高道德，另外還有更高次元的什麼。我覺得，僅只理解這一點，就已具有哲學意義了。」

即便理解了眞理，又能如何，頂多算是「死後帶往冥土的快樂回憶」。如果我去高天原，把這個體悟說出來，在那邊國家說乃是最高道德，應該不會得到認同。或許我應該開溜到柏格森所在的天界，去跟他打個招呼，告訴他「我瞭解你的看法了」。

八月十五日的公差——從早上起就沒有卡車

八月十四日，好像所有事情都已告一段落，心情相當清爽，想著最後也該回家再看一眼，所以登記願意到台北出公差，結果馬上輪到了第二天的公差。

八月十五日一早，我帶領著分隊的理乙學徒兵神德和李發仁兩人，八點半抵達草山衆樂園等待卡車，但是卡車遲遲未出現。我們走到公車道上，坐在種著大樹的圓環邊等著，等到十點、十一點，一輛卡車都沒有。終於等到一輛卡車，卻朝我們揮揮手，開往上山的方向去了。

十二點左右，聽到「附近的軍隊都到廣場集合」的喊聲，於是大約有一百名士兵靠攏到衆樂園前面的廣場。據說有天皇陛下的廣播，收音機的擴音器發出嘎嘎聲響，可是幾乎聽不見廣播內容。

在那之後，有聽到「往北投的卡車要開了！」的傳話，不過我認爲之後還會有直接開往台北的車，就讓後面的人先上車。兩天前過來向我們訓話的下山校長也在那輛卡車上，歪著頭站著，看來一副詫異的表情。什麼啊，他一直都留宿在溫泉區嗎？不幸的人就快快回去啦！

重新坐到大樹圓環處等待卡車。下午一點多，民宅的收音機傳來了沉痛抑鬱的聲音，我就爬上石階，到人家的玄關口去仔細聽。

「……基於爲萬世開太平的用心，陛下接受了波茨坦宣言。」

奇怪了，所謂宣言，不都像大東亞宣言一樣，大概就是隨便說說的空談，爲什麼會需要接受呢？難道天皇有生以來第一次透過收音機廣播，不是要告訴大家「由於蘇聯跟隨英美參戰，大國難即將來臨。希望所有人員相信天祐，更加努力奮鬥」嗎？

靈光一閃，我突然懂了。波茨坦宣言其實就是勸降。天皇說他接受波茨坦宣言，這不就是「投降」嗎？本來絕不可能發生的投降，已經出現了。難以置信，但是事情好像就是這樣。我趕緊回到原地，告訴神德學徒兵：

「好像是不打仗了喔，收音機說的。」

「嗄？」

他站起來走向民宅，然後走回來，嚴肅地說：

「好像是那樣。」

天皇的廣播是如此重大的廣播。十二月八日的開戰廣播，還有今天的投降廣播，兩個重大無比的世紀瞬間，我居然都錯過了。我這個人好像眞的欠缺對於世俗的靈敏度。

不過，我首先想到的是「今天的公差要怎麼辦」這件事。如果我們回報因爲沒有卡車所以沒出公差，那些神經病中小隊長說不定會以「抗命」爲名把我們宰了。即使判重營倉我也很不爽。何況也不能排除有人內亂，堅持要抗戰到底的可能。我急中生智，告訴李發仁：

「李君，你到中隊本部問問今天的公差要怎麼處理。我是帶隊的負責人，所以原地等候。」

他或許也嚇到了，回我一句「好」，就反射性地跑了出去。

我和神德兩個人等了將近三個鐘頭，李學徒兵才和離開時一樣跑了下來，氣喘吁吁地說：

「今天的公差不用去了。中隊本部要我們立刻歸隊。」

回到小隊之後，立刻完成武裝，到中隊本部集合。我們第一次領到實彈，並且輪流立哨。大隊下了指令。

「台北近郊部隊有兩名台灣人士兵逃跑，其中一名爲七星郡出身。各隊應嚴加警戒，發現可疑人物立即射殺。」

以前的步兵操典是說「詢問兩次是誰、在做什麼之後再『射殺』」。步兵操典一定是被改訂過了。

「什麼啊，已經落跑了。還眞的有這麼急性子的傢伙。」

「也沒必要射殺，對空射擊就好了，戰爭已經結束了啊。」

「不過實彈眞的很重哪。帶著實彈，眞的會想要射它一發耶。」

深夜十二點，改成要各小隊回到營舍待機，於是我們三三五五地歸營。回到了新營舍，看見久坂病兵從臥鋪裡抬起上半身，睜大眼睛。

「喂，久坂，原子彈是美國的。不過戰爭在八月結束了。猜中了。」

他默默無言。應該很高興吧。萬死一生，終於撿回了一條命。

雲助小隊長在以竹子隔開的自己房裡轉來轉去，走個不停，像是動物園裡的狼，口中不斷喃喃自語：「到底會變成什麼樣？」還眞是一副可憐相。會變什麼樣你自己去想吧。還是因爲你沒接受高等教育，所以不曉得會變什麼樣呢？

台灣軍的抗戰布告——逃向獅子頭山？

第二天，八月十六日，情勢完全轉變。第十方面軍傳來布告指示「六十萬台灣軍無傷且健在，將繼續堅決抗戰」。即使天皇在廣播中宣布停戰，軍隊仍然不願停戰。戰爭並未結束，終究要走向全毀的悲慘結局嗎？我還沒有時間思考這些問題，上面又追加發下更多的實彈，小隊也領到輕機關槍和擲彈筒，而且每個小隊都已經分配到一個對戰車用的強力爆雷。一整天就在保養三八步槍和警戒待機中度過。當晚由第三分隊立哨，和我同時站哨崗的竹山學徒兵低聲說了：

「這個七星、大屯的北部山岳是火山地帶，糧食絕對不夠，如果部隊一直這樣下去，別說抗戰，根本就是自取滅亡。我們應該偷跑，召募一些同志，往南邊的中央山脈去。」

「南邊是要南到哪裡呢？」

「獅子頭山就可以了。到那邊的話，暫且還能打個一陣子。」

唱了好多年的台高校歌，一開頭就是「獅子頭山清雲飛揚，七星嶺上氤氳繚繞」❶。演變到最後，終究是要按照校歌行事啊。

「好，我也去。這件事只告訴可以信賴的人喔。」

我的腦海裡浮現了未知的獅子頭山中的游擊軍團。竹山是台灣山岳會的出色人物，再來說不定會成爲軍團首領，以後我們都要向他敬禮，稱他「竹山閣下先生」。

翌日（八月十七日）仍舊是待機。脫離此地轉往他處的事，還是要隱晦地跟家裡說一下，所以就去登記願意到台北出公差。

「八月十五日本來輪到要去大隊本部出公差，但是因爲沒有卡車而中止。如果還有事情的話，希望能交給那天的成員負責處理。」

我找了個冠冕堂皇的理由，馬上就得到了同意。

八月十八日，出發往台北，距離上次到台北也有好一陣子了。大隊本部不知道什麼時候搬到堀川道路❷家政女學校❸的校舍去了，離我家很近。入隊之後不久即因爲骨折進了陸軍醫院的好友齋藤兼繼，也在本部。

「堅決抗戰的前景如何？」

「嗯，好像一點頭緒也沒有。這種時候最好不要輕舉妄動。你這次公差所要求的用品，我們就故意說有一部分數量不足，必須下次再來領取好了。」

到獅子頭山的事，沒能跟他說出口。我告訴一起出來的李學徒兵：「你繞去北投回家一趟，然後再回山上。」神德是台南市富谷點心店的兒子，不可能回家去看看，我跟他說至少可以繞道本來住的台高七星寮，把所有糧食都拿來。在路上解散之後，我順道回東門町的自家。住宅街靜悄悄的，感覺沒什麼人。對面的機場大隊長他們，也已經搬到別處去了。

母親問我：

「事情變得好嚴重。山上怎麼樣了？」

簡單向她說明了停戰當天至今的狀況之後，我用若無其事的口吻說道：

「因為山上糧食不足，大概撐不久，說不定過幾天會和夥伴一起移動到南邊的山裡。到時候再跟妳聯絡……」

結果被母親叨唸：

「不要跑啦。現在不二子暫住在武官府的疏開地點，說是每天都有內地傳來的電信資訊。先等一陣子，再看情形做決定。」

因為巴自動車最後一班車下午三點發車，我匆匆忙忙離開了家。剛過了州廳❹前的圓環，突然遇到好友今吉的媽媽和小弟。

「到底是怎麼一回事喔，怎麼說是戰爭打輸了……」

今吉媽媽是堅強的鹿兒島女性，滿臉通紅，眼中流出大滴的淚珠，雙手顫抖，兩腳跺地，用全身表達出遺憾又委屈的憤怒。對她，我也說不出要逃跑的事。

「阿姨，再來會怎樣我還不知道，不過，請妳在家裡也要加油。阿勉現在怎麼樣呢？他在重機中隊，所以都碰不到面……」

提到兒子的事，媽媽終於打起了精神：

「上個月我到汐止的機關槍隊看過他。又乾又瘦，只有一雙眼睛轉啊轉的。我有叫他要堅強振作一點。」

從御成町走往巴自動車起站的途中，我聽到背後傳來英文歌曲的大合唱聲，原來是一輛卡車，車上滿載著紅毛人俘虜。「你們還是俘虜吧？台灣軍說要堅持抗戰到底，所以你們還不算勝利者。」我嘗試用力想著這些話，但是沒辦法從丹田用力。他們被必滅的大日本帝國陸軍俘虜了，說不定也意識到死亡的絕望。如果美軍登陸激戰，我們沒有軍糧可以供給他們，嫌麻煩之下乾脆賜他們一死也未可知啊。

❶這是台北高校第一校歌，一九二五年由三沢糾作詞，阿保寬作曲。
❷指日治時期開鑿來防洪排水的台北「特一號排水溝」旁所建道路，為今日台北新生南北路。
❸台北市立家政女學校，校址今為台北市金華國中。
❹州廳，指台北州廳，台北州的行政中心，建築物現在作為監察院。

真正的終戰
——幾乎遭難之後，看見世紀的黎明

八月二十一日，方面軍司令官布告送來了，說是「台灣軍接受天皇使者的命令而停戰」。堅持抗戰前後歷時一個星期，就草草謝了幕。

所謂停戰，意思其實就是「全面投降」，但是布告裡完全沒有投降這個字眼。我很模糊地想過，如果投降，大概所有日本男子都會被去勢，然後送到世界各個角落成爲奴隸。但是總而言之，現在已經停戰了，不會再有空襲、琉球出擊、美軍登陸了，這是目前我腦海裡的唯一念頭。

好幾天沒在灌溉水渠裡洗衣服了，我正搓洗著衣物，從林間傳來了中隊衛生班月原學徒兵高亢的叫聲。

「某某衛生上等兵跌落竹子山的谷底骨折。請趕快過來支援！」

爲什麼這種時候會需要翻越大嶺稜線，跑到遙遠的竹子山去呢？他一邊咳嗽一邊斷斷續續說明：「今天方面軍司令部派使者來傳達停戰，因爲要舉行傳達儀式，中隊本部要求全員集合。只有衛生班長說『那種儀式太可笑，誰要參加？還不如去釣個魚來吃』，就出去了。結果在谷底從岩石

跌落，好像骨折了，完全不能動彈。」

「爲什麼連你都跟著去？」

「因爲我現在負責跟著班長。」

「混帳東西，天皇陛下的使者說要來，他竟然這樣，眞是不忠！」

山上學徒兵的火氣十分猛烈。

「那傢伙，我手指頭只剩一層皮連著時，他是怎麼亂講的？他說『割得眞漂亮！不會死啦！』你去跟他講，跌到谷底也不會死啦。不然我去那裡，再踢他一腳好了！」

「這個嘛，簡直是敵前逃亡啊。先把他救起來，再處他槍殺之刑吧。」

「哎呀，就先吃過晚餐再出發好了。」

結果各小隊還是派出了人數相當多的救援隊。翻過大嶺稜線，進入往竹子山的山路好一陣子之後，接著就是陡峭山崖邊樵夫們在走的下山小徑。負責帶路的月原學徒兵或許心裡著急，撥開山白竹葉，一下右轉一下左轉地一直往下方走，走著走著就不見了身影，最後連互相呼喚的「喂——」「喂——」聲音都越來越遠而聽不眞確。救援隊變成了兩、三人一組，分別在密生叢林裡迷了路。

我身邊只剩下神德學徒兵，我們認爲「一直往下到溪流處，總可以找得到人」，所以一個勁兒往溪谷走。那一帶長滿了高與人齊的山白竹，只能勉強看到小徑。聽得見溪流的水聲，但是老半天都走不到。很快地太陽已經下山，四周陷入黑闇。

神德說：「先回到山崖上面去吧。」於是我們開始了往上爬的苦行。在竹叢裡一會兒朝右一會兒向左，神德的身影和聲音逐漸遠去，到後來連一點動靜都聽不見。發現一塊岩石，我坐了下來。

「下到谷底把他救出來。輪流把他扛上來，半路上再故意讓他摔下去，替天行道，讓他骨折之痛痛到頭頂去。」我本來是這麼想的，結果自己反而好像遇難了。四周沒有一絲月光，山和天空都是漆黑的，什麼也看不見。

輕輕拔起草根，送一點點水分到口中。靠著岩石斜躺，覺得全身舒暢，簡直是人間天堂。重複了兩、三次之後，我突然發現這樣不行。現在還在苦行，這樣太舒服了。如果就這麼睡去，一定會前進天國。就在幾天前，我還像卡拉馬助夫的老三一樣，親身體驗到天國近在眼前的感覺，然後宛如基督奇蹟似的「投降」就來臨了。所謂的奇蹟，只要你滿心期待著它，就絕對不會發生。當初台灣近海航空戰，也是因爲我們充滿期待，所以成就不了奇蹟。我以爲勝利無望，也絕不可能投降，滅亡勢必難免，當我放棄希望的時候，「投降」的奇蹟突然發生了。我們已經得救了，所以我不可以死掉。對，我不可以就這樣睡著。我愕然而起，莽莽撞撞地用雙手撥開山白竹，開始往上爬。滿手被山白竹割得都是傷痕，花了大概一個小時，終於攀上山崖。

匍匐在地面上，可以看見黑色的山稜。我似乎大大偏離了方向。朝東方走了半個小時後，終於聽到了人聲，也看到眾人燃燒樹枝樹葉生起的火堆。好不容易走到火堆旁，跟他們要了一些水煮的芋頭，吃過之後，隨便拉條毯子蓋在頭上，昏昏睡去。

拂曉時分，連綿的山峰泛起白意，紅色的光芒爲雲影鑲上了一層邊。我知道自己活過來了。現在，人世已經不同了。從「死亡」的世界轉換成「活下去」的世界，新的太陽即將升起。這個太陽已經不是昨天以前的太陽了。

我百感交集，懷著滿滿的感動，迎接世紀的黎明。

八月底的插秧公差——民間已呈顯反日狀態

八月下旬到士林出公差，這次是幫忙插秧，又住進了上次寄宿過的街役場研修所，預定要停留三天兩夜。我們到農業會去接受職員分配任務。台籍書記大聲說：

「啊，你們是高等學校的部隊喔。我有個同學也進了高等學校。他頭腦聰明，是個高材生，但是身體就差了，哈哈哈！」

七月下旬我們來割稻時，氣氛不是這樣的。原來如此，民間已經轉移成投降戰敗的狀態了。農家倒是沒有任何變化。一副「戰敗於我何有哉」的模樣，默默地在大太陽底下，灌了水的田裡，連拉線都不需要，全憑直覺等間距地插著秧苗。

接近中午時，我和臨教一年級的眞境名學徒兵一起爬到附近的小丘上休息。那裡有個台灣人公學校的分教場，戶外擺著長凳，一位年輕的日本女老師在教國語，對象是大約十名的低年級學童。有個孩子捧著課本唸道：

「KOYABASHI 桑揮到家之後會洗手。」

眞境名學徒兵站到他後面說他：

「欸，欸，是 KOBAYASHI 桑吧，『回家之後』喔。要唸正確才行啊，再讀一次！」那個學生不好意思地笑了一下，又讀成「KOYABASHI 桑」，被同伴糾正，才重新唸對了「KOBAYASHI 桑」。

眞境名，你眞棒！你是沖繩人，沖繩已經遭到美國蹂躪佔領，你們即將成為美國的土著居民。儘管如此，身爲未來的教師，因爲今天是日本語的課堂時間，所以你試著要把學生教對。你的精神很值得尊敬。即使日後你我的國籍不同，我們還是要互相加油，堅強面對人生。

傍晚回到廳舍的玄關前，正好看到其他部隊或許是在大休息，要把三支槍架在一起，卻被一群台灣小孩故意撞倒，大喊「混蛋」之後一哄而散。七月來割稻時送她小菓子的那個女孩也在其中。

我喊了一聲「喂——」，她認出了我，趕緊跑走。原來台灣已經進入反日抗日的狀態了，我悵然回房。這次和先前不同，房裡的燈光明亮得很。洗完衣服回到房間，開著的窗戶邊有一個紙包。打開一看，和七月時一樣，有兩塊台灣麻糬。是那個孩子！心中頓時變得暖暖的。

孩子們啊，不要再弄倒日本軍的槍砲了，我們即將棄槍了呢！我撒下的一枚菓子，如果能和緩那個台灣小女孩的反日之心，是一件多美好的事情。那個小女生，日後一定會是個清秀漂亮的少女吧。希望她能將溫柔之心分享予人，成爲美好的佳人。

學徒兵現地除隊
——再見了，魔山／戰爭結束了

八月二十七日，布告下來了：在解除武裝向美軍投降前，將先讓六十萬台灣軍當中，現地召集的十萬部隊除隊。第二天專心準備從山中撤退事宜，二十九日早上，終於要下山了。

不過，我們中隊一直到最後那一刻，都被瘟神糾纏著不放。前一天回收到中隊本部的實彈，據說少了兩包，共三十發。本部的說法是：

「武器彈藥，只要有一點點短缺，就會對解除武裝造成障礙，搞不好還會導致再度進入戰鬥狀態。絕對要找出來！除非數量齊全，否則這個中隊禁止下山。」

學徒兵們像被斷糧的鬥犬般焦躁，不只是營舍內外，還深入周邊草叢山林翻找，卻一無所獲。

「就當作原本就少了三十發，不就好了嗎？」

「三八槍燒掉時不也是『拿木頭裝上去』就沒事了嗎？不能用同樣的方法混過去嗎？」

「這是開天闢地以來第一次吃敗仗被解除武裝吧？他怎麼知道會造成障礙？不會是他擅自在那邊想像的吧？」

「我覺得啦，只要說是有奇怪的傢伙出現，所以射了他三十發，事情不就解決了嗎？」

總而言之，第一次投降，不懂的事情多得很，可是要在這山中找三十發子彈，根本像是在大海裡打撈掉落的銅板。如果記得哪個兵在哪裡弄掉了子彈，馬上就可以找到啊。大家徒勞無功地不停搜索，結果十點的時候，宣布要「所有小隊到中隊本部集合」。三個小隊都集結到本部廣場後，就「立刻出發」。

「怎麼啦？結論就是少了三十顆子彈，也不會怎樣嗎？」

不過，沒多久之後，實際狀況就口耳相傳開了。第一小隊的兵舍牆面是用細竹編成的，兩個各裝十五發實彈的袋子被發現掉進牆面下方的草叢深處，於是事情就結束了。

抵達草山衆樂園前，彷彿害怕會發生災難，隊伍於小休息五分鐘後立刻出發。話說我們在五月初來到草山，進入山中四個月，經歷過許許多多的變化，現在終於要離開，而且不會再回來。

這兩個晚上，從「再見吧七星，直到下次來訪」，到「再見吧大嶺」、「再見吧竹子湖」、「再見吧大屯」，我們對所有地名唱著離別之歌。其實每個人心裡應該都偷偷想著「我並不打算再來」。從這裡再往上，就是世界末日的山巒。不可否認地，大家都曾經在這裡意識到死亡的威脅。我要把這個黑暗的惡夢世界封印在山上。

戰爭的亡靈，你就永遠沉睡在這個山裡吧！

從草山到台北的中心——州廳有十二公里，但是部隊從圓山的台灣神社開始往南轉到長長的堀川道路，一直安靜地行軍，下午一點半抵達位於大安龍安坡家政女學校的大隊本部。大隊的所有部隊，包括步兵五個中隊、速射砲中隊、重機中隊、通信中隊等等，全部都到齊了，由大隊長宣告解除召集、解散。下午三點多，大家離開大隊營門，直接轉往母校。原本的那些伍長叫我們「喂，排好隊伍走整齊」，被嗆回去「你以爲自己還是伍長嗎？」，結果也沒聽到他們罵「抗命！」的回應。

校內又恢復爲原本的學校感覺了。在擁擠混亂中，繳回了槍和軍用背包佩劍，領到一袋米，還有一個信封，是軍事儲金的支付款。本來以爲每個月六圓，六個月是三十六圓，結果竟然有九十六圓，嚇了一大跳。國家打敗仗還領到兵糧米和軍隊薪資，心裡覺得既抱歉也感謝，還是收下了。

離開校門踏上歸途。三月二十日入隊時走的這條路，現在我要反向走回家。想想，其實這條路也是我以前上學放學所走的路。我剛剛過完的這五個月，到底算什麼？走在熱氣蒸騰的路上，八月的太陽高掛在天空，彷彿什麼事都沒有發生過。看見學徒兵夥伴走在三十公尺的前方，但是沒有氣力追上去和他說話。走回家要二十分鐘，以前走五分鐘的中途有間我會繞進去的刨冰店，現在已經不見了。穿越將東門町分隔成兩半的公車道，朝著六條通底的家門前進。

到家了。進入玄關，說了一句「我回來了」，坐下，沒有擦拭不斷滴落的汗水，我把兩條拆下的綁腿仔仔細細地捲好。

戰爭結束了。

台北高校校歌（第一段）

獅子頭山清雲飛揚
七星嶺上氤氳繚繞
朝朝夕夕　胸懷奔騰天際鴻志
駒不停蹄　學子精勤修業於斯

一九三〇年代的台北高校，校門是三角形角柱，柱上有「臺灣總督府臺北高等學校」字樣。已於 1946 年拆除改建。

台北高校校園

1

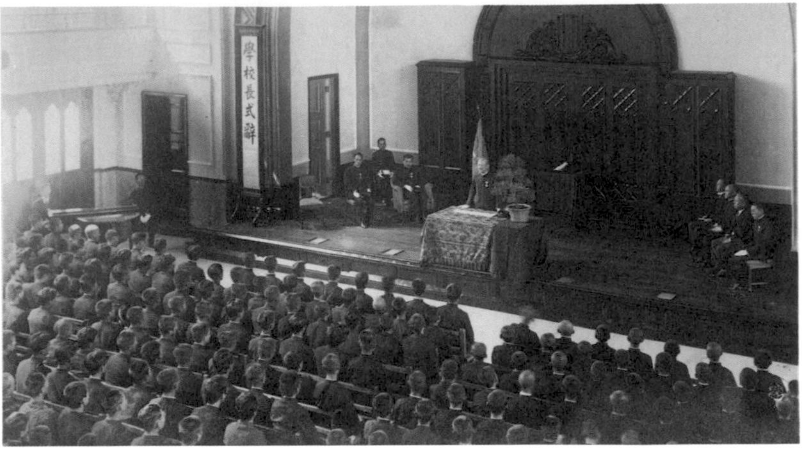

2

3

4

5

1 台北高校學校講堂，現為師大禮堂
2 體育館
3 理化教室
4 圖書室
5 台北高校生進行軍事訓練

1 

學生宿舍七星寮

台北高校學生宿舍七星寮，因可眺望七星山而命名。約可容納百人，但無法滿足高等科全部學生人數，因次台北高校並不是學生全體住校。

2

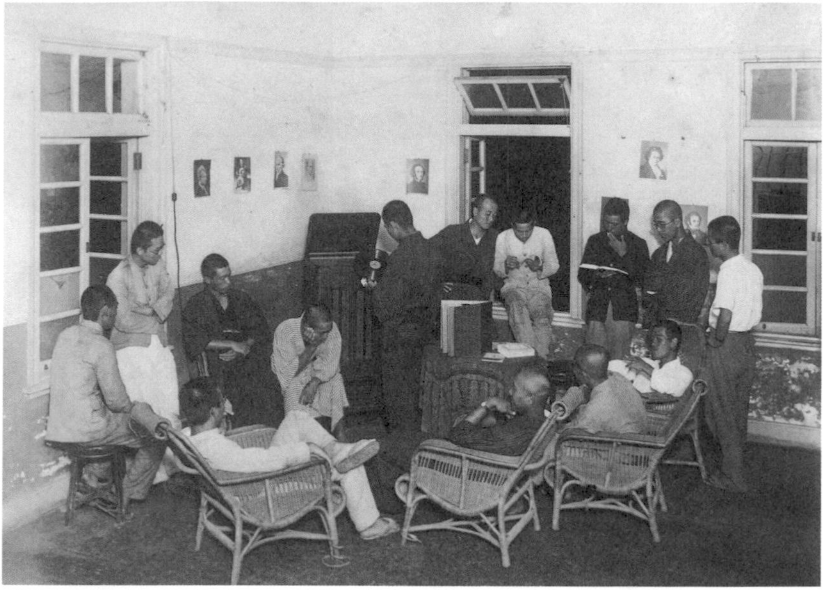

3

1

2

1　1940 年代，英語課上課情形

2　1939 年台北高校高砂踊，作者提供的照片中亦有同一張相片，不及這張清楚。這張照片由黃伯超院長捐贈，黃院長與作者同屆（1939）進入台高尋常科，但竹內因肺病休學一年，因此畢業時晚了一屆。

台北高校生的校外活動

學生們課餘常集體行動。
台灣總督府（今總統府）

1

1　當時台北的主要商店街榮町（衡陽路）

2　永樂町（迪化街）

3　草山眾樂園

2

3

1

2

1 喫茶店（1938）
2 路邊攤（1941）

昭和十年九月九日

基隆要塞司令部

基隆要塞司令部検閲之印

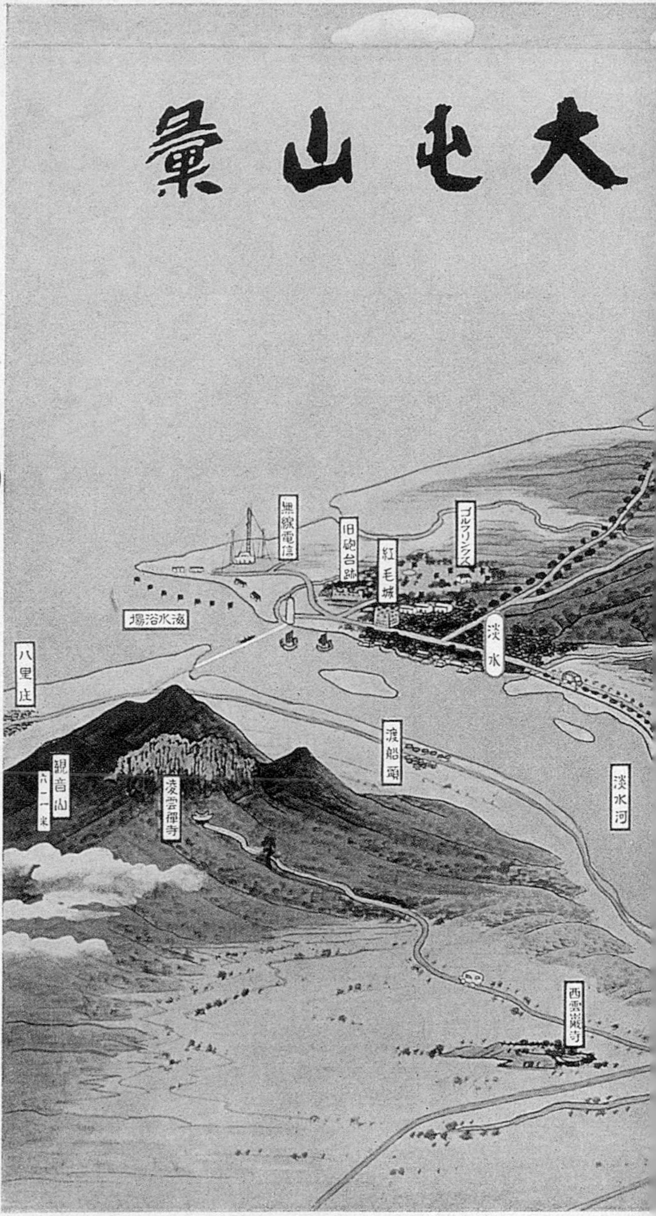

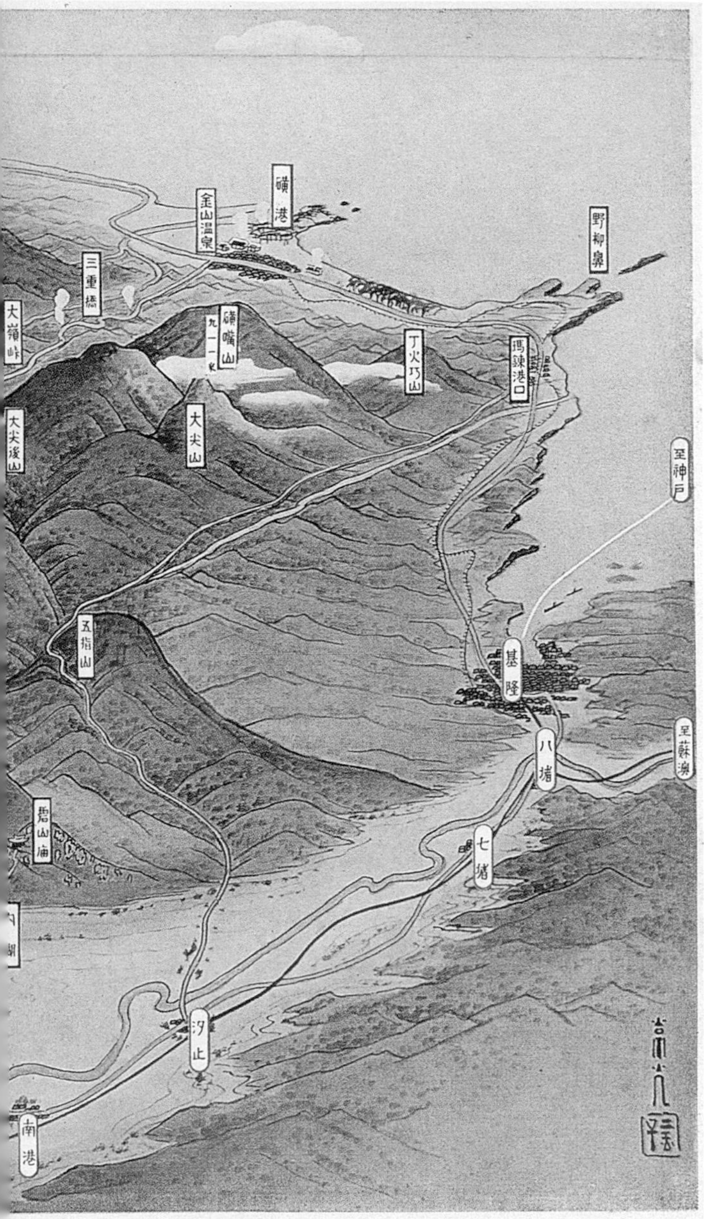

金子常光〈大屯山彙〉國立臺灣歷史博物館收藏　蓋亞文化

3

4

Storm（ストーム）是一種高校生大張旗鼓的自發行動，類似於現在的遊行，多半是在校內進行，校慶或校際比賽時有可能會上街頭。

3 榮町 Storm 4 是京町 Storm，均是 1930 年代

1

2

1 三線道路
2 高等學校公車站
3 明治橋（1941）
4 參拜台灣神社（1941）

3

4

1

看電影很早就成為學生喜愛的休閒娛樂

1 新世界館

2 大世界館

3 國際館

2

3

1945 年 5 月 31 日台北大空襲後的臺灣總督府
（郭双富提供）

第二篇　戰後

舊草山溫泉・眾樂園
在這個廣場聆聽終戰的大詔

復校日的殺氣——也放過關東軍吧

九月十日，在台北高校雜草叢生的寬闊校園裡舉行復學典禮。

回頭想想，從今年三月十日學校被關閉成爲軍兵營舍之後，不管是老師還是學生，大家都曾面對生死存亡的關頭，今天終於熬過這一切，又在校園裡重逢。重逢於校園這件事，在半個月前，我們連作夢都不曾想到過啊！

高等科的二年級和一年級都是文科二十人、理甲八十人、理乙四十人，尋常科四年級和三年級各四十人，加上臨時教員養成所二年級和一年級各二十名，全部排列整齊。

每一班都由代表跑向前方對校長報告「總人數幾人、事故幾人、目前人數幾人」。只有臨教二年級的舊伍長代表上前進行報告時，高校生之間傳出了冷笑聲，不過並沒有出現其他的奚落言語。

那些伍長們，其實在半年之間嚐到了兩次翻轉人生的滋味。三月入隊的時候，他們突然搖身一變，成爲高校生（學徒兵）的長官，擁有絕對無上的權限。他們一定以爲這是百年長期戰爭，經由天皇之名的保證，自己在有生之年，都將有權對後繼不斷的學徒兵胡言亂語、詈罵他們「這傢伙，虧你接受過高等教育！」。

「不准叫高峰老師，要叫高峰二等兵！」

人類的眞正價値，在最極限的時候顯現得最清楚。膚淺的人，會把不可能在正常社會裡看見的所有低劣惡狀，得意洋洋地演出來給你看。然後，停戰投降突然從天而降，一切榮光轉瞬消逝，只有茫然自失。今天重新回到舊日校園，他們被打回原形，列隊在那裡。我們這些學徒兵的臉，他們應該無法正視吧。像他們那種螻蟻之輩的卑劣面孔，我們也沒有必要去看。還好沒跟他們一起到另一個世界去。他們即使在神前懺悔，也發揮不了什麼屁用。他們要在我們面前低聲下氣、苟延殘喘，一輩子掙扎。那就是老天送給他們的永劫煉獄。

校長照例又開始訓話了，但是完全聽不進耳朵裡。就在前些日子，八月十三號那天他在草山發表訓話，我早已無心聆聽。他那時候說「能爲國捐軀的人是幸福的」，現在天皇不要我們去死了，是不是讓我們陷於不幸呢？八月十五日之前的理論，都跟現在當下無法連結。以前「不可投降」，現在命令我們「投降」。如果你訓示說「我們被天皇騙了」，那我懂。假如你說「（天皇）哄騙我們然後投降」，道理也說得通。其他的話語全都只是空話啊，哪裡値得聽！

我去找理甲理乙的舊友們敘說劫後重逢，發現池上學徒兵竟然也在。

「什麼？你還活著喔！福井說你死掉了，哭哭啼啼的。你還活著，這下可尷尬了！」

接著我回到令人懷念的文科教室，結果教室裡面殺氣騰騰。曾經一起待在留守隊的上村學徒兵，在復歸原隊入山後，因爲「病體不堪負荷戰鬥」而解除召集回到故鄉台中，之後我們就不曾碰過面，現在卻看到他怒氣沖沖、滿臉通紅，像動物園裡的狼一樣繞來繞去，不知道在找什麼東西。

「那個留守隊長，來跟我們的配屬將校打招呼，現在正在學生餐廳裡。那個傢伙，我現在就過去宰了他！」

「是喔，是那個傢伙喔。我也有帳要跟那傢伙算一算。欠的債不清一下怎麼行。去把留守隊的都集合過來！」我四下張望，原來文科待過留守隊的只有我一個。不快點趕過去，千載難逢的機會就要溜走。然而放眼教室內卻找不到武器。劍道場裡有木刀，但是如果上了鎖我們就進不去，而且時間會來不及。教室角落有個壁櫃，打開一看，有一支打掃用的拖把。取出拖把，想要折斷木柄，但是太硬了拗不斷。拿拖把靠在桌邊立著用力踩，腳卻被反彈回來打到。踩了幾次，只好作罷。仔細看那支拖把，抹布部分也乾巴巴、硬邦邦的。學校關閉之後，就只有這支拖把被留在文科教室裡。從那時候到現在，半年過去了，多麼重要、多麼寶貴的一段時間啊！我突然興起一陣感慨，剛才一個勁兒想要修理壞蛋替天行道的念頭也逐漸退去。

「上村君，算了吧？」

「不行，我要去。就算只有我一個人，不狠狠揍他一頓，我絕不甘心。只有那個不是人的傢伙，我絕不放過。」

上村按著心臟瓣膜症的左胸，仍然氣憤不已。我試著潑他冷水。

「那傢伙還是現役軍人，應該還帶著手槍。如果不能一拳把他撂倒就很危險，因爲他會胡鬧亂開槍。如今還捉對廝殺太無聊，戰爭都已經結束了。」

打了敗仗，日本的警察和法院是不是還在呢？這個問題突然掠過我的腦海。說不定所有的法規都消失了，一概格殺勿論。但是感覺也有可能警察和憲兵仍然在執勤。

上村學徒兵的怒氣終於沉澱下來。他將從我手中搶走的拖把，慢慢放回櫃子，神情也恢復到身爲學生的樣子。

一直靜靜守望在旁的竹山，斷斷續續地說了：

「我也是啊，回來之後，馬上就想找大隊副官那個傢伙報仇，帶著一把木刀就出發了。然後在半路啊，就聽說『那傢伙已經被北一中的學生們狠狠揍了一頓，命都去了半條』，突然覺得他很可憐，所以就算啦！」

這半年當中，每個人都親眼見到了人類精神的最高境界，也看到了最糟糕的地獄。人生十八載，死亡當前，我們看到的東西眞的很多。就原諒人類的愚蠢惡劣吧！把人類最高和最低的兩個極致放進心中，現在開始，我們要展開新的人生。

關東軍的亡靈啊，你們就安靜地消失吧！

向師長報告我回來了
——瞭解了死亡的意義

聽同年級的先津說，教西洋史的大畑老師的疏開地點在千歲町勅任官官舍❶，離他家很近，我就跟他一起去探訪。

高校的老師們，三月時先是被歸爲將校軍官待遇的軍屬，留在中隊將校室裡。後來到了山裡，不曉得什麼時候開始，都變成跟我們一樣的二等兵，被分配到各中隊本部。我想有可能是警備召集兩個月後我們被追溯採用爲陸軍二等兵的那一陣子吧？大畑老師是丙種體位，所以不在國民兵召集之列。

老師說：「你們都能活著回來繼續當學生，眞好。我就覺得這場戰爭怎麼看都是不行的。」我有些話不吐不快，所以就接著說了個不停。

「老師，杜斯妥也夫斯基曾經被判死刑，但是在執行的前一刻被喊停減刑，他把當時體悟到的事寫在許多作品裡。他說『所謂死亡，指的是死亡的意識』，因爲人類不會體驗到自己的死亡，所以那不是眞正的死亡。即使在森林中遭遇強盜襲擊，因爲可能還有救，所以拚命抵抗，這當中只有生沒有死。可是死刑就不一樣了。死刑是人類決定的事，所以一定會發生，絕對不可能得救。杜斯妥也夫斯基說這種死亡必定會降臨的『死亡的意識』，就是死亡的體驗。我們在山裡也體驗過這種死亡意識。因爲不可能投降，對上美軍的物力，我們必死，逃脫無門。這剛好跟被宣判死刑一樣，足以構成死亡意識的體驗。」

「你喔，不要再想杜斯妥也夫斯基了。那個很晦暗的，不管讀哪一段都很晦暗，簡直就是聖彼得堡的灰色天空。這個戰爭的時代也很晦暗，實在很晦暗，眞的很晦暗啊……」

聽著老師沉痛的聲音，彷彿發自地底的呻吟，令我非常驚訝。原來大人們，那些以人生的前輩身分教導我們的大人，也體驗到絕望的死亡意識。每一個大人，應該也都是拚著命活下來的。我決定不要再責備大人了。「大人們在想什麼，才會發動戰爭？」「爲什麼不考慮投降呢？」對於這些問題，我想沒有任何日本人可以回答。這場戰爭，只能說是幹勁生出了幹勁，一味向前，發展出了無法收拾的結果。體驗到事態嚴重的人們，今後應該不會再進行這樣的戰爭了吧？勉強也算是個寶貴的收穫。

出征這個字眼，永遠消失吧！

❶千歲町位在今日羅斯福路二段、南海路、寧波東西街，建有提供給高階官員的日式官舍群。

蔣介石總統的布告「以德報怨」——真是羞愧／史達林應該聽聽高砂族怎麼說

不只美國和英國，日本好像也向支那事變的對手中華民國投降了，但是報紙上說蔣介石總統宣布要「以德報怨」。雖然沒有刊載宣言全文，但是報紙都已經這樣報導了，應該是眞的吧？也許就是因爲這樣，台灣人才沒有反日抗戰或突然爆發的事故。

不過，先前如此慘烈地折磨人家，現在對方說要「原諒你」，感覺還眞是錯愕。我們從小經常看的漫畫裡，不乏揹著紙傘的中國軍人對空鳴槍後逃跑的場景。報紙上的諷刺漫畫裡，蔣介石總統老是哭喪著臉。我們常把歌詞改換成「今天也能夠上學……多虧蔣介石之福」來唱。我們把人家趕到偏僻的重慶長達八年，轟炸人家不下百次。然後今天人家宣稱「恨其罪不恨其人」，願意原諒我們，身爲在台灣的日本人，眞的覺得很難堪，非常羞愧。

蘇聯總書記史達林的發言讓我們更加難堪。報紙上說，「史達林宣稱『爲日俄戰爭復仇』」。這個愚蠢的傢伙，在日蘇互不侵犯條約尚未失效之前竟然宣戰，對付即將崩潰的日本。如果說是爲了世界和平著想，還能讓人接受，爲四十年前的戰爭報復，算什麼啊！在日本，江戶幕府禁止子女爲父母復仇，因爲被復仇的一方的子女又要爲自己的父母親復仇，沒完沒了地復仇下去，人世間的秩序要如何維持。史達林身爲一國之首，連這種人類社會的基本規則都不懂，宣稱要「復仇」，他的腦筋豈不是和關東軍伍長同等級嗎？應該要看一看蔣介石總統，東洋人是多麼地偉大！原本日本和中國應該要共同對付北狄西戎的俄國才是。弄錯對象，害日本跟中國打起來的，是愚蠢的日本陸軍。

另外，報紙上還有一篇記事，報導高砂族重新編入中華民國籍，一位頭目代表在歸順儀式時表示「日本也爲我們做過好事」。高砂族諸君，眞的很對不起你們。住在台灣的日本人，對於稍有暴力傾向的人，不管男女老幼，總是胡亂送他一個「生蕃」的稱號，如今卻被你們讚譽爲「也有做過一點好事」，作爲世界蠻橫之邦日本的一份子，眞的覺得羞愧有加。

對美英的戰爭，我認爲是在很莫名的狀態下發生的。不完全是日本不好，也不完全是美國不對。沒有誰特別不對，人世間有時候就是會發生惡事。人能夠原諒別人，是一件偉大的事，我們也要原諒那些關東軍曹長跟臨教伍長們。

得到饒恕的人們，好好改過自新，在世上重新來過吧！

回到舊生活
——這就是侵略／死亡的總督府塔

總而言之，要設法將日常意識調整回入隊之前的狀態。就從身邊的事情做起。

夜裡，走到堀川道路的橋上看看。月影倒映河面，還是很有南國之夜的氣氛，非常適合德里戈的〈小夜曲〉❶。想起了以前曾經和尋常科的夥伴山口、鐘江田、橋本一起，坐在河堤草地上拉拉雜雜閒聊天的情景。未來已經沒有軍國，沒有壓迫感了，我實際體會到和平的感受。

昭和十九年三月，我和橋本曾經在這附近遭到暴徒襲擊。我認爲對方是反日的台灣人。先是從背後傳來聲音，然後暗夜裡閃過白刃，兩個人突然衝了過來。我們往前快跑，我因爲穿高腳木屐，絆倒之後乾脆打赤腳，追上了跑在前方的橋本。橋本大概誤以爲我是暴徒，不朝住家方向轉彎，拚命跑向柊牧場。平常我跑百米的成績是十三秒，現在我都還相信，那天的速度絕對不到十二秒。後來聽高校的老師們談起「據說最近有兩位高校生遭到攻擊，丟下黑色斗篷逃走。治安眞的變差了呢！」所謂的兩個人指的就是我們，不過我丟下的是木屐，可不是象徵高校生的黑色斗篷。

十九年四月，成爲文科生之後第一次到犬養老師家聚餐，回程走在東門町二條通時，看見對面走來的人影突然消失在電線桿後方。我就想「又是襲擊嗎？如果對手只有一個，我應該要先發制人」，於是脫下高腳木屐拿在手中，不發出腳步聲，悄悄走了過去。在電線桿後方陰影處，有個年輕人像是在發抖，目送我走過。他大概以為我是暴徒吧？現在沒有燈火管制了，路燈也很明亮。這就是和平。

來到東門市場附近的舊書店。十八年一月，在這邊買過一本佐藤信衛寫的《柏格森批判．關於他的知與生》，是我的哲學入門書籍。挺面熟的台灣人小伙計告訴我：

「戰爭結束之後書變多了。不過，台灣再來就是台灣人的世界了，你最好學一學台語。字典？沒有那種東西啊！我來教你吧！」

眞感謝他的好意。我會的台語單字還不到二十個，文法也不懂，是想要學沒錯，不過，我決定先用日文閱讀因為戰爭而耽擱了的書。但是，這裡是「台灣人的世界」，我覺得好像是眞的。現在街上有一大堆的台灣人，我甚至懷疑他們以前到底都在哪裡呢？其實日本人是後來才到這裡支配他們的。不管有什麼理由，畢竟這就是「侵略」。台灣自古就是台灣人的，我們應該勇敢、果斷地把台灣還給台灣人才對。

公車完全停駛了。我看到新公園裡的廣場上，堆著好幾十輛燒燬的公車殘骸。

今吉家離台灣神社不遠，我和西一起騎著腳踏車過去，三個人互相用理髮推剪把戰爭期的頭髮理掉，埋在院子裡一棵木瓜樹下。我們決定用這個方式埋葬戰爭，並相約今後要將頭髮留長。

小學同一屆的武中菊二回來了。

他在我家的外廊，用跟先前一樣的姿勢以手扶地，深深俯首對家母說：「沒能擊滅美英，非常抱歉！」

他以前說過「我一定會再回到這個外廊」，果然回來了，不過他差點反過來被美英擊滅，勉強撿回一條命才能活著跟我們重逢。

尋常科的舊時夥伴們也在我家重聚一堂。當時的成員，只欠今吉哥哥一人。大家舉杯慶祝我們的生還，但是也擔心今吉哥哥在敗戰後的日本本土不知如何生活，談話熱烈不起來。

晚上突然颳起了颱風。戰爭期間，颱風侵襲台灣總是不會有預警，因爲氣象變成了軍事機密。今後應該多少可以發布一些預報吧？

和今吉一起到太平町附近的丸公園❷。攤販跟以前一樣排成一大排，上方的棚架被風吹得啪嗒作響，平添繁榮聲勢。因爲領到了九十六圓的退伍金，兩個人意氣風發，打算來大吃一頓好料，但是聽到半隻雞就要十圓，嚇了一大跳。那筆錢連五隻雞都買不到。從上次在士林吃一支冰棒要五十錢的時候開始，物價就漲了。沒辦法了，我們只好點三圓的米粉湯跟炒豬肝，還是吃得很香。

自己一個人騎腳踏車到士林街上看了一下。街役場附近白天也沒什麼人在走動。到草山街道登山口，看看防空壕姑娘的家，發現門口貼著一張紙，上面寫著「搬遷到水道町❸某番地」。過了這裡就是死亡之山，我絕對不要上去。

到總督府前面去看了一下。砲彈直接從高塔斜後方穿透到地下後爆炸，六十位女職員瞬間全部遇難。由於混凝土已破壞到無法復原的狀態，只好用水泥堵塞起來。遇難的女孩們被封在裡面出不來，周邊每到晚上就傳出亡魂的哭嚎聲，令人恐懼萬分。我每天早晨上學途中遇見的那位「台北小姐」，大概也在這裡香消玉殞了吧？

我從東門町到高校通學的前後四年當中，每天早上都會在同一條路上碰到她，而且時間都一樣，準得像時鐘上的指針，簡直可以比擬爲哲學家康德❹。如果過了公車路之後碰到她，那一天我就是快要遲到了；如果我走到高校正門附近才碰到她，那就是太早到學校了。我不知道她的芳名，也不曾和她說過話，但是每天早上看到她，就有一種安心的感覺，偶爾一天沒碰到她，總覺得怪怪的。她的臉端正漂亮，像京都人形娃娃一樣無可挑剔，我和鐘江田都叫她「台北小姐」。我曾經在東門附近看過她一次，所以我猜她八成是在總督府上班。

入隊去當學徒兵那天早上，我跟繞過來找我的盟友西一起離開了家門，像平常一樣走去學校，在路上和她擦身而過。如果我是和鐘江田一起，應該就會對她說：「我們就要出征了，謝謝妳長時間以來一直爲我們扮演時鐘的角色，請問妳的芳名是？」偏偏那天我是和她不常見到的西走在一起，所以她沒有往我們這邊看，我也無法跟她搭訕。那時候我有想到，每天早上相遇的緣分就到當下爲止了，和森鷗外作品《雁》❺的女主角阿玉一樣呢！浮生如夢十八載，今天我還活著，台北小姐已經從總督府的高塔升天而去。假使她的芳魂仍在徬徨徘徊，想必是因爲尚未和我們道別。無論何時，我都願意與妳相會。面對著總督府聳立於夕陽中的黑暗死亡高塔，我深深地俯首祝禱。

大和美女們的芳魂啊，現在，請安息吧！

---

❶德里戈（Riccardo Drigo, 1848-1930），這首小夜曲是在表現年輕男子在月下向心儀少女訴情。

❷太平町附近的丸公園，指建成圓環，日治時期已是熱鬧的小吃市集。

❸引新店溪水淨化後供台北市民飲用的水道起點，也就是水源地，因而得名，大約是現在的水源路、羅斯福路三段、四段、溫州街、龍泉街一帶。

❹康德每日風雨無阻準時出門，在同一個時間走同一條路散步。

❺森鷗外（1862-1922），日本十九世紀文豪，中篇小說《雁》以他的大學時期為背景，貧困的女主角成為放高利貸商人的小老婆，暗戀上每日經過她門前的大學生。森鷗外曾在北白川宮能久親王的部隊中擔任軍醫，隨之來台。

海軍七十四期堂兄特攻戰死
——請安息於高天原

收到公報，說是參加海軍七十四期的堂兄松尾秀介戰死了。

我代表家裡參加了在西門市場前本願寺舉行的葬禮。寬闊的伽藍堂祭壇前方，只有他的父母兄妹四個人跪坐著，聆聽僧侶唸誦著長長的經文。

昭和十八年一月四日，讀台北一中五年級的堂兄，和另一位四年級（小學時跟我同屆）的渡邊宏，同時加入海軍，許多該校學生一起到台北車站為他們送行。火車剛剛開動，我站在月台的最前端，向他喊著「加油！」，他揮手回應。那一幕我到現在都還記得清清楚楚。

堂兄從小粗魯，在台北一中還被取了「打個半死」的外號。不過，住在隔壁的台高島田謹二老師的兒子個性較柔弱，為了避免他被高年級的學長欺負，堂兄每天都陪島田老師的兒子上學。在海軍裡，同期有一位學生是皇族，聽說堂兄被選為該皇族的學友。伯母敘述這一段往事時，滿滿的感激、感動。

今年八月十二日，明明已經傳出日本將接受波茨坦宣言的內部消息，他們還是參與了舟艇特攻出擊行動，一去無回。他的父母親聽到消息，對於兒子的死去想必遺憾不捨，不過，他活著的時候眞心秉持著盡忠報國的信念，陣亡對他而言應該是最好的結局。

伯父也是總督府的官員，被派到菲律賓擔任陸軍司政官，幸好早早調回原崗位而倖免於難。當時他給過我們滿滿一盒超大卻全無味道的巧克力，他不知道那是當地人的巧克力，弄了一堆給我們當禮物。後來物資越來越匱乏，伯父還用黑市價格幫我買過不會爆胎的腳踏車輪胎。這次看見伯父蜷縮的身影，覺得他一下老了好多。

伯母穿著黑色和服，背後繡著「十六菊紋」。母親的和服也繡著同樣的東西，不過我們跟皇室並沒有關係。我們家祖先是九州肥後菊池族的成員，對抗來襲的元寇[1]有功，到後醍醐天皇時代，跟隨反叛幕府的足利尊氏軍隊前進山陽道，在倉敷左轉到隱岐島救出天皇，之後成爲出雲的屯駐軍而定居下來。我們的十六菊家紋[2]比天皇家的歷史還要悠久。皇家的紋章本來是「桐」，「菊」紋到很後期才被定位爲「國紋」。我們當學徒兵時領到恩賜的香菸，上面也有這個菊花紋章。日本早在二千六百多年前，國家就已經統一，並且推出總代表，稱爲天皇。「一旦推出了總代表，便服從其領導」的習慣形成之後長期持續，不曾因外敵而亡國，一直延續至今。但是近年來，訂定軍人勅諭卻無眞誠之心，在天皇不知道的暗地裡出現了許多地痞僞軍人，使得國家幾乎瀕臨滅亡。我那勇猛的「打個半死」堂兄秀介，不明就裡地發誓要七生報國[3]，爲天皇而殉死。他應該已經早先一步抵達高天原，大聲報告自己「已盡本分，回來覆命」了。天御中主[4]有沒有跟他說「你辛苦了，在那裡坐著」呢？我正想著「我還不要去他們那邊喔」，結果下半身就失去了知覺。誦經太久，腳麻痺了，想要上前燒香都站不起來，只能瘸著腿走向前方。

堂兄啊，戰爭的歷史結束了。請你就在高天原安息吧！

❶ 元寇，指蒙古軍。

❷ 家紋，家徽。

❸ 二戰日軍的精神口號，指轉世七次都要報效國家。典故出自後醍醐天皇與足利尊氏決戰時，楠木正成居於劣勢仍堅持不投降，說「願七世報國」，最終發動自殺式攻擊而死。

❹ 天御中主，高天原誕生的第一個神。

從商遭挫
——家當賣完就沒有了

今吉過來跟我討論：

「我爸復員回來了，他說：『已經沒有班可以上了，我想做點生意，你去找幾個夥伴來幫忙。』你覺得呢？」

「好啊，我去幫忙。」

話是這麼說，不過，做生意到底是怎麼一回事，要從何做起，其實我一點概念也沒有。前幾天整理客廳時，台灣商人來訪，告訴我願意「用五百圓買下」那些沙發、桌子之類的套組。已經用了三年的東西，送到舊家具店也不值幾個錢，他卻願意用當年的原價跟我收購，我覺得「賺到了」，就賣給他了。不過我立刻發現到，買的人是因為過後可以用更高的價格賣出，所以才買我的貨。打了敗仗，沒有新品，中古品的價格也不菲。圓環的半隻雞要賣十圓，物價必然也相對高漲。手上的家具衣物賣完就沒有了。我模糊地領悟到，為了生活，必須做生意獲取收入才行。

今吉的父親在大稻埕太平町三丁目的台灣商店街❶二樓（這一帶完全沒有遭到美軍轟炸，美軍把日本人街和台灣人街區分得非常清楚且正確），正忙著接電話。首先得到的任務是要到六張犁的陸軍工廠跑一趟，於是我們三個人騎著腳踏車就出發了。過了台北第二師範學校❷，陸軍工廠在拇指山腳下。拇指山標高不到二百公尺，是座岩山，據說從以前開始，台灣人家中如有小孩過世，因爲「比父母親早逝者不孝」，並不舉行喪禮，而是扛著小棺木丟到這座山裡，任由烏鴉咬噬，所以每次來到這附近，感覺並不是很好。

等候了好一會兒，卻被告知該任務並非此處。第一次上工的結果落空。

一個星期之後，今吉的父親大人因爲交通事故突然過世。

西的草山氣長足姬搬回台北，他去幫忙，卻不知道對方的家在哪裡，要我幫著找。因此，等我們兩人趕到今吉家時，葬禮已經結束，只見今吉母親一臉茫然。

我們三個人家裡都沒有父親了。西的父親是醫生，赴西貢未歸。

才剛打定主意要從商，結果一開始就受挫了。

---

❶ 太平町三丁目即今南京西路、延平北路二段一帶。

❷ 總督府台北師範學校本來同時收台灣人與日本人，一九二六年，雙方起衝突爆發學潮，便於隔年將學校分割，南門校區是只收日本人的台北第一師範學校（今台北市立大學博愛校區），芳蘭校區是收台灣人的台北第二師範學校（為現在的國立台北教育大學，位於台北大安區）。

向美軍販售珍珠
——希望重新思考赫爾備忘錄

原本擔任町內會長的鈴木先生的夫人給了我一個訊息。「熟識的茶商有一批御木本珍珠❶產品的庫存，希望能幫忙賣給美軍軍官。」

根據茶商的說明，該批庫存以項鍊為主：

「偏白色的是最下級品，每條一百圓以上，帶紅色的是中級品，每條三百圓以上，紫色的是上級品，每條至少賣六百圓。超過的金額就算是你賺的。定價都已經標成兩倍。」

我深感敬佩，原來這就是做生意。立刻打了電話給今吉，約在御成町的舊美國領事館❷前碰面。

戰前這棟領事館飄揚著星條旗，前面還有一棟建築，掛的是中華民國的青天白日旗。我在淡水還看過懸掛英國旗的建築。自從發動大東亞戰爭之後，就看不到這些外國旗幟了，現在日本打了敗仗，星條旗又重新飄揚，這裡變成了美軍的販賣部（PX）❸。

在門前等候今吉的空檔，我看到了很有趣的一幕。有個看起來像是台籍復員兵的年輕人，嘴裡叨唸著「我也來賺點錢」，然後架起三腳架，上面放個象棋盤，邀過路的人說：「來喔來喔，三盒香菸，其中一盒做了記號。猜到做記號的那一盒就給你十圓，要不要試試看？」一個台灣少年停下了腳步。年輕人右手拿著兩盒香菸、左手拿一盒，給少年看過，交叉之後排在棋盤上。起先可以猜中，手法越來越快之後就猜不到了。接著有位路過的日本兵停下腳步，有時候猜對有時候猜錯，後來大概是心頭火起，吆喝道「哎呀，麻煩，我賭一百圓啦！」轉眼連續猜中三次，賺了三百圓。那時我碰巧蹲在他們側邊，因而看出了這個把戲的祕密。兩盒香菸有時候是按照順序放的，不過也有一盒跳過其他盒的時候。後者讓人無法猜測到做記號的香菸何在。日本兵逐漸呈現敗相，最後輸掉一千圓左右才離去。第一位客人，那個少年繞回來了，從年輕人手中領到一張百圓鈔票。原來他們是事先套好的。我假裝成不知道的樣子，在旁邊聽著他們對話。

「賺了不少嘛！這個把戲叫什麼名字呢？」

「嗯，我是在高雄的海軍設施部學會的，好像叫作『DENSUKE』❹的樣子。」

今井來了。我們進入門內，跟負責櫃台業務的兵士說：

「We are here to sale some goods.」

「What?」

瞬間懷疑起自己的耳朵，不過我在腦中自動把它翻譯成「What is that?」然後回答他：

「Japanese cultured pearl.」

「What?」

「Pearl.」

「?」

（他好像聽不懂。是我的發音不好嗎？因爲教科書裡沒教過珍珠 pearl 啊！）

「Pearl.」

「Show me that.」

解開包巾，打開盒子給他看：

「Oh, it's pearl.」

原來不必張開嘴，只要用力，發音誇張一點就好了。不過這個音聽起來的確不一樣。日籍的口譯人員立刻被請了出來。「你是日裔第二代嗎？」對於我們的詢問，他回答：「沒有啦，我是眞的日本人。我從內地過來的，是船舶兵曉部隊❺軍屬，敗戰之後現地除隊，在回國之前先做這個工作。」然後就帶我們進到一間像是沙龍的房間裡。

在大桌子上排好珍珠，馬上擁進一群人，不過都是白人官兵，黑人士兵只看一看並不佇足，眞奇怪。他們好像聽不懂 cultured pearl（養殖珍珠）這個字眼，還問我是不是「imitation pearl」？

我堅持說「No, it's cultured one.」後來有人問：「可不可以用鉗子壓扁一顆試試看？」我回答：「All right, all right.」結果口譯人員告訴我「跟美國人要講『ＯＫ』，接受度比較高」。還有，一千圓要說 One thousand，Yes 要說 Ya。感覺很接近德文，眞不可思議。有個看起來像是軍官架勢的大個子問：「爲什麼這個二百圓、這個要一千二百圓，道理在哪裡？」我跟口譯人員說：

「請告訴他東西不一樣，貨物的好壞不同。品質是不是叫 quality 呢？」

「我來試試看。」

口譯人員毫不客氣地走向那位巨漢，用充滿氣勢的發音跟他說：

「Difference!」（不同！）

「Yes.」

大個子點了點頭，老老實實地退了下去。什麼嘛，原來一個字就可以搞定了，不須太介意文法之類的啊！

二百圓的項鍊很容易賣，不會被討價還價，一千二百圓的項鍊攻防戰就很熱烈了。「Six hundreds yen!」

「No, one thousand!」（本來想痛快地頂他，告訴他六百圓我不就沒賺頭了嗎？怎麼可能做那麼蠢的事？可惜我說不來）。「Two laces. Twelve hundreds yen, OK?」「No, it's one thousand.」「Seven hundreds, OK?」

在殺價間，一位看似相當高階的軍官走進房間，不知道問了些什麼，只見士兵就坐在椅子上，兩腳還蹺到桌面上，姿勢不變地給了個答覆，長官跟他說了「Thank you」就離開了。眞是令人驚訝！如果在日本軍隊，士兵得要直立不動地敬禮回覆啊！口譯人員告訴我：「他們在休息時間，好像完全沒有軍官士兵的階級差異。不曉得算是民主主義還是自由主義喔？」

有一位像是軍曹的人，對商品特別吹毛求疵。一下說「這個要價一千二百圓，但是光澤不夠」，一下又是「有凹凸」、「可以看到細微的瑕疵」，牢騷一大堆，口譯人員拚命跟他說明，他就一直重複「Six hundreds yen」。跟他說「No!」，他一臉憤然，手勢誇張地粗暴離去。然後不曉得什麼時候又混進人群後方，問我們「How much?」，重演一次「Six」和「No」之後粗魯離場，然後又重新進來。他想要買的心思其實很明顯，但是不厭其煩地進進出出數次。等到貨物都快賣光了，他還一個人迷戀不捨地呆呆站在那裡。覺得他很可憐，跟他說「This is the last one. You only, seven hundreds yen, OK?」

他立刻笑容滿面，高興萬分地跟我們「Thank you, thank you」，拿著最後一條項鍊離去。經過一個多小時的奮戰，我們三個人都大汗淋漓，算完帳，業績將近七千圓。向口譯人員愼重道謝，拿出盈餘的一成作爲禮金，但是他說「我有在領薪水」，堅持不收。「日本人就是應該這樣」，我們一方面覺得他眞是乾淨清廉，一方面又替他擔心，完全沒有賺錢的心思，以後會不會有問題。

出了領事館，和班導師、教萬葉集的犬養老師碰了個正著。我們跟他稟告：「老師，這是珍珠港的大戰果。」被老師稱讚「好能幹」。

不過，我總覺得無法眞正地得意、高興起來，腦袋裡好像卡著什麼陰影。應該是那些美國軍官士兵的言行舉動帶給我的感覺。在交涉的過程中發牢騷、殺價、故意假裝生氣、當我堅持時換他說Yes。冷靜泰然、不厭其煩地一再靠近過來。跟他說「只便宜賣給你一個人」，他也很坦率地表示喜悅。地球上竟然有這種人。以我們的眼光來看，他們的風格還眞是奇怪，但也不是完全無法接受、完全無法理解。

我想起來了。大東亞戰爭爆發之後，我曾在學年刊物上發表一首戰爭詩。

和平交涉　已半載　美國無禮　冥頑不靈
隱忍自重　有極限　斷絕想望　和平之思
東進兮　我聯合艦隊

我們以爲冥頑無禮的美國人，其實也沒什麼，只是風俗習慣跟我們不盡相同的人類罷了。美國國務卿在開戰前的十一月底所提示的赫爾備忘錄❻中，包含我方絕對無法接受的條件，導致我方斷然決定開戰。這是我們的說法。如果那其實只是個沒什麼意義的誇張姿態呢？我們因爲它而憤怒、開戰，結果幾乎使所有的日本人瀕臨滅亡。如果當時我們也對美國再多一些語言文字上的刁難、討價還價、假裝生氣，最後讓一點步，坦率地表明希望達成協議呢？如果我們能這樣交渉不就好了嗎？雖然木已成舟無法挽回，心中依舊悵悵然。

珍珠大賣　重新省視　珍珠港

❶日本御木本幸吉是世界第一個成功養殖珍珠的人，後來成立品牌御木本 MIKIMOTO。
❷日治時代的美國駐台北領事館，即今位於中山北路二段的光點台北。
❸美國陸軍販賣部（Post Exchange, PX），設於美軍軍事用地內的商店，商品價格低於市售價，戰後台灣人常稱為美軍福利社。
❹指「伝助賭博」，一種常見的街頭賭博方式。
❺曉部隊（あかつき），指日本陸軍海上挺進戰隊（特攻隊），代號「曉」部隊。
❻一九四一年美國國務卿赫爾向日本提出交涉，內容包含退出德意日三國同盟條約、承認重慶政權、日軍撤出中國與越南等，美方措辭強硬，被日本視為戰前的最後通牒，從而搶先發動珍珠港突襲。

日本青年會議
——滿洲事變是騙人的嗎？／朝鮮是美國、琉球是中國、對馬是朝鮮

台北高校進行轉科轉類重新編組的結果，井原一三從理乙轉到文科來了。因應「文科必滅、理科必須」的時勢考量，我當時認爲如果戰況居優勢，文科也還沒問題，如果戰況不佳，不管文科、理科都是全滅，所以決定選擇「文科」；算我賭對了。不過，最後的結果是絕對無法預測的投降終戰，文科和理科都復活了。

我本來以爲大概有五十個人左右會回心轉意，認定既然如此，不如重回文科。但是不曉得爲什麼，竟然只有一個人轉入文科。

文轉的井原來找我，並且說：

「由讀賣新聞的記者和總督府年輕職員擔任發起人召開的『日本人青年會議』，將集結年輕世代的智慧，針對留在台灣的日本人今後應如何行動進行討論。他們說台北高校可以有兩個人出席，所以，我們兩個一起去看看吧？」

既然要當學校代表，就應該聽一聽同期有志者的心聲，於是我也邀請了文科的師長們，總人數

約有二十名左右，齊集在高校本館三樓的大會議室裡。

井原先向大家說明事情經過，然後由我擔任司儀，開始切入正題。

「現在台灣已經歸還給先前的敵國——中華民國。我們還留在台灣的土地上，在引揚撤退回祖國之前，應該如何對應自處。思考這個問題，首先要面對的就是關於過往這場戰爭的歷史，我們必須在意識層面上先有一個共識。請問高見老師，關於『如何清算大東亞戰爭』，您有沒有什麼意見？」

「嗯，這個嘛，講到大東亞戰爭的清算，聽起來會覺得這場戰爭是錯誤的，不過，認眞思考一下，其實並不能說這場戰爭本身是錯誤的，戰爭就是戰爭，打得不順利也是不得已的，接下來的日本應該怎麼辦，我們，包括年輕世代在內，究竟應該如何引領這些（在敵地）留下來的日本人，關於這一點，正要聽一聽各位的意見，不是嗎？」

（哲學老師果然頑強。戰爭期間，哲學和倫理學的學分都沒有了，老師被迫奉「臣民之道」爲教科書，我們都覺得老師站在講台上教書時，臉上滿滿的都是困惑和苦澀。而學生們也斷然下定結論，認爲那些都是教條，都是爲了激發必勝精神而作的宣傳詞句。所以，打了敗仗之後，我們以爲首先唾棄「臣民之道」，大聲怒吼將開始追求眞正眞理的，必然是老師，看來我們有點猜錯了。）

其他老師表示：

「聽聞市井街巷之間已經有台灣人在說『四等國民、敗戰國民、你們在講什麼啊？』站在他們的立場，過去幾十年來都被迫聽日語、日本歷史、日本文化思想，應該是強忍著滿腹怒氣的，所以這也是沒辦法、不得已的現象。」

「據說調職到台北二中擔任校長的今崎老師，在復校典禮時提到『支那四千年的歷史』，遭學生抗議『不可以說支那，撤回！道歉！』不過，今崎老師堅稱『那個國家的國名隨著時代更改，比如唐、宋、明、清，全部總稱時就叫作支那』，並沒有撤回發言。」

「教修身❶的老師，相當強悍呢！」

「不過，大日本帝國統治台灣正好滿五十年，曾經那麼努力地推動皇民化教育，醒過來才發現原來是黃粱一夢，事實證明完全沒有任何效果啊！」

（老師們的懷舊話題就此打住吧！）

「我們在討論日本人青年會議應該做些什麼之前，好像應該先決定一下方向。究竟是要虛心檢討反省『我們真的變成四等國民了，必須回到明治維新之前的狀態重新出發』，還是要抱持『我們接受承認戰敗，我們依然是文化文明的一等國民。你們才是四等國家！』的意識心態前進。我們必須先做一個選擇。」

「其實很難決定何者較佳吧？連情勢將會如何發展都毫無頭緒啊！我覺得只能隨時見招拆招，實事求是，沒有別的辦法啦。」

結果，既沒有清楚明快的思想清算，也沒有重大的轉換，我們就去參加青年會議了。

一共有二十幾個人，聚集在城內京町一棟小建築物二樓的房間裡。首先由一位像是總督府官僚的人物致詞，然後讀賣新聞的記者就開始講話了。他眞能講，令我不禁佩服「人類竟然能用這麼快的速度講這麼多的話」。結果，他到底講了些什麼，完全聽不進腦子裡。站在我們這些生於台灣、長於台灣的學生的立場來看，他就像是異國的其他人種。

號稱是青年會議，但是出席者當中有一位年紀較大的長輩，聽說是台北帝大文政學部的教授。在記者之後，換由教授開始講話了。教授的諄諄教誨也很長，似乎是關於日本現代史的說明，是我們在學校課程中，無論是日本史、西洋史都沒上過的近代昭和史。

「大藏大臣井上解除了金本位禁制[2]，但是又走回老路，然後經濟開始不景氣……」遺憾的是，我們完全聽不懂，因爲在課堂上從來沒聽過這個。不過教授接著說：

「軍部在滿洲炸毀張作霖乘坐的火車，使他受傷身亡，並且派關東軍繼續進出滿洲，之後在昭和六年（一九三一）九月爆破柳條溝，引發滿洲事變……昭和十二年（一九三七）七月的盧溝橋事件大約也是一樣的……」這些話讓我們非常吃驚，吃驚到心臟差點凍結。一直以來我們都被教導說這場戰爭是「膺懲暴戾支那」[3]的「聖戰」，原來那是違背事實的謊言？事實只有一個，所以，如果日本的帝大教授這麼說，那他說的就應該是事實。把暗算偷襲稱作「聖戰」，眞是震撼衝擊。這個打擊比聽到敵將蔣介石總統說要「原諒」我們還要巨大。竟然連我們都要騙！原本以爲支那軍極端暴戾，因而引發日支事變，並發展成大東亞戰爭，這些認知不是全部都要瓦解了嗎？

眼看教授的發言不斷繼續，記者按捺不住了：

「老師，過去的事情我們已經有了充分的瞭解。關於今後我們這些在台日本人應該如何是好，是不是可以請教您的意見呢？」

「今後如何是好嗎？那很簡單。現在已經戰敗，無條件投降了，日本人應該拿出所擁有的一切物品、金錢，分享給不夠的人，這是唯一的做法。在引揚回本土之前，我們沒有生產活動。把所有的東西全部吐出來分給大家，忍耐熬過痛苦，只有這樣。」

所有人頓時變得無精打采、垂頭喪氣，談論無以爲繼，只好散會，日後再議。教授說的話句句合乎道理，其他人也提不出什麼主意還是妙計。

那一票主持人則互相安慰，表示「學者博學多聞，但並不適合探討應該做什麼的意欲問題」。

離開會場來到外頭，從榮町通❹轉進新公園，碰到三個美國士兵步調一致、悠悠然地走了過來。井原精神十足地說：

「來用英文跟他們打個招呼。英文，跟美國人也說得通呀！」

然後就斜向突然靠近到他們前面：

「Good morning!」

美國士兵完全不爲所動，仍舊朝著前方，回他一個：

「Good morning!」

就走過去了。

「你看，說得通耶，他們眞的聽得懂耶！」井原顯然開心得很，不過，雙方的發音其實差很多，這是我得到的印象。

走出新公園後，碰到了幾個身形矮胖的士兵走了過來，服裝和剛才的美國兵一樣，戴著前後尖尖的軍帽，不過明顯是東洋人臉孔。

「那是什麼啊？日裔美國人的部隊嗎？話說他們看起來跟日本兵超像的啊！」

博學的井原向我說明：

「那是朝鮮軍的朝鮮士兵。朝鮮因爲日本戰敗而成爲獨立國家，他們現在已經不是日本兵，聽說接受的是等同於美軍一份子的待遇。山上的虎兵團士兵們現在也是這個樣子呢！」

打敗仗的大日本帝國的周邊，正在快速改變中。接受波茨坦宣言之後，日本只剩下本州．四國．九州．北海道跟附屬小島。幾天前的報紙上還寫著「琉球群島原本屬於中國」。話說理乙的川平，據說是琉球貴族出身，最近沒到學校來。說不定他已經迅速回到故鄉，成爲中國領琉球國的大臣了。還是說已經被當成美國土著居民了呢？

報紙上也寫著「主張壹岐與對馬爲朝鮮領土」❺。事已至此，哪裡都沒關係，只要是稍有疑義的島嶼，全部都可以拿走啦。日本人全部都引揚回大八洲本土，乾乾淨淨、清清爽爽的才好。

---

❶日治時期公立學校規定要有修身課程，主要是道德教育、社會倫理教育。

❷金本位制，以黃金為本位的貨幣制度。一戰期間，各國紛紛禁止國內黃金自由出口，但日本在一戰後並未解除禁令。至一九三〇年，日本大藏大臣井上準之助解除黃金出口禁令，卻正好碰上三〇年代的世界經濟大蕭條，導致日本經濟雪上加霜，至三一年便又恢復黃金出口禁令。

❸日軍口號，一九三七年七月二十九日的通州事件中，中國士兵屠殺、虐殺日僑，日本即以「暴支膺懲」（懲罰暴戾的中國）為口號發動戰爭。

❹榮町通，日治時期台灣最繁華的街道之一，今衡陽路。

❺壹岐與對馬是日本離朝鮮最近的島嶼。

二年級學生的畢業問題
——柏格森的直覺

第二天，我集合了幾位有志者到家裡來商討大計。

「日本人青年會議並沒有任何成果，不過我們還是得到相當多的感動。我們隨時都要思考，整體上有什麼應該要做的事，至於日常生活當中，我認爲各領域的衆人，都要在自己的負責範圍內，把目前該做的事做好。」

「我們台北高校，要處理的是二年級學生的畢業問題。如果無法妥善處置，後續的一年級學生也會擔心再來要怎麼辦。報紙上有寫，內地的高校在戰後隨即恢復爲三年制。台北高校因爲是外地，並沒有接到那種通知。如果是三年制，只要在學兩年就可以權充畢業。現在是兩年制，一年半應該也就可以了（雖然學校當局並未如此宣布）。去年一整年我們確實是在學的。今年我們有半年的時間在軍隊裡，但是只要九月開始復校，到明年三月都在學，合計也有一年半，應該是可以要求權充畢業的。這個問題就由我們這些有志者來提出吧。」

「據說學校即將被中國方面接收，在中國的學校就讀時間是不是也能算進去？」

「嗯，聽說即使學校被中國方面接收，日本人學生還是可以繼續在學，所以只要我們表示自己讀了一年半，日本的文部省❶也不會知道。」

「什麼時候拿到畢業證書才是問題所在喔。下個月接收時會給我們嗎？等到明年三月，台北高等學校應該已經不存在了，還能發畢業證書嗎？」

「如果要到三月，應該會有畢業考。要參加畢業考，在那之前就必須一直到學校上課。我們這些父親不在家的，得靠賣東西才能換飯吃啊。要想辦法不考畢業考就拿到畢業證書啦。」

「校長好像當過總督府的視學官，是不是先去找他上級的文教局長談判一下。」

聽鈴木先生說「現在的文教局長西村高兄君，是我（東京）一高的學弟，不過他現在應該不在吧？」但我們認為現在台灣又不會有飛機和船出去，文教局長應該在才對，於是，有一天傍晚，今吉、西和我，三個人一起闖到文教局長的官舍去。

文教局長夫人誠懇地告訴我們：

「目前外子到日本內地出差了。他不在期間，所有事情都由課長代為處理。」

於是我們接著到古亭町的課長家拜訪。課長家的燈是亮的，但是玄關鎖得十分嚴密。隔著門說明來意之後，夫人給我們的回覆是：「外子每天晚上都忙著磋商事情，十二點左右才會回來。你們所說的內容我會確實轉達給他知道，請你們改天再過來。」從頭到尾門都沒有打開過。現在台灣的地痞流氓到處蠢動，我甚至聽過大白天開著卡車闖空門，把人家的家當全都搬走的誇張故事。課長夫人對我們抱持警戒也算是理所當然了。

從第二天起，文科系的老師們也成為鎖定對象。我們把每位老師的住家都造訪了一遍。

「欲得馬先射將」，這個問題的決定性人物，無論如何非下山校長莫屬。

他是個官員，不可能輕易傾聽學生們一廂情願的請求。而且假如我們一大票人蜂擁而上，搞不好他會像古代的惡劣地方官面對百姓暴動那樣，事情鬧僵了，只會得到反效果。於是決定先由我上陣，當作有事去找同班的下山同學，然後順便跟他父親，也就是下山校長打個招呼、探詢一下。

我在水道町的公車道上飆腳踏車，一路騎到下山家的疏開地點。先前在山裡看起來精神恍惚的下山同學，現在已經恢復元氣，但是昔日那種拚命讀書的模範生風采略微退去，變成了穩重沉靜的模樣。

我被帶到內宅客廳與校長見面。針對二年級學生的畢業問題，我作了一番冗長的說明。校長點著頭，仔細聽我解說。昭和十六年（一九四一）八月，這位新體制的校長剛到任，在講堂對全校同學致詞時，我們班那個山上同學曾經在底下低聲喊道：「蔣介石耶！」當時我們除了報紙上被畫成哭臉的漫畫版蔣介石外，沒看過他的容貌，所以只回了他一句「不像喔」。現在進了台北市內的電影院，首先出現在銀幕上的就是蔣介石的臉，唱國歌「三民主義……一心一德……」時還要脫帽立正（雖然這種規矩我不太能苟同），無法迴避地盯著那張臉。長得不錯的臉。滿像的，幾乎可說是一模一樣了。山上真是繪畫天才，用他敏銳的美學直覺，看出了新校長和敵軍首領長相神似。

校長說：

「你們的立場也眞的很辛苦。要盡量繼續唸書喔！」

「然後，請問，畢業證書有可能發給我們嗎？」

「哎呀，你就不必擔心這個了。我有在思考這件事。你們不要擔心，唸書就是了。」

校長的表情變得特別明朗。他笑咪咪地說出這些話，感覺並沒有絲毫的陰影。就像上天給了啓示，我直覺認爲「這是眞的，校長是有意要給畢業證書的」。

等我要跟同伴們報告結果時，問題突然出現了。我告訴他們「要離開時，校長有說……」，不過，「校長是個官員，雖然口頭上那麼說，心裡頭會不會認爲『不行的事情就是不行，就跟學生隨便講講打發一下吧？』」

「眞的可以相信他嗎？」

「你說校長看起來像是有意要給畢業證書。你爲什麼能這樣說？」

嗯，這就沒轍了。我只能說，憑的是柏格森的直覺。柏格森講過：「認識事物有兩種途徑，可以從外部藉由證據逐步進行理解，也可以跳進其中，直截了當地以直覺感受該事物本身。」

我其實也說不出個所以然，只是體驗到了一件事：要理解一個人的內心意識或思想觀念，也可以憑藉「直覺」。

尋常科時代曾被要求撰寫美術論文，家裡經營珊瑚店的岩下出給我的題目是「問美的定義」。那還不簡單，我到圖書室找出百科事典之類的書籍，從這裡那裡摘錄出一堆東西，整理成一篇文章給他看。

那篇文章他幾乎連看都不看，只自言自語地說了一句：

「我認為美是一個『感覺』哪！」

八月十三日那天，我在草山的庭園裡看見絕美、不可方物的少女容顏。當時我衷心認為「沒錯，岩下，美就是直覺」。

松山機場的大隊長告訴我「沒有飛機了」時，那個聲音也讓我直覺「是真的」。果然沒錯。戰爭剛結束時的報紙上寫著：「被美軍接收的台灣軍飛機，包括有引擎且能動的飛機、破損機、練習機在內，一共三十五架。」能打仗的飛機幾乎等於「沒有」。

校長說的話也是真實的，但是誰會相信呢？這也不是我對人的信賴問題。沒辦法，我只能告訴夥伴：「我想他會給，但是他說不定給，也說不定不給。我們再努力！」然後繼續推動我們的運動。

❶ 相當於教育部。

與防空壕姑娘再會
——台北小姐還活著

到水道町的那趟路，讓我想起了一件事。士林的防空壕姑娘家門口寫著「搬遷到水道町某番地」。這個不容易找，但是我想到了一個方法。我到學校去找一年級文科的江藤學徒兵。（把他留在留守隊時我眞的很難過。在山裡我碰到過他一次，看到他倒在山崖的路邊。之後他成爲病兵回家休養）。江藤說過他妹妹是第二高女的學生，我託他帶了一封信。

家裡有一盒父親打開後就一直留著的西洋雪茄，我決定帶著去當作謝禮。

約定的見面地點在台北帝大正門前，兩旁的檳榔樹❶樹葉長得很好，她騎著腳踏車出現在碎石路上，很有禮貌地跟我打招呼說：「原來你是高等學校的學生喔！我還以爲是附近高射砲隊的軍人。」個子依舊嬌小，不過頭髮用緞帶編起來，看起來確實有女學生的樣子。

到達她家，和她任職於朝日新聞社的父親問好，送上西洋雪茄。她父親說那是西班牙阿爾罕布拉的產品，很貴重的。不過，她爸爸眞能講話。戰爭、總督府、日本內閣、國際情勢，一個人說個不停。原來從內地來的新聞記者都這麼能言善道，我不禁欽佩起來。話說成長於台灣的日本人，常講一句辯解的話：「因爲稍微發呆閃神了一下。」我很想告訴她爸爸，在台灣這塊炎熱的土地上，不偶爾發呆閃神一下，是很難持久的喔。

她的母親據說是京都人，皮膚白皙，瓜子臉，滴溜溜的黑眼珠，原來「京美人」指的就是這樣的女性，我看得都入迷了，不過她講話速度好快，奇妙的重音一會兒上，一會兒下的。

「戰爭沒了，這樣就又可以回大阪去了，我們一想到就好高興啊！眞希望能趕快回去喔……」

烙印在記憶深處的祖國日本，回到（過去）那邊的話，我就得和這種奇怪的腔調打交道了呢！

她媽媽好像隱約察覺到我的感受，後來都用普通的標準日語講話。她給人和藹可親的感覺，靠在身邊勸茶送點心，這在台灣是很罕見的。

「哪，聽說你是高等學校的學生，你認識某某老師嗎？」

「嗯，某某老師有兩位，一位是教國文的。」

「對，就是他，有說是在教國文的。」

「某某老師怎麼了嗎？」

「不是，我並不認識老師，不過聽說他們家太太很自以爲了不起喔，都稱自己家的女兒是『台北小姐』。」

「這個我就沒聽說過了。不過，說到台北小姐，我倒是知道。」

「啊，眞的嗎（一副興奮的樣子）？請告訴我，那位小姐叫什麼名字，在哪裡工作？」

「名字我不知道，不過我每天去學校的路上都會和她擦身而過，因爲她總是像時鐘一樣正確準時，所以看我在哪裡碰到她，就可以判斷出當天是來得及上學，還是快要遲到了。她的臉就像日本娃娃（人形）一樣漂亮，要說造型之美，完全無懈可擊。」

夫人眼睛睜得大大的，嘴巴也張開了，一臉吃驚地說道：

「噢，你也很厲害喔！」

不過，這個故事或許需要一些推測修正。總而言之，附近的某阿姨表示「聽說妳家的女兒被稱爲台北小姐呢！」那位媽媽回答：「哎呀，眞的嗎？那眞的是很榮幸啊！」然後就變成了「聽說那一家的太太都稱自己家的女兒是台北小姐」。流言蜚語就這樣傳播開來。世間的太太們，眞的應該要好好自我約束。

我才剛穿越東門市場前的公車道，腳踏車的鍊條就脫落了，下車動手修理。路邊的雜草裡，有根消防栓的石柱探出頭來。我和這根石柱緣分不淺。有一次早上，就在這邊，空襲警報響了，所以我就蹲下來。學校的配屬軍官將校後藤大佐走過來，大聲吼叫：「那邊的學生，空襲警報響了，趴下去趴下去！」當時的空襲警報一般是不會有敵機眞正出現的。我換成伏地挺身的姿勢，他又在道路的另一側大喊「頭太高，趴下去！趴下去！」結果只好緊貼地面，然後那根石柱就在我眼前。警報解除的聲音響起之前，我就一直盯著這個石頭。

差不多是同一個時期，有一天我也是在這邊修理腳踏車鍊條，有個女生騎腳踏車經過，停了下來，說了句「哎呀呀！」那個聲音，跟她十一年前的聲音一模一樣。

十一年前，小學一年級的夏天，我暫住基隆，有一天去孤拔海濱❷的海水浴場，走進浴室想要沖掉身上的海水，碰到一年級女生班的一個孩子光著身體出來，撞見我時，她說「哎呀呀！」到了學年底，開始練習學藝會的表演節目，在短劇裡，她扮演被獵人抓走的兔媽媽，而我們三隻小兔子要到處找她。當我排完戲一個人回到教室時，她走了進來，問我「你叫什麼名字？」還擅自拿我的學生帽去看。叫她「還我」，她嗤之以鼻，把帽子舉得高高的，不肯還我。我突然喊出一句「基隆的光溜溜！」她瞪大眼睛衝過來，勒住我的脖子。我拚命掙扎的同時，閃過了一個念頭：「這間教室裡都沒人，我會被她殺死。」然而她很快就大笑起來，放過了我。在那之後，每次練習排戲，當我衝過去大叫「媽媽」，被她用力抱緊時，都覺得很恐怖。在眾人面前，她總是表現出高雅、溫柔的母兔形象，沒人的時候，一看到我就笑得齜牙咧嘴，所以我從那個時候起，就理解到「女人是會騙人的」。

那位悍馬似的野丫頭從台北一高女畢業之後，進了去年剛成立的女專❸，沒多久就得了台灣的水土病——傷寒而突然過世，就是我第二次聽到她說「哎呀呀！」的那一年。現在她大概在天國光著身子到處闖蕩吧。因爲是天國，愛做什麼都沒關係。只有對她，是不需要說「請安息」的。

鍊條修好了，我再度跨上腳踏車。前面是岔路，左邊那條路比較近，但是凹凹凸凸的，右邊繞比較遠，可是平坦好騎。平常在這裡我都會迷惘一下，應該選哪一邊才好，今天決定要騎平坦路，剛把車頭轉向右邊，碰巧遇見一位女子從彎路上走了過來，抬頭看到她的瞬間，嚇了好大一跳，差點從腳踏車上摔下。竟然就是我剛剛才說到的那位日本娃娃（人形）臉的台北小姐。勉強抓好把手，單腳踩地停下腳踏車，回頭看她。那個人正好也回頭稍微看我一下，又恢復平日的步調向前行。她還活著呢！我原本認定她已成幽魂，在總督府高塔的地下室裡徘徊，原來她還活著，眞好！今後我只要每天早上去上學，應該就可以碰見她了。

不過，定下心神之後，我開始想，爲什麼那位台北小姐會從幸町❹走這條路過來？會不會是，她爲了尋找今年三月底突然消失身影的敝人我，於是終戰之後從東門町的二條、六條底開始，隨機地換路行走，今天才偶然在這裡找到了呢？

如果把這個故事告訴那位大阪夫人，她大概會受不了我，用奇怪的腔調跟我說：「你還眞行喔，希望你長命百歲嘍！」

今天怎麼四周都是女性。是我招惹到女性，註定有難嗎？不對，或許是造物主看我們走過鬼門關前僥倖生還，所以告訴我們「所有的女性，將引領你們前進」。我應該要帶著感謝拜領天意的。

❶ 應為椰子樹。

❷ 孤拔海濱：中法戰爭時法軍攻台受挫，在基隆大沙灣與台灣軍僵持不下，後來戰死的法軍集中埋葬在大沙灣。日治時期日人修築法國公墓，並依法軍司令孤拔（Anatole-Amédée-Prosper Courbet, 1827-1885）之名，將大沙灣改名為孤拔海濱，即目前的基隆市定古蹟法國公墓。

❸ 指一九四四年成立的私立台北女子專門學校，分文理兩科，兩年後就解散了，位置在今台北市國語實驗國民小學。

❹ 幸町，位於今日濟南路、臨沂街、青島東路、徐州路一帶，有許多官舍，居民主要是日本人。

盤尼西林的奇蹟
——肺炎一天就能痊癒

考上京大之後直接進入台灣軍服役的神尾君，是文科高我一屆的學長。九月下旬有一天我繞到他家（藥局），聽到了一個很有意思的故事。

「前些日子美國軍人到店裡來，說要一種叫作盤尼西林的注射劑安瓿，希望我們幫忙買。一支一百二十圓，他覺得貴，希望能算一百圓就好，因爲缺錢，一直講 Help me, help me 的，後來我們幫他買了三十支。聽說那是從黴菌提煉出來的化膿性疾患特效藥，和先前的磺胺（Therapol）製劑完全不同等級。英國首相邱吉爾在戰爭期間罹患肺炎，差點沒命，幸好使用了盤尼西林，一天就沒事了，所以軍人說是這個藥救了大英帝國。我家賣藥是在做生意的，你要的話一支一百二十圓。」

第二天，我到我和西的共同熟人——森先生（被總督府派到爪哇擔任陸軍司政官，昭和十八年〔一九四三〕年底調回台北）家裡走動，聽說夫人的高齡父親（原本是裁判官）罹患肺炎。醫生表示：「這個看來是沒救了。據說美國有一種從黴菌提煉出來的肺炎特效藥，叫作盤尼西林，除非弄得到那個藥。」我跟他們說，昨天剛好有買到一支盤尼西林，於是立刻返回家中，取了安瓿送去。

若干天後，電話來了，請我過去一趟。世界上應該沒有什麼特效藥？去的路上，我一邊想著等會兒要聽他們說「花了一百二十圓，不過藥石罔效，還是過世了，多謝你的關照」之類的話語，眞是難過，結果聽到的竟然是肺炎果眞一天痊癒的消息。夫人對我是無比地感激與感恩。

原來如此，奇蹟是在你認爲完全不可能的時候才會發生的。我正在感歎這次也眞是個小奇蹟時，夫人的一位親戚（小學老師）出現了。

「話說我有位一起復員的夥伴，得了嚴重的淋病，老是沒頭沒腦地在問哪裡有盤尼西林。我聽說這次老爺爺的病一天就痊癒了，請問有沒有可能幫忙弄到一支盤尼西林？」

我腦中突然浮現山裡那個關東軍一等兵的面容。他也是得了名稱讓人不明所以的「YOKONE」病，如果有這種新藥，他大概就不必遭中隊長一頓狠打了。

我以爲這次應該可以有賺頭，幹勁十足地跑到神尾藥局，沒想到做生意的世界是冷酷無情的。「幾天前開始，盤尼西林突然聲名大噪，全部賣完了。因爲那個軍人又來了，我們又去買，對方竟然開價三百圓。如果你願意出這個價，是可以去幫你買啦。」之後傳話給森先生家，那位得淋病的復員夥伴願意照價買單，於是成功賣出了兩支盤尼西林。

新竹的一夜
——帝國海軍依舊健在

九月下旬，住在高雄左營的表妹捎來了一封信。「家父原本在製糖會社工作，接受召集到南方出征後，只從菲律賓寄回過一封家書。我去年進入女學校就讀，目前與母親一起打零工，維持一家五口的生計。由於經濟困頓，請求支援。」

我的舅舅與舅媽在東京相戀、結婚，被外祖父斷絕了親子關係，後來帶著三歲左右的女兒來到台北，當時我大約是小學二年級。沒多久他們搬到高雄工作，然後兩家就沒有再往來。家母說「叫小孩子寫信來，真拿他們沒辦法」。不過，現在戰爭打輸了，一家之主又不在，很可能已經在菲律賓戰死了，生活想必不好過，當年的幼女才會鼓起勇氣寫信來求救。

住在新竹時❶，我在郵便儲金帳戶裡大約還有三百圓，我決定去提領出來。

當天晚上八點半左右，我到台北車站，發現有一班開往南部的火車，趕緊上車。打了敗仗火車還是在運行，讓我深受感動，不過車內相當擁擠混亂，沒有座位可坐。有位壯年的台灣人在火車即將開動時勉強搭上車，滿身大汗，我默默地遞上扇子，他用日文說了「謝謝」，並且回送我一根香菸。能被當作大人看待，我的心情也不錯。

以前從台北到新竹大概要兩個小時，現在或許中途上下車的人多，耗掉的時間也多，抵達新竹已經是晚上十一點半左右了。

車站前廣場上張掛的紅色燈籠寫著「海軍警邏隊」的字樣。「中國有海軍嗎？」仔細一望，站在值勤室裡的人，果然看來還是像帝國海軍航空隊的成員。

從東門走到小學❷前面，再走過鈴木先生以前待過的知事官邸❸，抵達專賣局官舍，不過四周一片黑暗，支局長官舍已經倒了一半，其他的房子也都是半毀狀態。

本來打算在父親的舊同事家投宿一晚，這下子可好了。新竹是航空基地，所以很早期就遭到美軍飛機轟炸，這我有聽說過，可是我不曉得連住宅區都被炸得這麼悽慘。照這樣看來，支局廳舍❹說不定也全毀了。正打算走回車站，途經遞信官舍街區時，發現有一間人家亮著燈。

玄關並沒有鎖，很快就打開了，一位看來像是學生模樣的年輕人走了出來。敘述緣由之後，「來吧，來吧，請進！」招呼我進入屋內的是台南高工❺二年級的學生，學徒兵復員回來，但是父母親疏開到其他地方去了，目前與參加「病院挺身隊」的妹妹同住在一起。

聊了一陣子學徒兵時代的體驗，兩點多時他幫我掛好蚊帳，我就這樣躺在棉被上睡著了。睡了一覺之後醒過來，因爲有個年輕女生的聲音在問：「這人是誰？」他用愛睏的聲音反問：「都這個時間了，妳是到哪裡去做什麼事了？」他妹妹辯白說：「我在某某家裡，因爲什麼什麼事情耽擱了時間，朋友也一起在那邊過夜才回來的。」

「混帳，某某家，那可是男生的家耶。年輕女生們在那種地方過夜，妳覺得可以嗎？昨晚等到十二點，因爲妳都沒回來，我就去海軍警邏隊登記報備了。妳等著待會兒被傳喚！」

「好過分好過分！明明知道我在誰家，不必去警邏隊登記報備吧？爲什麼要那麼壞心啦！」

妹妹用哭腔說道。

「我不是壞心。海軍警邏隊的職責就是守護治安。妳們有危險的時候，他們也會出面保護。不要發牢騷，有怨言的話妳就在十二點之前給我回家！」

既然是兄妹間的吵嘴，我就裝睡吧。看來新竹的帝國海軍依然健在，不過，這個維持治安的權限究竟能持續到什麼時候？想著想著，我又睡著了，再度睜開眼睛，已經是早上八點。我把帶在身上的罐頭留在那邊權充謝禮，向專賣支局出發。

支局的建築平安無事，我的知己白石先生住在裡頭。就在一年半前，昭和十九年三月，我和同學們一起來這裡的附屬俱樂部過夜，一票人到南寮海邊玩，還請白石先生幫我們導覽了啤酒瓶工廠。

確定郵便儲金是可以提領的，支局的人就幫我去提款了。這裡的日本人住宅街區全毀，但是車站附近的台灣人鬧區和官廳街區都沒有變，彷彿戰爭不曾發生過一般，新竹依舊是個田園都市。因爲支局有卡車要開往台北本局，回程我就搭他們的便車，經過新埔、關西、龍潭、中壢、桃園，從三重埔過台北大橋，抵達台北市內。

❶本書作者父親曾任職於台灣總督府專賣局新竹支局，因此幼年時在新竹住過一段時間。

❷指設立於一八九七年的新竹國語傳習所附屬小學，今新竹東門國小。

❸新竹州知事官邸位於今新竹中央路，已於一九九三年拆除改建。

❹台灣總督府專賣局新竹支局的建築，現為台灣菸酒公賣局新竹營業所，位於東門街上。

❺指台灣總督府台南高等工業學校，現成功大學前身。

國民政府軍隊進駐台北
——驚訝與反省

十月十七日，中華民國軍隊終於要進駐台灣，學校也貼出「爲表示歡迎，將於御成町二丁目集合」的告示。從今天起，台灣眞的要變成中華民國的了。

我去得稍微慢了點，結果碰到大家一個個往回走，他們說：「聽說今天不來了。」

我繼續往北走，走到今吉家，已經有兩位理乙的台灣人同學在那裡。

「什麼，你們不參加祖國軍隊的迎接儀式喔？」

兩個人的表情有點困擾：

「不瞞你說，其實我們兩個是台灣共產黨。」

「那是什麼？喔喔，中國共產黨八路軍，是他們的台灣分部嗎？」

「不對，就只是台灣共產黨啦。」

「噢，那你們到目前爲止，都做些什麼事呢？」

「嗯，就只是有時候聚在一起，讀一讀書之類的。」

「書，就是馬克思啦、列寧那些，岩波文庫有出的那種，被打了一堆××，看都看不懂到底在寫些什麼的書嗎？那種東西是要怎麼讀呢？」

「嗯，還有別的，沒被打××的教科書啦。」

「那都寫些什麼呢？是不是在說要幫助窮人呢？」

「嗯，不是那個，還有各式各樣的理論啦。不過啊，很難，搞不太懂哪！」

什麼嘛！原來是那種程度的祕密結社。鑽入地底敲打暗號，偷走機密文件然後冒死脫逃，都是小說情節。想必「事實不如小說來得離奇」。山中峯太郎[1]作品《看不見的飛機》、《大東的鐵人》那些華麗的故事，都是不可能存在的。不過，我突然想起了一件事情。去年年底，全校學生都被集合到講堂，配屬將校大佐轉來轉去到處問我們「什麼是必勝的信念」，那時候有個理乙的台灣人學生發言道：

「我認爲所謂必勝的信念，是仰仗作戰武器而生出的信念。以目前這種沒有飛機可迎擊敵人，彈藥又不足的狀況，我想是無法生出必勝信念的。」

另外又有一個人站起來說「我的看法也是一樣的」。最後，那場詢問會是由尋常科出身、劍道二段的理甲生禹山出面終結的。

「不要再談論必勝的信念了。必勝的信念就只有這樣——欸——咿！」他那一聲裂帛也似的大喝，幾乎把講堂屋頂給掀掉了。配屬將校軍官告訴兩名理乙的學生「等一下到教官室來」，然後就退開了。那兩個人的命運令人憂慮，不過，戰爭結束了。這兩個人並不是那兩個人。換句話說，以不浮出表面這一點來看，這兩個人當時已經是祕密的共產黨員，而且是玩眞的。

說到「共產黨」這個名詞，我也有一件跟它相關的事。五月三十一日大空襲時，在我家防空壕打瞌睡的竹津女士，她的先生和家父是同鄉，曾經長期擔任特高警察❷，戰爭期間染上風土病傷寒而過世，因此二階級特進❸連升兩級。打從我小時候起，那位竹津叔叔就是位不可思議的人物，帶我去電影院、餐廳、車站等等，入場時只要稍微秀一下皮革材質的手冊，就可以進去了。

聽母親說過叔叔講述的故事。

「以前當基隆的水上警察時，曾經發現上海航路有可疑的船客，我認爲是通緝中的共產黨員渡邊政之輔，打算先讓他過關，等他登陸之後再進行跟蹤。另一位警官卻很當眞地盤問，當他拔腿逃跑時還緊追在後，結果反而遭他掏槍射殺而死。」❹

據說這是昭和初期，發生在台灣的大事件。

今吉很堅持地追問他們兩人：「你們說日本帝國主義，可是日本也做了很多對台灣有助益的好事啊！」

這兩個人看來有些爲難：「嗯，大日本帝國開發台灣，使產業與交通等走向近代化而且發展得很好，不過那畢竟還是侵略，這是兩碼子事喔。」

兩個人先離開了，我和今吉商量了一些販賣物品的事情之後，獨自一人回到御成町。在州廳前面的圓環❺附近，碰巧遇上了中國軍進駐，周邊的群衆揮舞著手中的青天白日小旗幟。

什麼啊，不是說今天不來，結果還是來了。報紙上說，先遣隊是蔣介石軍直系的中央精銳部隊，我很好奇他們會是什麼樣的隊伍，就混在群衆當中觀看。

要說是驚奇，那的確是一種驚奇。也許應該說是靜靜的、慢慢湧現的訝異感覺。

首先，以精銳的直系軍而言，他們的軍裝風貌並不堂皇挺拔。我看慣了日軍的模樣，覺得他們像是一群出來遊山玩水的行列。他們身上的外衣像棉襖似地鬆鬆垮垮。還有士兵把兩隻軍靴吊掛在腰上。隊伍當中，也有一批人手上拿的是鍋而不是槍。

我們是第一次吃敗仗，不過我曾聽說，打贏之後進駐的先遣隊也是有風險的，所以會派一批死掉也無妨的流氓部隊過來。

可是，這個軍隊怎麼看都不像是流氓。士兵們個子都相當高大，表情柔和。仔細看他們的臉，一個一個像大佛一樣。

我覺得，拿這些人當對手，日本陸軍的確勝利有望，而且也眞的一路贏了過來。不過，我的腦海裡同時湧現出另一個想法——十幾年來，日本陸軍就是以這些貌似善良的人爲對象，狠狠折磨摧殘人家的。「眞是抱歉哪！」日本軍隊才眞的壞人多多，像那個糟糕的關東軍曹長就是一個例子。

士兵裡頭，還有人是背後插著一把傘的，眞教人詫異。我小時候看的漫畫裡面就有這種士兵，今天竟然親眼見識到了。撐著傘能開槍嗎？還是說下雨的話就撐起傘，仗也就不用打了呢？

不過，凡事要仔細看清楚，這一點很重要。雖然遇上中國軍隊純屬湊巧，但是當時正好下起驟雨，因緣際會讓我目擊了精彩的一幕。只見那士兵立刻打開雨傘，衝到走在隊伍前端的軍官後方，亦步亦趨地爲他撐著。並不是每個士兵都有帶傘，輪値當跟班的士兵要負責爲軍官撐傘以免他淋濕。所以，想必戰鬥方酣的時候是不用傘的，下雨的時候也不是所有人都撐著傘行軍的。

我還另外注意到一件事。因爲我看得夠仔細才能這樣說，不過想想也眞不可思議，軍官和士兵的臉孔是不一樣的，而且一個例外也沒有。每一個軍官都是身形苗條、面容白皙，所謂知識份子的模樣，也就是出席巴黎和平會議那位中國代表顧維鈞❻的長相。至於士兵，則毫無例外全都是土民模樣。我仔細觀察過那一長排隊伍，想看看有沒有相反的例子，結果一個也沒有。在日本陸軍的軍隊裡，有我們這些人，也有高峰老師和犬養老師等等。美軍的軍官和士兵，單單看臉孔也是無法區分的。這麼說來，比起中國，日本和台灣應該算是相當進化的人類社會吧？

（事情過後不久，我聽到了一個奇特的傳說。據說中國軍隊在基隆正要從軍用船登陸時，在現場迎接的台灣人因爲不會用中文表達歡迎之意，情不自禁地用日文高喊「BANZAI（萬歲）」。中國軍隊立刻全數退避船內，準備展開槍擊。一陣子之後，發現原來並非日軍攻擊，才又重新下船，開始登陸。他們延後抵達台北，原因莫非在此？）

❶ 山中峯太郎是軍人、翻譯家、知名青少年冒險小説作家。二戰後翻譯並改編福爾摩斯全集引進日本，令福爾摩斯系列大受歡迎。

❷ 特別高等警察，是日本的秘密警察組織。

❸ 日本對殉職之軍警會追授特別升兩級職銜，稱為「二階級特進」。

❹ 指一九二八年十月六日日本共產黨委員長渡邊政之輔的事件，渡邊政之輔由上海返回日本途中打算先自基隆港入台與當時台共人員接觸，卻在港口就被警察發現並追捕，脱逃不成後自殺。

❺ 日治時期台灣的主要幹道交會處多設有圓環，台北州廳（現監察院）前的圓環即位在今中山南北路與忠孝東西路路口。

❻ 顧維鈞在一次大戰後代表中華民國參加巴黎和會，就歸還山東問題與日本代表辯論激戰。

台北高校於焉告終
——暫時畢業證書與日本學生大會

今天，十月二十五日，大日本帝國台灣的施政權將交還給中華民國政府。台灣總督府立台北高等學校的招牌也要卸下來，交由中國方面接收。

早上到學校，全校學生齊集於講堂，聆聽校長最後的訓示。

「今後我們將改爲中國制度的學校，日本人教師多半會留任繼續授課，但是不會再有日本國語與日本史科目。日本人學生依舊可以繼續上課。這些都是基於中國方面的好意而採取的措施，希望各位懷抱感謝之心，持續努力向學。」

就只有今天，我豎起耳朵把校長講的話從頭認眞聽到底，他卻始終沒有提及，我們這些二年級學生是要在明年三月底畢業，還是今天就算「假畢業」（暫時畢業）。不免懷疑自己是被當官的校長耍了，因此急忙在老師們離場之際，抓住了高峰老師詢問：

「老師，校長的致詞那樣就結束了嗎？針對畢業問題，沒有什麼要特別跟我們二年級同學說的嗎？」

「嗯，好像就只有剛才那些了，我也沒聽說還有什麼事……」我趕緊回頭跑上了講台。

「二年級的同學請等一下，有緊急事情須要商量。事情與其他班級無關，二年級同學當中也只牽涉到日本人學生，台灣人同學可以離場沒有關係。不過，想要留下來聽聽作爲參考也無妨。」

一百多位二年級的同學重新就座後，我針對暫時畢業問題，向大家說明了截至當時爲止的諸般折衝過程，也要求有心的同學繼續向老師們請求理解與支援。

眼看同學們並無異議，應該是瞭解了我的訴求，這個時候西走上了講台：

「我還有一個提案。或許校長是有意要發暫時畢業證書給我們的，不過學校當局似乎也打算近期內舉辦學年考試，及格者才發畢業證書。我們當中也有些人因爲父親不在，必須承擔家計，負責照顧家人生活，目前無法到校上課。我們是不是應該要和學校當局談判，必須無條件讓所有人都領到畢業證書，必須中止學年考試。」

井原也上台了：

「要考試的話，我們就來考啊。相信老師們在閱卷的時候，自會有所考量。」

西又走上講台：

「不能指望校方的關照考量。校長連畢業證書都沒給我們一個確實的承諾。」

井原還站在講台上，滿臉通紅地說：

「學校舉行考試是理所當然的，我們並不是爲了拿畢業證書才來上學的。」

有一位理甲的同學上台表示：

「如果有人沒辦法來上課，大家可以協助他做考前準備。那不就是我們的友情嗎？」

「沒錯！」

「不必在意考試啦！」

四處傳來吆喝聲，座位間也議論紛紛，整個講堂鬧哄哄的。仔細想想，我們一直處於「戰時體制」下，不曾有過學生集會、自由討論等等。戰後的今天，在這個場子裡，才第一次可以不管司儀、不管規則，彼此盡情提出意見，自由討論。眞希望能持續討論下去，眞想大聲喊出「比起一天三餐，我更愛討論道理」。但是，今天此時，這個地方已經不屬於我們台北高校，已經變成中國方面的建築物了。身爲發起人，我不能不出面收拾這場面。「考試的問題，和什麼時候可以發畢業證書給我們，應該是兩件不同的事。我想今天就先這樣告一個段落，希望各班後續再討論。畢業證書的問題會由有志者與校長進行交涉，結果再向大家報告。」

放學後幾位有志者集中到我家，舉杯悼念光榮的母校走入歷史。西很大聲地說：

「井原那傢伙，考試的事居然認眞槓上了，果然還是個死腦筋啊！」

結果井原就正好走了進來，他告訴大家，他正在上小山捨月老師的英文課，非常有趣，還很熱心地爲大家解說《*Education System of England*》那本課本的梗概。不過，對於學問，大家的興致不是很濃厚。

母親的思子之心
——本土不知如何？「引揚」要等五年後

今吉到我家來了，他說：
「我母親變得怪怪的，突然一直在講，很擔心我哥哥阿進。怎麼樣都拿她沒辦法。」
「他有從內地寫信來嗎？」
「沒有……」
「還是有人從內地偷渡過來，傳遞了你哥哥的訊息……」
「沒有，根本沒有那種人過來……」
現在正盛傳著一個謠言，說是有戎克船❶從台灣走私砂糖、米之類的物資到內地。據說五十噸的船還算好走，如果是三十噸的船，就得拚上老命。
「不然就是你媽媽作了夢，或者是預感吧。那個跟柏格森又不一樣了，無計可施哪。」
我姑且先把今吉的擔憂說給西聽，然後又繞到榮町的岩下珊瑚店找岩下商量。
岩下抱著胳臂，面色凝重地說：
「嗯，他父親過世了，媽媽應該是爲了家裡的財務發愁吧。想想看有沒有什麼可以幫忙賺錢的工作。」

「不對，經濟方面，變賣家產或是委託販賣，總還過得去。他媽媽好像是在擔心阿進哥的事，這個要怎麼辦才好？」

「說什麼傻話呀！阿進是個男子漢，不管怎樣都混得下去。你告訴今吉媽媽，不必擔心啦。」

「嗯，說得也是。」

我有一種恍然大悟的感覺。站在阿進的角度，打敗仗了，留在外地台灣島的媽媽和弟弟妹妹才讓他掛心吧。其實我們眼前也都還過得去。同樣的道理，不需要去擔心留在日本本土的阿進，他在京都應該有辦法活下去。

我走到今吉家時，西已經在那裡，抱著一升裝的酒瓶，喝得興高采烈。今吉媽媽則是破涕爲笑的表情，東忙西忙，起勁得很。

「今吉媽媽，您還好吧？岩下說不需要擔心阿進哥哥的事。」

「各位，不好意思喔。我本來掛念著阿進，突然覺得一顆心怎樣都放不下，都不知道該怎麼辦才好。不過後來我又仔細想想，那孩子倔得很，哪有那麼輕易氣餒認輸……」

家裡開藥店的神尾也來了，酒宴更加熱鬧了。

「欸，以前尋常科不是有個叫柯爾❷的英文老師嗎？聽說他現在是美軍的海軍中尉，已經進駐到台北。他好像是情報軍官，以前果然是幹間諜的，當時他老是說禮拜天到鄉下健走的趣事吧。」

「鄉下的村莊裡有間寺院。進去參拜之後，詢問那裡的女孩『這裡是什麼宗（宗派）呢？』女孩回答『是台北州』❸。這個故事他每年都講，所以大家都知道。原來他是用這種話題在掩飾。」

聊著聊著，聊到了岩下。

「日本銀行的鈔票？被凍結了，對吧？❹戰爭期間，榮町的大商店認爲台銀鈔票或許有風險，所以兌換成日銀鈔票，這下可糟了。聽說井村吳服店有一百萬圓呢！」

「原來台灣也有百萬富翁喔。岩下珊瑚店和石戶糸屋❺沒問題嗎？」

「有日銀鈔票，表示他們有更多的台銀鈔票。所以石戶和岩下他們，還不必在路邊變賣家裡的物品。」

「感覺共產主義好像比較好啊，把富人的錢財搶來分給大家。」

「嗯，不過啊，如果沒有富人，就沒得搶啦。首先要先想想，怎麼樣才能成爲富人。等當上富人之後，被搶了也沒話說。」

「共產主義不就是讓大家當不成富人嗎？不工作就沒飯吃，所以叫大家都要工作……」

「很軍隊化哪。關東軍的混蛋軍曹那種傢伙，不能讓他們去幹這個喔。」

話題轉到了「引揚（遣返）」。

「聽說台灣因爲不缺糧食，情況算是好的，所以在台日本人的引揚被排在最後。據說預定要到昭和二十五年（一九五〇）呢！」

「還要五年喔，好久啊！」

❶ 戎克船是中國古帆船，自十六世紀起即航行於中國台灣之間，到日治時期仍是台灣主要的水上貨運工具。

❷ 指葛超智（George H. Kerr），美國人，一九三七至一九四〇年間曾在台北高校教授英語，二戰時被延攬進入美軍，主導台灣調查班工作。戰爭結束後回到台灣擔任美國駐台北領事館副領事，見證了一九四七年的二二八事件，撰寫了《被出賣的台灣》（*Formosa Betrayed*）。

❸ 日語的「宗」與「州」發音相同。

❹ 一九四五年十一月，行政長官公署宣布凍結日本銀行所發行的鈔券。

❺ 系屋是賣線的店。

某留守家庭——活潑的孩子們

從祖父母的時代起，戶田家和我家的交情一直都很好。戶田夫人要我幫她出售「赴新加坡任職海軍司政官後就不曾再回來的先生的藏書」。她家有五個小孩，戰爭期間，長男偶爾會到我家留宿一晚，且已成了慣例。這次是四歲的女兒鶴子到我家過夜；第二天下午，我讓小女孩坐在腳踏車前，送她回到位於川端町❶的戶田宅。

踏入玄關，只見一群小朋友在房子裡追來跑去。

「好熱鬧啊！」

「對啊。擔任局長的大伯到內地出差洽公，短時間內不會回來，家人留在官舍裡覺得不安全，前幾天才搬來這裡的。他們也是五個小孩，加上我們的五個，本來已有家裡會變成雙倍熱鬧的心理準備，結果完全猜錯，根本就是5×5的熱鬧等級，你看看現在這狀況。」

原來不知不覺間，總督府的幹部層級官僚已紛紛搭乘軍艦或飛機回到日本本土，處理戰爭的善後事宜了。

鶴子小姑娘扯著喉嚨，大聲對著自家兄弟姊妹和堂兄弟姊妹們，鉅細靡遺地敘說首次在別人家裡過夜的種種。

我轉身進入書房，開始動手爲整面書牆上排得滿滿的書籍，進行分類與整理。

讀小學三年級的千姑娘也來了。她跨過門檻，端坐在我面前，拘謹有禮地說起話來。她的臉很可愛，但是聲音低沉，很不協調。

「竹內哥哥，千有一事相求。」

不可以嘻笑。戶田家的孩子們在外人面前，都是用非常有禮貌的成人模式說話。現在這個家裡女眷眾多，氣氛和江戶城的大奧❷相彷彿，連我的用字遣詞都變成古典風格了。

「這個嘛這個嘛，不知千公主有何事示下？」

「是……」

語帶躊躇，似乎在窺看著周遭。

「若是祕密話語，請靠近再說。這裡如何？」

我拍拍膝蓋說道。只見她滿臉喜色，眞的爬到我腿上來了。她用一手遮住唇角，貼在我的耳邊說：

「哥哥，拜託你，請帶著千到無人知曉的遠方去，偷偷地帶我去。我們說好了，不可以告訴別人，我們到無人知曉的遠方去。」

哎呀，眞是嚇到我了。她壓低了聲音，在我耳邊竊竊私語，感覺非常好，可是，她是在要求跟我私奔吧？如此重大的事，豈可輕易應允。我長長嘆了一口氣，作思考狀，然後說：

「那並不是做不到的事。不過，眞的可以把妳帶到不知名的遠方去嗎？」

「可以，無論何處我都願意。請務必接受我的請求。」

「帶妳去了，妳不會馬上哭著說，我要回家，我要回家嗎？」

「不會。我不會那樣說的。」

「可是，如果在某個地方，有人問起『這孩子是誰』，我應該如何回答？是不是要說『這是我的孩子』呢？」

「可以。我可以當你的孩子。」

「嗯，當我的孩子有點奇怪。要不要說是我的妹妹呢？」

「可以可以，說什麼都沒關係，現在立刻，趕快行動啦！」

她搖著我的肩膀，講話突然變得粗魯。不過，這才是小孩子應有的本色吧。我看向天花板：

「要不要說是我的太太呢？」

「不要，才不要哪！」

聲音大到嚇我一跳的程度。

「不對不對，這個不錯這個不錯，我們就這麼辦吧！」

「不要！」

她大喊一聲，使出不像小孩的蠻力推了我一把，跑掉了。

哎呀，終於逃過一劫。不過，「太太」這個字眼好像有特別的魔力，千萬不可以隨便亂用。仔細思考千姑娘剛才的言行，她想要表達的應該是「帶我到其他兄弟姊妹們沒去過的地方走走，這樣我就可以在大家面前大聲炫耀了」，不會是因爲難忍母親的高壓而要求與我私奔。原來是我會錯意，說錯話了。

接著闖進來的是一票男生。「啊，你在排叔叔的書，是不是要拿出去叫賣『要買書嗎？有人要買書嗎？』『來把書堆成山！』」一陣嘈雜之後，一群人又出去了。

接在他們後面的是素有才女之稱的長女多佳女小姐。

「哎呀，眞難得竟然是空著的。趁這個機會，我來入座一下。」她自言自語地說著，擅自往人家的腿上坐了下來。這一位雖然只有小學四年級，但是個子挺大，腿上沉甸甸的。

「哥哥，耳朵借一下。」

她把手放在我耳邊說「喜歡、喜歡」。動作和千姑娘一模一樣。還來不及驚嚇，男孩們又跑了進來。

「好狡猾，只有多佳女一個人坐在那裡。換人坐！」

「耶，我先！」

「啊呀，被發現了哪。那我就離開嘍。」

多佳女小姐用開朗明亮的語氣說完這句話就出去了。心裡總覺得不對勁，即使她還年幼，竟然在男性耳邊呢喃細語「喜歡喜歡」，這算怎麼一回事？以後她要長成什麼樣的女孩？眞教人擔心。不過，不管對方是誰，被人家說「喜歡」，心情還是不錯的。對人類而言，這句話果然是「迷湯」等級的。

戶田家讀小學一年級的長男過來了，臉頰上滿是油垢。

「在新店噗噗❸的軌道那邊，我想聽火車過來的聲音，一直把耳朵緊緊貼在鐵軌上，可是等好久好久，火車都不來，臉上就沾到這麼多油啦。」

在台北的下一站「萬華」（日本人都說是MANKA，台灣人把它唸成BANKA）到「新店（碧潭）車站」之間，有一條沿著淡水河支流的輕便鐵道，深受市民喜愛，被暱稱爲「新店噗噗」。這條路線戰後好像已經沒有車子在跑了。不再檢票的車站，應該就是沒用了。

男孩們離開之後，多佳女小姐又進來了，這次是好好跪坐著告訴我：

「母親交代，『趁孩子們不在的空檔，請移駕到飯廳』，聽說有爲大人們準備了西式蛋糕。」

「喜歡」原來指的是「空檔」啊。❹

一屋子書籍，我先粗分成「法、文、經」和「自然科學」兩類，但是有一部分感覺既不屬於前者，也不屬於後者。分類這個作業意外地很花時間。多佳女姑娘走到身旁問我「哥哥，希臘的……是……吧？」因爲聽不清楚她的聲音，我就回答「對對」。
「那，這個……是……嗎？或者是……呢？」「對對，就是那樣。」
「哎呀，哥哥，你都沒在聽我說話喔。」
這可不妙。即便是小孩子的提問，也不應該敷衍。我轉過頭跟她說話：
「哪有哪有，我有好好在聽喔。無論哪個，都如同公主妳所想的那樣喔。美麗的公主，我的 **LIEBE**[5]。」
不只是口頭而已，爲了表達親愛之情，我還在她頰上吻了一下。結果多佳女姑娘陶醉地說：
「哎呀，**LIEBE** 是你幫我取的西洋名字嗎？**LIEBE** 公主、**LIEBE** 小姐，眞好的名字啊！」
這下糟糕了。這一家的母親大人聽說畢業於東京的女子大學，這種程度的德文她一定聽得懂。
萬一她質問我：
「姊姊和妹妹，你到底想要哪一個？」
我要怎麼辦？選了這一位，就不能選另外一位。於是我端出嚴肅的表情說：
「剛才的事情，不可以告訴媽媽，知道嗎？」
多佳女姑娘看來是嚇了一跳，反射性地點點頭說：
「當然不會告訴媽媽，絕對不會。」她彷彿詫異地睜大眼睛望著我，然後眼神突然一亮，就像豹的眼睛。很快地，她的嘴角漾滿了笑意，然後伸手遮住嘴角，「呼呼呼」地笑出聲，又突然站了起來，「歐，嗬嗬嗬」。一邊朝走廊走去，一邊「啊，哈哈哈」。

這個大笑聲帶著得意的味道，像在宣示說「我有感覺到一點什麼喔」，而且毫無疑問，是屬於成年女性的聲音。我猜，埃及豔后和楊貴妃，應該也用這種聲音笑過。

話說這位多佳女姑娘，怎麼看都不是普通的女生。我這個高校生用相當困難的字眼跟她說明事情，她都能立刻理解，而且表情一貫的泰然自若。不知道是她的父親還是母親，我猜一定有一方是擁有跨宇宙特殊能力基因的超人。期待她回到日本本土後能有一番大成就。

裡面的房間傳出了母親大人的聲音：

「多佳女，妳爲什麼笑那麼大聲，很沒教養喔。剛才拜託妳到某某家跑腿的事，趕快先處理吧。」母親大人什麼都不知道，也算是眼不見心不煩。

「是的，媽媽，我立刻就去。」

在飯廳裡享用了西式蛋糕。那種蛋糕以前就有，戰後又迅速重新上市。聽她們說起晚餐要吃久違了的壽喜燒，並且派千出去採買物品。於是我自告奮勇，騎腳踏車載千公主出門。回程的路上，想瞧瞧河濱堤防的景色，就把腳踏車騎上了河堤。

往西邊望去，桃園台地的全景低低地横向伸展開來。夕陽染紅了天際，與學徒兵時代在山中遠望的光景並無二致。

右前方的大草原就是練兵場❻。小時候，飛機翻筋斗算是不得了的大秀，我們會跑到這裡觀賞。戰爭期間，曾經在這邊接受大約一個星期的滑翔機訓練，最後晉級到可以讓人拉繩索開始滑翔的程度。當機體輕輕向上飄起約五公尺時，全世界彷彿在一瞬間跳出地平線，景象很震撼。

爲了教練和演習課程，我不曉得來過這片草原多少次。白天，在熱到難以喘息的草叢中爬行，一步一步前進；夜間則潛伏在黑色的草葉陰影中，目不轉睛地窺伺假扮的敵軍斥候動態。然而，一切努力都已化作虛無泡影，如今這一片草原，就像是桃園台地的前院，和平地呈現在眼前。

不知不覺間，四周已爲薄暮所籠罩，靜靜坐在腳踏車前的千公主，伸出她小小的手，放在我握住車把的手上，彷彿在安慰我，低聲說道：

「我們回去吧，夜風會傷身體的。」

因爲台灣不會有夜露，所以變成了夜風。她應該也是模仿大人說話的，但是很不可思議，一點都沒有違和感。我誠懇地回答她「也對」，然後踩著腳踏車，騎在暮色昏暗的河濱堤防小路上。

她剛才發出的，一定就是所謂的「妻子的聲音」。我的妻子到底會是什麼樣的人，眼前無從猜測，不過我想，在只有兩人的安靜世界，應該就是要互相訴說那種話語吧。

❶ 位在新店溪旁，約今日汀州路二段、廈門街、同安街、金門街一帶。

❷ 日本德川幕府時代將軍後宮稱為大奧，除了將軍之母、夫人、子女、側室外，還有眾多女官。

❸ 指台北鐵道株式會社新店線，自萬華至新店的鐵道路線，主要是用來運貨物，但假日時民眾會搭乘到新店站，再轉去碧潭或烏來玩。

❹ 「喜歡」與「空檔」兩者的日語發音相同，都是SUKI。

❺ 德文，愛人之意。

❻ 即現今位於萬華的青年公園。日治時期，陸軍在此設立練兵場，因有馬術訓練，一九二二年改名馬場町。之後因地勢低窪平坦，暫時供軍用飛機起降，二戰時擴建為正式機場，稱為台北南飛行場，以區隔同在台北的松山機場。

兒玉町賣書
——台灣學連頻頻報復

我向西的友人商借位於兒玉町大馬路邊的茶行店面，開始賣起了戶田家的藏書。這條馬路是從城內鬧區到東南方日本人住宅區（古亭町、水道町、川端町、錦町、昭和町）的聯絡通道❶，我站在店頭，遇見了許多老友與熟人。

最先繞進來的是小學同班的古葉，他從台北商業學校畢業之後進了高商。他問：

「有沒有吾妻榮（WAGATSUMA SAKAE）教授寫的岩波全書《債權總論》？」

我找了一下，有一本很接近的書。

「有一本吾妻榮（AZUMA EI）的《民法總則與債權總論》。」

「啊，就是這個。他的發音是WAGATSUMA。」

「是喔，這名字還眞奇怪。」

腦海裡突然閃過了千公主的模樣。

「高商也要上這種法律科目嗎？」

「嗯，不過只有一點點啦。」

接著進來的牛島，也是同班同學。

「哎呀，在這種地方也能開同學會，眞稀奇啊。」

他說自己從台北商業學校畢業後，就在華南銀行❷上班。

「戰敗之後，還有在發薪水嗎？」

「有，但是不曉得可以領到什麼時候。」

「薪水有多少？」

「不要問錢的事啦。數目小到夠你嚇一跳啊。」

在台灣，帝國大學之下，還有五間所謂的高等教育機關。戰前，我們會在帝大的運動場舉辦定期棒球賽，賽事進行中的奚落嘲笑話滿有意思的：台北高商的是「商人，打好算盤再揮棒！」台中高農的是「笨農夫，用腦袋打啦！」台北醫專只要觸殺了別隊球員，就會被喊「庸醫，殺人犯！」台南高工一有失誤，就是「工人，正確一點！」然後我們台北高校會被嘲笑「乞丐，馬力不夠喔！」❸

如今戰敗了，乞丐這個字眼還眞是刻骨銘心。其他的高專校生都有一技之長，只有高校生，只會一些準備進入大學的學識，完全沒有實技可言。高商等等的學生還可以掙扎著活下去，乞丐說不定只能流浪死在路旁。看來我不發憤圖強做好這次買賣不行。

又有一個小學四年級時轉學出去的同學出現了，他姓大田。

「哎呀，眞讓人懷念啊。從那時候起我們就沒再見過面了。你現在在哪裡？」

「我從台南一中過來唸帝大預科（設立於昭和十六年）❹，軍隊是在汐止那邊。那個裝備喔，我都覺得已經不行了。話說，有沒有哲學的入門書啊？去年一年級時有認眞讀過，可是莫名其妙都看不懂。有沒有什麼可以一次弄懂哲學的書？」

「哲學要花時間慢慢搞的。放棄那個吧，讀讀經濟學怎麼樣？唸這個看能不能賺他一大筆。」

下午，日本人小學生集體放學的隊伍持續了好一陣子。本來集體放學是戰爭期間爲因應空襲而採取的策略，現在則是爲了治安考量。我看到多佳女帶領著一群小朋友走了過去。

「喂，多佳女，小心走喔——」

她四處看了一下，好像沒注意到我，又回頭追上了小朋友的隊伍。

下山校長的兒子一副跑馬拉松的架勢，眼睛直視正前方，手臂前後擺動著跑了過來。

「喂，下山——」

我大聲喊他，他卻突然加速，打算往前衝。

「欸，是我們啦，我們啦！」

他終於發現了，停下腳步說：

「什麼啊，原來是你們。你們在這裡做什麼？」

「正如你所見，我們開店賣書啊。爲什麼這種時候你會在街上跑步呢？」

他總算鎮定下來，靦腆地笑著說道：

「沒有啦，前面南門那邊，台灣學連[5]正在盤查路人，經過的男人每個都被攔下盤問。我一路躲著他們逃過來的。」

接著下山之後的，是尋常科的夥伴石戶。他是騎腳踏車過來的。

「人家說在賣書的，就是這裡嗎？我剛剛在南門前面被學連的傢伙攔下，還被打了呢！」

「爲什麼？剛才下山說他是逃過來的。到底發生了什麼事啊？」

「嗯，差不多有十個人在那邊啊，一個看起來像首領的問我『你以前是哪個中學的？』我回答他『我唸的不是中學，我是高等學校尋常科的。』結果他說『少騙了，你長得不像！』然後就伸手打我臉頰。不過他有稍微客氣一點，算是輕輕打啦。可是喔，有『尋常科的長相』這種東西嗎？」

我們三個互相打量了一下。

「嗯，世界上並不存在這種東西啊。應該要跟他們說，男人看的不是臉，是頭腦和氣勢。」

「嗯，至少在我們當中，是沒有所謂的尋常科的長相啦，不過，對他們來講，或許有一種他們自己想像的所謂尋常科的長相吧。當然我們是不會去管那個什麼長相的啦。」

「嗯，這個問題，無論怎麼解釋，都無法讓石戶得到安慰啊，哈哈哈！」

他的樣貌剛毅耿直，在尋常科學生裡並不多見。三年級的時候熱衷於練足球，結果學年末，幾何這個科目分數不太夠，留級了。可是之後他捲土重來，可就令人刮目相看了，不只是幾何，代數、物理、化學，所有科目都是最高分，不會的同學都要去找他請教求救。

另外還有一件事也讓我印象深刻，難以忘懷。尋常科四年級結業典禮，頒發全勤獎時，他也是受獎人之一。校長朗讀獎狀「四年全勤……」，有人小聲地說「五年！」我問石戸：「你進了尋常科之後，連一天假都沒請過嗎？」他笑咪咪地回答我：「對啊，我就只有身體長得強壯。」包括休學在內，我可是請了不曉得幾百天的假。老天爺竟然也會同時給人兩種恩典，簡直難以置信，我覺得他根本就是宇宙中的別種生物，也難怪現在台灣學連的那些人並不相信他。

❶ 指今天的羅斯福路。

❷ 日治時期集合日本、台灣、南洋的資金於一九一九年創「株式會社華南銀行」，總部設於今館前路。

❸ 台中高農，即台中農林專門學校，今為國立中興大學。台北醫專，台灣總督府醫學專門學校，一九三〇年改附屬於台北帝大，稱為「台北帝國大學附屬醫學專門部」，當時台北帝大另設有醫學部，二者即今國立台灣大學醫學院前身。台南高工，一九三一年設立的「台南高等工業學校」，今成功大學。

❹ 帝大預科是台北帝大設立來確保入學人數，學力等同於高等學校，在此之前在台學生中只有台北高校畢業生可以升學台北帝大。在戰後廢除。

❺ 台灣學連：一九四五年戰爭結束後，台北市的大學、高校、中學校、女學校的台灣人學生約一千餘人所組成的團體，全民是「台灣學生連盟」，九月二十九日正式於台北市太平町的第一劇場成立，以協助維持地方治安為名義。

「少年」的公演計畫——汝不可偷盜

開店販售戶田家的藏書，三天下來只賣出了一部分，泰半的書籍都還剩著，特別是全集類的作品。其實也難怪，戰爭打輸了，日本人只想把自家的藏書賣出去，應該不會有心情和空閒買別家的書來讀。

到第三天下午，我已經差不多死心了，開始跑出去看看台灣學連是不是還在盤問路人，也在兒玉町的商店街晃一晃，巡視一番。

到佐伯文具店買了迴紋針、筆記本等等。

「那位有名的老闆不在哪！」

剛剛進尋常科一年級時，宿舍旁的賣店可以讓我們用簽名方式賒帳購物，不過店老闆會嫌我們「喂，品名沒寫對。沒寫日期喔。」我問學長：「爲什麼那個老闆那麼跩？」學長告訴我：「老闆兒子好像是尋常科畢業的，非常優秀的才子。讀東大，現在說不定已經成爲大牌學者了。老闆把大家都當成兒子的學弟看待，所以會特別親密地訓示我們。不管他說什麼，都要好好聽著。」

有一位看來像是知識份子的女性，或許是茶行老闆娘的近鄰好友，每天帶著小嬰兒到店裡來，聊天聊得好熱鬧。亭仔腳（建築物一樓有一部分退縮進去，形成通道，乃是台灣獨特的景象）前面，用兩輪拖車載貨的台灣人蔬菜攤開店了，她馬上過去搭訕。

「賣菜好像是個不錯的生意。不是聽說可以賺五成的利潤嗎？」

「哪有這種事啊。如果那麼好賺，日本人都去賣菜了。」

她也會突然轉換話題。

「欸，先前在宜蘭再過去的蘇澳那邊，不是有美國的潛水艇，然後台灣的漁夫提供水跟食物給他們，結果被當成間諜，還判了死刑嗎？當時的檢察官聽說即將遭到報復，就躲到台中的深山裡去了。高砂族的人應該會幫忙他吧。」❶

我繞到一丁目的南門書店。尋常科的學弟，四年級的森一夫在那裡面。

「喂，戰爭打輸了，雜誌賣得還可以嗎？」

「不行啊，完全不行了。」

我問他，法學全集和經濟學全集要怎樣才賣得出去。他說：「附近有一家台灣人的舊書店，要不要去看看？」我先回自己的地盤拿了幾本樣品之後過去談判，結果被店老闆狠狠削了一頓。

「什麼？法學全集？打敗仗的國家的法律能有什麼用？以後還有人要讀這個嗎？沒用的東西等

同於廢紙，一斤（六百公克）只能賣幾錢而已。如果是經濟學的書，跟戰爭的勝負無關，不管你有幾本我都可以買，全部拿來吧。」

我們三個人回到茶行進行討論。

「打敗仗的國家的書就是廢紙，這的確是事實，可是這個說法還眞讓人不舒服啊。」

「我們又沒拜託他買下經濟學全集。別家舊書店應該也會跟我們買。」

「雖然有點可憐，不過，我們來替天行道一下。」

於是我們帶著一本大型的《英英辭典》，再度拜訪舊書店。老闆看了，神色大變說：「這個我買，我出一千五百圓。」

「兩千圓。」

「兩千太貴了，一千六百圓好不好。」

「那我回去問問書的主人看可不可以。」

趁著討價還價中，我把剛剛看上的米川正夫譯的岩波文庫杜斯妥也夫斯基《少年》上中下三冊全部抽走，凱旋而歸。

「好，我們就用這個書，以一個禮拜左右的時間編成劇本，分配好角色，開始排練，用日本人青年會議主辦的名義，包下台北市公會堂❷，來個一個月的連續公演。讓滿場的聽衆都受到感動，爲我們拍手喝采。收益就拿來救濟因爲轟炸而失去父母親的日本人孤兒。我們發個檄文去給台灣學連，叫他們『快快停止無聊的復仇劇，爲人類的文化盡點力！』如果能打動他們也來演些什麼，就算我們大大的成功。畢業證書問題只是我們的利己領域，戲劇可是全人類的領域。這樣也算是達成青年會議的使命。」

《少年》這部作品雖然以思想爲主，但是故事的進行模式很熱鬧，兼具通俗性。一位貴族名媛，擁有一份與繼承遺產相關、但絕對不可示人的重要信件，其親人及周遭衆人則持續進行著醜陋的爭奪。最後是杜斯妥也夫斯基獨特的悲慘大結局，貴婦卡崔莉娜昏厥後不省人事，由主角（少年）的父親維爾希洛夫抱著，在室內徘徊徬徨，然後就落幕了。戲劇的空檔當中，那位老派父親針對西歐的文明文化思想，絮絮叨叨不斷訴說著生活於大地、追求人類之愛的大俄羅斯主義思想。這和我們先前一直被灌輸的日本「神之道」頗有幾分相似，二者的根源應該是一樣的吧。夾在古老而美好的傳統生活模式，以及經歷文藝復興而飛躍發展的西歐文明之間，俄羅斯人想必也曾經備感苦惱。「然而所有古老的事物，時候到了必然要崩解，人類會站在自由平等的立場追求價值並向前發展。痛苦乃是不得已而採取的手段，並非人類的目標」、「少年所描繪的未來人類的價值，人就是追尋這個而前進的」。那位主角艾爾卡基的構想，我們應該把它呈現在全台灣的日本人和台灣人面前，求取大家的共鳴。

關於角色的分配，少年艾爾卡基就交給今吉，大俄羅斯主義者的父親維爾希洛夫由西來負責，貴婦卡崔莉娜由西的女性友人椿小姐扮演，賽爾蓋伊公爵是鐘江田，流氓朗貝爾特是石戶，其他還有男女若干名，導演則決定由我來擔任。

西讀著下卷的結局，突然發瘋似地大喊：

「喂喂，『他』，維爾希洛夫，我飾演的那個人。書上說『他猛然抓住失去知覺的女子，使出了難以置信的力道，彷彿捧著羽毛一般，雙手將她輕輕抱起，並且像是哄小孩似的，隨意在房中踱起步來。他把她放到床上，佇立著，凝視她的臉龐許久，彷彿要將她看穿一般。然後，突然彎下身子，吻在她蒼白的唇上，親吻了約莫兩次』。這可是大問題。不得了的角色啊！」

「是在演戲，沒關係啦。如果你平常也來這一手，可就是大問題了。你就這樣去說服椿小姐吧！」

「不要因爲事不關己就講得那麼輕鬆。就算在演戲，這可是大問題啊！」

因爲是一部探討人類理念價値的作品，讓我開始對偷書的行爲介意起來。米川正夫的譯作我先前就很想要，但其實我家也有從英文重譯的版本。要編劇本的話，從英文重譯的版本並不會構成什麼困擾。我們要替天行道，目的已經達成了。我們已經把「只要有心，隨時都做得到」的實力展現出來了。我們只是要確認這一點。至於俗人，就讓他用俗人的方式活在這個世界上吧。

我們又來到舊書店，把三本文庫本歸回原處。即便如此，店老闆依然未曾察覺。書店這個生意也還眞是不好做哪。

❶蘇澳事件，一九四四年，兩艘美國的潛水艇在蘇澳外海浮出並登陸偵查日軍的防守，到一九四五年日本秘密警察懷疑蘇澳漁民是間諜，搜查漁港抓走七十多人，終戰後家屬追查家人下落，才發現其中多人已被秘密處決，當時《台灣新生報》報導為「南方澳冤枉事件」。

❷台北公會堂建於一九三六年，作為集會活動場所，即今台北市的中山堂。

公會堂外的亂鬥
——汝不可殺戮

十月末，在赴今吉家的途中，巧遇了理乙的台灣共產黨員某君。他告訴我當晚七點將在市公會堂舉辦全島學連的結成大會。說完之後就形色匆匆地離開了。

跟他分開之後我才想到一件事。「台灣人學連最近正對日本人學生發動無差別攻擊。該停手了。私底下解決屬於私人的恩怨也就罷了，不要連無辜的其他人都打，簡直像追究連帶責任一樣。那跟日本軍國主義有什麼不同?軍國主義之所以被打倒，是因爲他們不好。不好的行爲就別去模仿了。」我打算藉著大會提出這個訴求。能夠提出這種訴求的人，只有我們高校尋常科的學生。自開校以來，我們的學生之間、師生之間，從來沒有鐵拳制裁這回事，我們就是在這樣的傳統中被薰陶培育出來的。

眞不湊巧，今吉不在家。石戶和神尾的長相有可能招致誤會。轉到兒玉町西家去找人，也不在。運氣不好時還眞是不行，連回到東門町去找齋藤兼繼、鐘江田，也全都撲了空。山口是個少爺，我如果邀他，勢必讓他的父母親擔憂。一大票人過去當然會引起對方的警戒。事已至此，我乾脆自己一個人去，說不定對方也比較放心讓我上台說話。

先回家一趟，結果見到了一名稀客。今年過年時承蒙照應，陪我一起到嘉義的兒時好友久松剛好來訪。他三月底進了台北高商，學徒兵入隊，七月變成現役入隊，被分配到台南的地方部隊；終戰，又獨自來到台北，和先前一樣寄宿在西門市場後方的佛寺中。他小時候總被說身體羸弱，在台北商業學校練到劍道二段，跟其他中學的學生打架而相當知名。

「不會碰到學連的人找你報復嗎？」

「因為有這個問題，我現在出門都在口袋裡放一支口琴。白天被抓到的話，反正是口琴，不會怎麼樣；如果在夜裡，我只要說句『幹架嗎？』讓它露出一截，光線閃過看起來像刀刃，對方會害怕退縮，我就趁機從容離開，這是我的策略。」

眞夠湊巧，老天爺送了我一個幫手。當下就拜託他當我的保鏢，一同趕赴公會堂。把腳踏車停在南側的置放區，從半地下進入休息室。很多學生模樣的人擠來擠去，出出入入，沒看到某君的身影。好像也沒有人認為我是可疑人物，我就若無其事地用日文問：「某君在哪裡？」

「剛剛還在這裡，不過已經到會場那邊去了。你自己去找。」

對方也用日文回答我。

看這個混亂狀態，應該是沒辦法好好開會。我正在想，就算進到裡頭，大概也找不到某君。這時，抱著胳膊站在休息室門口監控情勢的保鏢久松，低聲說了：「阿昭，差不多該走了。繼續待在這裡，我可沒辦法保證安全。」

今晚就算了吧，以後應該還有機會。

走到外頭，牽出腳踏車，正打算上車騎去久松的寄宿處，他突然在黑暗中伸出左手臂攔住我。怎麼回事？原來前方出現了兩個沉默無語的人影，左右兩側也各站了一個，擋住去路。我的後方好像沒有人。四比二，不對，我並沒有想打的意思，所以實際上是四比一。我正擔心久松有沒有問題時，只見他用右手快速推出腳踏車（咚），朝另一個人影衝了過去。右側的那個人掄起棍棒往他身上敲（控）。互相推擠的結果，好像是他搶到了棍棒，橫向一揮（嗚，有一個倒下了），接著棍棒一閃，打到了另一個的腦袋。被腳踏車撞倒的人影正嘗試要爬起來時，又被他踹了一腳，再補一下。另一邊的人扔掉棍棒逃走了。兩個人影歪歪扭扭地消失在黑暗中。還有一個臥倒在地。這一切，都發生在轉眼之間。

「倒在地上的那個要怎麼辦？」

「溜啊，趕快！」

他立刻拉起腳踏車跳了上去。「原來要快溜啊！」我也慌忙跳上腳踏車，跟在他後面拚命踩著踏板，出了縱貫鐵路旁的馬路向左轉，來到台灣日日新報社前面，看見平交道對面西門市場的燈火，才算鬆了一口氣。

人，只要開始逃跑，恐懼之心就會突然湧現。所以最好別給敵人看見你的背影。剛才騎著腳踏車拚命逃的時候，我就在想，我們的聯合艦隊突襲珍珠港獲得大勝，過後不也就是這樣，向西邊一路不停地逃呀逃。

苦命的台灣籍高校生
——高專是大學，高校是中學

進入十一月之後，我對學業有點在意，持續上學了好一陣子。沒有再碰見台北小姐。總督府已經被接收了，除了上級幹部之外，其他人大概都離職了吧。

台北高校變成中華民國的台灣省立高級中學，同期的台灣籍學友都變成高中三年級的學生。他們的學制和美國一樣，小學六年，初級中學三年，高級中學三年，可是我們台北高校的制度是中學四年或五年之後再往上讀兩年，所以變成高三學生，感覺有點吃虧。

西洋史、東洋史、哲學思想史等課程，上起來好像在塡補空檔似地。德文課的出席率變差了，英文課倒是大家比較願意去上。犬養老師的日本古典不教《萬葉集》了，改教江戶時代。

二年級的文科學生都經歷過學徒兵生涯，幾乎個個成了癮君子，一到下課時間，教室裡煙霧繚繞，不過快要開始上課時，大家多少會覺得對不起老師，於是打開所有的窗戶，用課本搧風，把煙趕出去。池谷和田中兩個人至今還沒有復員回來。聽說菲律賓戰線處於毀滅狀態，他們基本上是確定戰死了。我不記得有爲他們兩人舉行過送別會。應該是去年底臨時決定入隊，兩人連向同學道別的機會都沒有就去報到，緊接著就出發前往菲律賓了。嚴謹而耿直，醉心於萬葉古代精神的池谷；

活潑爽朗，喜愛高談闊論哲學的田中，失去他們兩人的蹤影，讓去年（昭和十九年，一九四四）變成了遙遠的過去。

有一天，十幾個台灣籍學生吵吵鬧鬧地在走廊上奔跑。「御投彈於宮中」的中田學徒兵也在裡面，問他到底怎麼一回事，他告訴我：「因爲學制轉換的關係，舊高商跟醫專那些都編入國立台灣大學的前期兩年，在學生全都成了大學生。但是本來地位應該比較優越的高校生，卻被當作高級中學生看待。這是因爲中華民國政府對日本的學校制度瞭解得並不透徹。今天文教當局的高層來到我們學校，所以我們高校生要提出強硬要求，希望他們針對編入問題採取修正措施。」

「什麼？高商是大學，然後高校是中學？這太可笑，太沒道理了。你們快去大大抗議一番，加油！加油！」

日本人學生也認眞幫他們傳發檄文。我們日本人學生目前正爲了暫時畢業證書而辛苦奮戰，對於台灣人同學們的爭取，我們深表同情，並且熱烈聲援。

入船町的擺攤——街頭攤販與香菸販子／中國兵加油

今吉到學校來了，說是「神尾在西門市場前面的入船町❶弄到了一個攤子。我們大家一起來做家當委託販賣的生意吧。」於是我又放棄了學業，西和石戶也加入，我們決定要固定擺攤，販賣自家以及別人家委託的家當。

第一天我邀西一起上工。半路上，在新公園入口處看到台灣小孩吆喝著「正牌的黑潮❷——」，在販賣香菸。其中兩、三個小孩還跑到我們身邊說：

「要美國香菸嗎？也有中國貨喔。」

「要中國菸的話，這個很棒。打開包裝，裡面有一根紅色的，超讚喔。」

「什麼啊，這菸有點詭異吧。我才不要這種的。」

所謂的「超讚」，應該是摻了鴉片吧。我父親以前可是鴉片專家。領有台灣之後，台灣總督府專賣局推出政策，成功把鴉片患者逐漸減少到一百人以下。有一位技師熬煮芋類後，成功提煉出無臭無味的黑色黏液，拿來和鴉片摻雜攪拌。由於無法申請專利，那位技師好像只領到少額的獎金。據說有一次滿洲國的高官來到台灣，大家並不知道他吸食鴉片，因此當他開會開到一半突然倒下時，全場譁然。中國菸灰硬硬的不會掉落，有其方便之處，但是整體感覺帶著線香味道。「黑潮」是日本時代的代表品牌，不過戰後立刻出現了大量仿冒品，所以台灣小孩才會大聲叫賣著「正牌的黑潮」。

那群台灣小孩的後方，還有一個小學三年級左右的男生，單獨一人安靜地站著。不出聲叫賣的就是日本人的小孩。我們走到他旁邊買了兩包黑潮。

「爸爸怎麼了嗎？」

「到南方出征了。」（想也知道會是這個答案）

「這樣啊。在大家都能回日本之前，要加油喔。」

「是。」

低頭行禮的模樣也是日式的。不過，那些台灣孩子也很棒。日本孩子就在旁邊，他們也沒欺負他，一視同仁，各自努力做生意。

在台的日本人當中，應該已經有不少人陷入經濟困境，兒玉町、城內各町、御成町的大馬路邊，都可以看到有人在草蓆、門板、攤子上擺出家當販賣。日式衣櫥好像不受台灣人青睞，剩下一大堆排在路邊。

我們的攤位相當體面，像是小型公車。商品以衣物為主，其他還有裝飾品、相機、鐘錶、藥品類，賣得還不錯。馬路對面有個日本姑娘，一個人擺張涼蓆陳列物品販售。我裝成客人過去問她：

「這個多少錢？」

「反正你又不會買，日本人只是問問價錢而已啊。」

有個像是台灣人的學生靠近我們攤位，幾次拿起一台相機看了又看。

「怎麼樣啊？『Spring』的，德國製。」

「嗯，我知道。」

大概是沒錢吧，他戀戀不捨地離開了。

「『Spring』是德國名嗎？」

「他不是說他知道嗎？」

「什麼啊，這裡用英文寫著『Made in Japan』耶。」

算是因果報應吧，在那之後，我因爲別台相機，差點遭到老天爺的懲罰。

第三天下午，三位台灣女子結伴而來，「店開在這種地方，能賣得好嗎？」「這個多少錢？」「有沒有金或銀製品？」嘰嘰呱呱地把我們攤子上的貨物品頭論足了一番。西用不流利的台語跟她們說：

「這個啊，五百五十圓。」

「什麼？你要說的是五百五十圓嗎？你的台灣話聽起來像是五圓五十錢喔。你會虧很慘喔，哈哈哈。」

她們可眞熱鬧。嗓門好大，也不管周遭，把我們的貨物評點了一輪，一下子嫌我們陳列得不好，一下子說這個價錢可以調高點、那個沒有人會買……發表了一堆高見，也買了五、六樣商品之後才離去。

和西一起回家，在新公園附近看到理乙的川本跟其他人在販賣衣物。他們很大聲地對台灣客人說：「怎麼樣？很便宜吧？我們這裡的東西是全台灣最便宜的喔。」結果客人回答說：「眞的很便宜。便宜的東西最危險！」

總督官邸的轉角處有哨兵。

「喂，有中國兵站在這裡耶，眞同情他啊。」

沒有攜帶武器的四名矮胖日本兵經過哨兵前面，故意抬頭挺胸踢正步，一邊瞪著他一邊走。於是瘦瘦的中國兵從腰帶處取出佩槍，槍口一直朝著日本兵的方向。

「槍已上膛，很危險哪！稍有差錯就會鬧出人命的。」

我們朝山砲隊的方向前行，看見衛門那邊的兩名哨兵正面對面，絮絮叨叨地聊著天。

「從沒聽過步哨可以聊天的吧。」

堤防上已經沒有鐵絲網，一大堆的士兵，當中有兩名溜到馬路這邊，向生意人買了食物，又快速跑回堤防。

「擅自離營，要判重營倉的。」

中國兵還眞是悠哉啊。我們已經不當軍人了。中國兵，加油吧。

擺攤經營委託販賣的事業撐不到十天，就因爲銷路欠佳，宣告結束。

---

❶ 入船町，位在淡水河邊，因有艋舺港口，也是台北最早發展的地方。今萬華的長沙街、貴陽街、西昌街、華西街、西園路的一部分。

❷ 台灣專賣局生產的香菸品牌，是種捲菸。

Super Six 危機
——台灣人與中國人齟齬不合

以前因爲盤尼西林而非常感謝我的那位森先生的親戚傳話過來，說他的軍官朋友有一台 Super Six 的相機，希望以六千圓的價格賣出。從御成町二丁目附近、淡水．北投線雙連車站前的平交道往西，朝丸公園、大稻埕方向直走，途中的商店街上有一家相機店，那裡是台灣人區域，不過大白天的，一個人過去應該還算安全，所以我就出發了。

我跟店主談判：「因爲是日本軍官用的相機，性能絕無問題。六千圓成交。」老闆很起勁，幫忙打電話東問西問，結果說是 Super Six 有分單眼相機和雙眼相機，單眼的八千圓都有人肯買，雙眼的就只能半價，四千圓。

就在這個時候，有位穿著打扮像是中國政府要人的人物走進店裡，看上了我的 Super Six，拿在手上，一副想買的模樣，開始和老闆討價還價，可是氣氛突然變得很惡劣。

老闆從客人手上搶回相機，並且大聲咆哮。客人看似冷靜理性，但是嘴巴罵得又急又快，一點也不比店主遜色。客人動手扯回相機，店主又再搶回。客人彷彿希特勒，一手扠腰，另一手一會兒上舉、一會兒前後左右揮動。聽他一直在講「台灣台灣」，一定是在吵「台灣人對顧客的態度太糟糕」。我可不管他們到底哪一個比較對，萬一 Super Six 壞掉了，我得要賠四千圓，所以只顧睜大眼睛仔細看，要確認相機是被哪一邊弄壞的。

店門外聚集了黑壓壓的一大堆人，店主和要人之間的爭吵，不知何時變成了以群衆爲對象的辯論申述。如果是日本人，這時候不是勒緊對方的脖子，就是一拳打過去了，可是這兩個人都沒有動手。要人逐漸在演說上佔了優勢，而且似乎頗爲滿意，最後神氣兮兮地擺著高傲的架子，揚長而去。Super Six 平安無事。

店主餘怒未消，用日文罵著：

「那個馬鹿野郎❶，沒錢還找碴，吹毛求疵，說三道四之前先帶著錢來啊，骯髒的中國傢伙！」

我問老闆：

「他說的是什麼話？」

「剛開始是北京話，發現我聽不懂，就開始講福建話，可是那個福建話也很怪耶，跟我們台灣話不一樣。來到台灣就講台灣話啊！」

有句話說，看別人吵架，吵得越大越有趣。不過，台灣人面對似乎是祖國官僚的人物，怎麼會罵得那麼激動呢？是不是十月中旬迎接祖國軍隊時，看到那些窮酸的裝備，所以台灣人失望了呢？我隱約覺得，台灣人對於日本人的憎惡之情，好像已經轉移到中國人身上去了。

我們這些生於台灣、長於台灣的日本孩子，從小就認爲台灣人和支那人是不一樣的。現在我們必須稱他們爲中國人的那些大陸人，個子都很高大，用扁擔挑著兩個籃子，講零零碎碎的日文，總是嘴咧得大大地笑著，走在街上大聲喊著買賣空瓶子，或是修理蝙蝠傘（雨傘）、修理鞋子之類的。日本孩子都很害怕，認爲他們那兩個籃子，其實是擄拐小孩用的。

台灣人當中也有語言不同的族群（廣東客家人）。我們以前住新竹時，家裡的車伕和女傭語言就不通，結果雙方都講結結巴巴的日語。聽不懂對方的話語，就會產生不信任的感覺。說眞的，應該要讓講同一語言的族群，建立自己的國家才對。

❶這是在罵人蠢到無藥可救，日本人真的很生氣的時候才會罵人「馬鹿野郎」。

重新開始做生意
——與美玲女士搭檔

今吉來訪，並表示：

「我在御成町巧遇了先前光顧過我們攤位的台灣女子。她在問，要不要和她們一起做生意？她願意教導我們做生意的方法。你看怎麼樣？」

如果只是賣家具和衣物，終究有個侷限，我們還是得要做些生意賺錢才行。因此決定兩個人一起過去，向她討教一番。

她家在御成町二丁目大馬路旁，是一間三層樓的店鋪住宅，離美國領事館相當近。一樓部分是南國收音機店，從側邊的入口爬過陡峭樓梯上到二樓，迎面是個客廳模樣的寬敞空間。有兩名男性在裡面談話，向他們說明來意後，只見兩人靜靜地走了出去，或許他們聽得懂日語。

所有的家具看起來都黑黑的，整個房間的感覺也是昏暗的。

我曾經到住樹林的同班同學王君家玩過一天，有仔細觀察過台灣的農家，但是市內的商人住家還是第一次踏入。進門時不必脫鞋，房間裡有桌子、椅子，這一點是西洋式的。樓梯的出入口，「砰」一聲放下門板就可以堵起，大概是防止外敵入侵的機制，果然是台式風情。日本人的二樓住家不會有這種樓梯門板。

默默坐了一會後，今吉說話了：「感覺不是很舒服，我們走吧。」我並不覺得待在那地方有多舒服，但反正也不至於被抓去賣給香港、澳門的人口販子，所以就回答他：「再一分鐘，如果還不出來，我們就走人。」結果正好一分鐘之後，先前見過的那位精神飽滿的女子，抱著嬰兒走出來了，跟她同行的膚色較黑的女子和皮膚白皙的少女也露面了。對方全是女性，我們至少放心一些。

那位女子自稱林美玲，是台北（州立）第三高女❶的畢業生，丈夫目前在台中，這裡是她的娘家，母親與祖母也都住在這裡。

「妳是什麼時候從第三高女畢業的？」

我在計算她的年齡。她大概看透了我的心思，哈哈大笑問：

「我看起來像是幾歲啊？」

以我們的眼光，根本猜不出比我們年長者的歲數。我本來想，大概是二十八、九歲吧，不過女性應該都希望自己看起來年輕一點，所以回答：

「二十五，還是二十六吧？」

那位女士笑得好大聲，天花板都快掀掉了。

「我今年三十四歲，有五個孩子了。」

原來是個阿姨，我們也逐漸卸下心防。專賣局有一張海報「酒是福祿的好」，裡面那位抱著一升酒瓶巧笑倩兮的美女，和她頗爲神似。膚色較黑，長得跟她一點也不像的女子是她的妹妹。少女名叫姿碧，是已經過世的長兄的女兒，由她扶養長大，已經滿十七了。比我們還小一歲。美玲女士表示：

「日本人打仗打輸了，鋪著草蓆賣家當，滿可憐的。我沒辦法幫所有人的忙，不過，你們可以跟我搭檔一起做生意。我來負責販賣商品，我妹妹是做米和銀的投機買賣的。我說出需要的貨物，由你們去尋找貨源，看有誰想要出售，就拿到我這裡來。賺到的錢大家均分。買的時候要先付給賣方一成的定金。如果不買了，定金會被沒收。假如賣方無法交貨，就要付定金兩倍的金額。」

喔，原來做生意是這麼一回事啊。

「如果不給錢，或者不交貨就落跑，會怎麼樣呢？」

「一手交錢一手交貨。如果兩者不是同時進行，就要約定好時間。假使違反了約定，就再也不能出面做生意了。這叫作商業道德。」

原來商業也是有道德存在的，出乎我意料之外。不過，她所說的做生意，並不是先買下貨品，再把貨物排列到店面去販售，而是站在買方與賣方之間，設法把事情談妥。

「對啊，這是仲介，英文叫作『broker』。」

---

❶ 今中山女高。

第一筆買賣的商品是鑽石
——物價真是不可思議

第二天，西和神尾、石戶也去找美玲女士，大家一起當上了仲介掮客。

我的第一個任務是賣鑽石戒指。我到先前曾經造訪過的珍珠店，對方交給我一個裝在精美盒子裡的鑽戒，跟我說：「標價是八千圓，你只要給我五千圓就可以了。」原來這麼快就可以三千圓落袋。我興高采烈地拿去給美玲女士。「看來不是贗品，先放我這裡一天。」

我覺得很爲難。萬一買方拿了鑽戒落跑，我就得付五千圓。這個跟 Super Six 相機危機一樣，但現在對我來講，這根本是天文數字。

「不行，不能放妳這裡。要請買方到這裡來。」

美玲女士大發雷霆，站起來拍桌子大吼。

「難道我會扛著這個家跑掉嗎？你信不過我嗎？信不過我的話，生意就不用做下去了！」

我出奇地冷靜，看著美玲女士狂怒的側臉。她眞是急性子的女人。日本人也個性急躁，但是台灣人連女生都急性子。不過，美女不管是笑或生氣，都好看。

「我不是信不過妳喔。萬一買方拿了鑽戒落跑，妳就要賠五千圓，我不忍心讓妳賠錢才這麼說的。」

「我會好好把鑽戒戴在自己的手指上給對方看啦。」

第二天去到她家，美玲女士把盒子還給我，告訴我：「那個鑽戒不行。對方看了之後開價四千圓，我覺得根本不值得再談，就拉倒了。」別說八千圓了，開價竟然是四千，半價耶，太扯了。

美玲女士很誇張地用手把頭髮往上攏，兩手肘靠在桌面，抱著頭扭動身體說：

「啊，我應該怎麼辦才好呢？」

「哎呀，別那麼悲觀啦。做生意本來就有順利和不順利的時候。也許還會出現別人要買嘛。」

「不是啦，我現在在想其他的事。」

「妳在想什麼？」

「我正在思考，要不要離婚。」

還眞夠唐突，鑽石半價之後，接著是離婚。要和台中的丈夫離婚是她的自由，不過，既然不住在一起，還有什麼離婚不離婚可言呢？可是，我們才剛認識，她爲什麼要把這種事跟我說？她是不是希望我阻止她，告訴她「這是人生很重大的事情，妳要愼重仔細地考慮」呢？

我趕緊離開，繞到西門市場杉浦藥局去找我的知己好友，也跟他提起鑽戒的事。聽他說市場裡有一位寶石商人，我們決定過去看看。

我現買現賣地活用從美玲女士那裡學來的方法，把鑽戒牢牢戴在左手食指指根，讓商人鑑賞。

對方頗有專家架勢，用大型凸透鏡看了又看，告訴我「四千」。

眞是嚇我一大跳。原來這只鑽戒在商人間輾轉流動時，是四千圓的商品。珍珠商人也是用四千圓買進的，然後要我用五千以上的價格賣出。可是，鑽戒上並沒有寫著四千圓，爲什麼商人會估價四千呢？價錢是由誰決定的？我覺得非常不可思議。

有四十萬可賺
——買家是腳踏車店的小伙計

和美玲女士做生意，有趣的故事還真不少。有一天她告訴我「你去找找看有沒有酒精」。我到神尾藥局走了一趟，跟他們說了酒精的事，得到的答覆是「可以喔，五十罐左右的話，現在馬上就可以分給你」。我於是回去告訴美玲女士：

「我弄到五十罐酒精了。」

「很好啊，馬上就派卡車過去。」

「卡車？沒那麼誇張，我用兩輪車拉過來就好了。」

「你說的到底是什麼酒精啊？」

「大日本藥局調整，純度一百%的瓶裝酒精五十罐。」

「什麼啊，我要求的是汽油桶裝的五十桶耶。」

有一天我們三個人一起過去，看到美玲女士手忙腳亂、心神不寧。她說，台中豐原的山裡有五萬斤生橡膠，是日軍的物資。一斤四十圓，我們用四十一圓的價格入手，要盡快找到買主，貨物可以立刻用幾輛卡車運到台北。這是一筆大生意，不過，總金額高達二百多萬圓，就算分批賣，也必須找到超大買家或者大工廠老闆才行。

回家之後我通知了所有的親戚、熟人和朋友，好友山口信一也是其中之一。

第二天，山口來我家說：

「東門公車路上那家腳踏車店，我跟那裡的小伙計說：『欸，要不要買生橡膠？你們修理輪胎內胎時會用到糊狀橡膠吧？』我跟他獅子大開口，報價一斤五十圓。結果爆胎修好了，正要回家時，小伙計跟在我後面，小小聲要求我賣他一斤四十九圓就好。我問他，一共有五萬斤耶，你買得起嗎？他回答說他全部都要。嚇我一跳。不過，那些生橡膠是四十一圓吧？八圓乘以五萬斤，四十萬圓，太厲害了。我們這下要變成大富翁了。四十萬圓，要怎麼用呢？」

「我想想看，拿來演戲好了。」

「演戲就算用掉一萬圓吧，還剩下三十九萬耶。」

隔天，我到山口家想找他談演戲的事，結果他不在，是他媽媽出來招呼我的。

「竹內啊，請你不要再拿做生意的話題逗我家那個傻兒子了。因爲啊，前幾天開始，他就一直亂七八糟地在講賣生橡膠賺四十萬圓，在家裡頭繞呀繞地走來走去。我們告訴他，那種事絕對不可能實現，他就說買主已經談好了，所以等同於實現了。眞的已經談妥買主了嗎？」

「嗯，這個嘛，要怎麼說呢……」

買主是修腳踏車時幫忙塗抹糊狀橡膠的小伙計，很難說得出口啊。

兩句台語——嚇壞了姿碧姪女

美玲女士的姪女姿碧，皮膚白皙，大眼睛滴溜溜的，很討人喜歡。我問過美玲女士她們的名字台語怎麼唸，她說美玲是 BIREI，發音跟日文一樣，姿碧要唸成 SUPIA。不過我聽她們家人之間好像都叫她 TSUPI。姿碧平常都穿無袖台灣衫，美玲女士則只穿有肩袖的衣服。聽說這是已婚女性和未婚少女的差別。姿碧在房間裡步履輕盈地走來走去時，總是 RA.RA.RANRANRAN 地哼著不知名的旋律。

有一次我去她們家時，一位身穿黑衣的阿嬤拚命地幫我把樓梯上方闔上的門板拉開，雖然不會講日語，卻比著手勢要我「上來上來，在這裡坐著等一等」。

接著出來的是姿碧，告訴我「姑姑晚一點才會過來」。她端了一些茶點給我，就在我對面坐下，開始織起毛線。

一個五歲左右的小男生進來了，伸手去摸茶點。姿碧發出聲音責備他，又敲頭又推肩地趕他出去，結果小男生出手反擊，正好抓到姿碧的胸前。姿碧尖叫著跳起來，稍稍看了我一眼，然後裝成沒事的樣子，硬是把小男生推出了房間。

她回來後又繼續織起毛線，有時候舉起棒針往頭髮上插，做這個動作的時候，不知道爲什麼都會直直地看著我。她抬起白白的手臂，上衣的袖子就會落到肩根處，露出將近一半的黑色腋毛。我認爲這個情景相當強烈，她卻坦然重複著抬起、落下手臂的動作。看來是不以爲意的樣子。

一位像是叔伯還是舅舅之類的親戚來訪，在樓梯口和姿碧用台語交談。姿碧不時偷看我，然後提高聲調笑著說話，所以我知道他們應該是在拿我當聊天話題。說了好一陣子之後，叔伯還是舅舅下樓離開了。

台語的會話我完全聽不懂，不過，她們說的大概是這個吧。「欸，這個日本人到底是誰啊？」

「美玲姑姑撿回來的，在西門市場前面賣東西的日本人學生。姑姑說要教他做生意。」

「是喔，美玲應該是打算幫妳找個對象，才把人家帶來的，對吧。妳也快十八歲了哪。眼前這個年輕人怎麼樣啊？」

「不是啦不是啦，一共有五個左右，一下這個一下那個地輪流來，我可以想怎麼挑就怎麼挑。我要挑看看哪一個會說全世界他最愛的就是我。」

「這樣子啊，那妳就盡量加油一下吧。我要回去了，妳跟美玲說一下喔。」

叔伯還是舅舅離開之後，姿碧並沒有坐回椅子上，而是心神不寧地在房間裡走來走去，開開關關茶櫃的門，又幫我重新泡了茶。好，看我來嚇她一番。

姿碧說：「竹內桑，來，你的茶」把茶杯遞給我，並且把放在我手邊看似菸灰缸的容器往一旁挪動。就是現在。我指著那個容器問她：

「姿碧，這是什麼呢？」（台語發音）

姿碧屏息呆立，然後倒退兩、三步，瞪大眼睛凝視著我。她的臉圓圓的，兩個眼睛更是睜得圓滾滾。

「你！你會台語？」

「對啊，我會。」（台語發音）

「啊——！」

下一秒，姿碧發出高亢的尖叫聲，逃往隔壁房間，結果和正好掀開門簾走進來的美玲女士撞個滿懷，整個身體被反彈回來。美玲女士厲聲問她「妳在幹嘛！」接著姿碧用快得跟機關槍似的台語滔滔不絕，在美玲女士的肩膀上搥了又搥，兩腳不停跺地，最後又是一聲尖叫，衝往隔壁房間。

怎樣？學到教訓了吧？妳以爲人家聽不懂，就自顧自地大放厥詞，才會反過來被整的。有位學者名叫金田一京助，在書上寫過「當你到一個語言不同的異鄉，首先要學會兩句話——『這是什麼』和『我不曉得』。」剛才也就類似的兩句台語，不是就派上用場了嗎？沒想到效果這麼好。不過，姿碧會嚇成那樣，我的猜測應該沒錯。原來我們被人算計了。

勸我們留在台灣
——日本現在吃的是油粕

松尾的堂表姊妹送來了一份邀請函，說是在公會堂有個舞蹈會❶。因爲事出突然，我邀了住在附近的齋藤和鐘江田一起去。在東門附近看到一位年輕女孩，衣服的下襬卡進腳踏車鍊裡抽不出來，正在奮戰中。鐘江田說「是椿姬耶」，於是我們立即折返，告訴她「我們是西年男的好友。基於朋友之義來幫忙妳。」三個人花了一番力氣，幫她解決了問題。她幾度道謝，我們跟她說：

「西最近應該會到妳家拜訪，有事相求，到時候還請答應他的懇求。」

公會堂的演出，日本娘子軍比我們早一步達標。我們的《少年》不趕快上演怎麼行。

第二天，我在美玲女士家碰到西。

「昨天眞是豈有此理。我繞去你家，聽說你們住得比較近的三個人到公會堂去了。（好哇，我也是有地方可以去的！）我壯著膽子跑到椿姬家去，結果一去她就告訴我『剛才有三個人幫了我大忙。你有事要拜託我吧？不答應你不行哪！』才一開始就受挫，我都沒辦法好好跟她說清楚啦。」

美玲女士問道：

「西桑，你有女朋友喔？」

「對啊，他們沒有，只有我有女朋友，名字也很美，叫作椿姬。」

美玲女士臉色一變：

「不行喔，別和那種女生在一起。」

「那種女生？妳連看都沒看過她吧？」

「不用看啊。你們還年輕，要跟那種歡場女子交往，還太早。」

「歡場女子？誰啊？」

「你們剛才不是叫她椿姬嗎？」

「啊，不是啦不是啦。她是平常人家的女孩，名字叫作『椿』啦。」

我可是吃了一驚。這位美玲女士竟然知道世界文學全集，小仲馬所寫的《茶花女》❷呢！

美玲女士經常抱著一個半歲左右的嬰兒，有時候還餵著奶。她都解開台灣服胸旁的暗釦，讓娃娃的臉靠上去吃奶。我就在想，結束餵奶的瞬間說不定可以窺見乳頭，所以都很認眞地看著，可是總無法如願。爲了讓她放鬆警戒，我坐椅子刻意坐到深處，靠著背，眼睛瞥往無謂的方向，滿心期待著那一瞬之間，然而願望總是無法實現，結果只好放棄。日本婦女即便在公車中，也敞開和服胸部哺乳，台灣女性卻不會袒胸露乳。這一點和西洋人是一樣的。

我告訴今吉：

「本來我們五個人都被算計，西第一個被排除掉了，剩下的就再加油嘍。」

美玲女士若無其事地跟我們說：

「你們回日本之後也沒有食物吃喔，聽說現在日本人都吃豆粕、油粕。」

「有油粕可吃就好啦。」

「你們知道什麼是豆粕、油粕嗎？說來聽聽看。」

「豆粕就是用豆子吃剩的皮去做成的粉吧。油粕呢，就是炸天麩羅時剩下的油渣渣啊。」

「不行不行，你們什麼都不懂嘛。豆粕、油粕都是拿到田裡當肥料用的，圓圓大大，一顆一顆的啊。在台灣，日本人都不當農夫，所以不曉得吧。」

的確，在台灣，賣菜的、賣魚的、種田的、賣東西的，看來看去都是台灣人。我們這些日本孩子成長於台灣，但是不曾對這裡的土地、樹木懷抱感情。我們以爲房子建築都是自自然然就在那裡的。水果倒是眞的自然就會長出來。以前我們住的公家宿舍，院子裡的香蕉、木瓜總是結實纍纍。

「在田裡挖呀挖，重複投入一些固形肥料，那個就是油粕啊？那個怎麼能吃！」

「對吧？所以你們都留在台灣好了。」

「不過，日本人早晚都要全部被遣返的吧。」

「沒關係，只要成為台灣人的養子，就可以變成台灣籍。在台灣，辦理養子的手續非常簡單。就當我的養子好了，然後可以跟姿碧一起生活。」

我覺得姿碧的態度也有了一些轉變。只有我一個人去她們那裡時，她會很勤快地端茶水、點心類的東西出來，還會跟我問東問西。

「竹內桑，你們學校有台灣人嗎？」

「有啊。現在班上只有一個，不過以前有四個。」

「大家都一起讀書嗎？」

「對啊。」

「在一起，都沒事嗎？」

「？（不懂她的意思）什麼都沒事？」

「跟台灣人一起，不會討厭嗎？」

「討厭？他們是學校的朋友，有什麼好討厭的。我們都一起去參加戰爭，大家一起死。戰爭結束了，大家得救了，沒死，又一起讀書。妳聽得懂嗎？」

「嗯。」

「人類都是朋友，不要討厭，最好是每個人都喜歡。美玲桑也是好人，所以『我愛妳』（台語發音）。姿碧也是『我愛妳』（台語發音）！」

我故意突然站起來，她「呀——」的尖叫一聲，逃到隔壁房間去。

美玲女士說：

「麻煩你到大日本製糖去找某某先生，拜託他這件事。」

「妳自己去啦，我又不認識某某先生。」

「我自己去也可以，不過你是日本人啊……你去啦。」

美玲女士扭扭捏捏的，像個小女孩，好像耍賴地搖晃著身體。這種表情、動作實在很稀奇難得。我眞想多看一會兒，所以搖頭不肯答應。

「那我不要拜託你了。不過你要在這裡等我一下，不可以回去喔。」

美玲女士出去了，沒多久又回來了。

「大日本製糖的事情處理好了。我馬上又要出去，所以竹內桑，你代替我去交易所那邊，幫我收購砂糖。如果一斤九十四錢以下，可以把所有的都買下來。九十五錢就稍等一下，如果沒再上漲就可以買。九十六錢就不要買。可以嗎？拜託你嘍，馬上就去！」

交易市場我可從來沒去過，忍不住皺了一下眉頭，結果美玲女士彈跳似地退到牆邊。

「竹內桑，這裡是工作的地方，你是爲工作而來的，必須思考的是工作，不可以想其他事！」

她爲什麼那麼慌張？她說的意思我可以充分瞭解，可是她爲什麼莫名其妙地慌張成那樣？在這個地方，總是不斷發生一些無法理解的事。

「不可以閉上一邊眼睛！」

哈哈，我皺眉頭給她看的時候，大概也閉緊了一邊的眼睛吧。原來她誤以爲我是在對她眨眼睛。強忍住想笑的感覺：

「對，工作！爲了工作，不管哪裡都得要去。那麼，我這就去嘍！」

我氣勢十足地站了起來，美玲女士整個背脊都貼到牆壁上了。我悠悠然地從她眼睛鼻子前面走過，下了樓梯。她大概終於放下了心。

「加油，九十四錢喔！」

樓梯上方傳來了響亮的聲音。

從旁邊的小巷子往前走沒多久，像是交易所的建築物就在眼前。裡頭完全是不認識的台灣人和台灣話的世界，我根本無從參與。看到黑板上寫著一一〇的字樣，於是直接放棄，離開了現場。

---

❶ 舞踊會，指舞踊的公開表演，舞踊是一種日本傳統表演藝術，結合了舞蹈與戲劇，表演者身穿和服，經常使用扇子和手帕等小道具。

❷ 日文的「椿」即「茶花」之意。

女中豪傑的怒吼——趕走流氓

有一次我陪美玲女士和姿碧到附近的雙連街上購物。就是先前發生相機事件的那個商店街。自以爲對那裡有些熟悉，於是東瞧西看地欣賞擺在街頭的衣物、金銀製品等等，不知不覺落後了女士們大約二十公尺左右。

想著要追上她們，我開始走到馬路中央，結果發現一名身穿長袖衣服的男子稍低著頭，眼看下方，用跟我相同的步調走在我的右手邊。往左一看，又是一名一模一樣打扮的男子，也稍微低著頭走著。假裝回頭一望，後面也跟著一名。直覺認爲這就是「鱸鰻」（台灣流氓）了。靠近我的這隻手吊兒郎當地垂著，其實另一手穩穩抓著一根流氓特有的長棍。我走得快，對方也快，我放慢腳步，對方也跟著慢下來，總之就是和我維持著同樣步調，緊緊跟隨著。這個三方包圍的架勢，果然是專業風範，讓人佩服。

沉住氣沉住氣，如果我拔腿就跑，不只是被追，還會遭到一擊必殺模式的棍棒攻擊。今天有美玲女士在場，她應該會設法幫我吧。

「喂，美玲桑！」

聽到我的呼喚，美玲女士回頭一看，臉色瞬間大變，腳上的木屐踩得喀喀作響，快速衝了過來，以雷霆萬鈞之勢對男子們發出震耳欲聾的怒吼。她的氣勢實在凶猛。因爲講的是台語，我完全聽不懂，猜測大概是這樣的內容吧：

「你們在幹什麼，這個日本孩子是我的養子，你們敢給我動手看看，我絕不饒過你們。你們以爲我是誰？你們不知道有名的第三高女的班長，美玲姊嗎？滾回去問問你們的頭頭！」

不過，對方也眞的是流氓，低頭聽著美玲姊的訓斥，然後緘默不語，分左右兩邊慢呑呑地步行離去。

「你是看著哪裡走的啊。在這一帶，白天也有那些傢伙出沒，不可以離開我身邊啦。」

「不好意思不好意思。剛才來了個漂亮姑娘，顧著看她才沒跟上。」

我隨口亂說，結果眞的有一個美到讓人瞠目結舌的台灣女生從身邊走過，一下子就吸引住我的目光。

「你又看到哪裡去了？那種女孩又怎樣了？她只是大白天就化妝，所以看起來漂亮。我喔，如果我化了妝，絕不會輸給那種年輕女孩。」

這位女中豪傑又突發奇想地說出這些話來嚇人。根本不需要和年輕姑娘拚場，三十四歲的妳，不必化妝就已經夠美了。

姿碧說了句「竹內桑，不行喔」，從斜後方戳我的手臂。我轉頭看，她趕緊又躲到美玲女士的另一邊去。

話說剛才美玲女士顯現出來的強勢，絕對勝過男人。面對三名真正的流氓，她罵得那麼痛快淋漓，流氓們也老老實實地任她斥責。說不定這位美玲女士其實正是流氓的女頭頭，是隱藏幕後的重要幹部。

千鈞一髮的耶誕節暴動
——流氓集結？日人死者二名

十二月下旬是我們升上二年級之後的第一次期末考。若不參加考試，大概連畢業證書都拿不到，所以反對考試的一票人也連續數日好好上學。上一次這樣正經地在試卷上寫答案，是十個月前的事。

今吉也到學校來了，二十四日是考試的最後一天，他告訴我「海軍軍官用的純白毛毯七十條，正在洽談中」。傍晚去到他家，毛毯已經成交，於是一起舉杯慶祝這個久違了的大戰果。我也分到了應得的份兒，大約一千圓左右，心裡很高興。「今天還滿早的，我回去嘍。」九點多的時候離開了今吉家。

騎著腳踏車在御成街道上馳騁。黑暗的田園中，馬偕醫院的燈火特別明亮。騎到大正街[1]的大平交道前，左方樹叢暗處傳來聽起來像是台語的吵鬧聲，像是一個一個輪流在吼叫。這是什麼呢？我只想了一下，並沒有很在意，繼續騎腳踏車穿越平交道，但是發現，一樣也是左側，從樹叢裡突然竄出了幾條人影。我瞬間想通了，這是襲擊。剛才沒有理睬那些台語的呼喚聲，表示我是日本人，所以才會遭到襲擊。沒有辦法回頭。大馬路中央也有樹叢分隔區，過不去。唯一能做的就是往前衝。黑暗中，五、六個人舉著雙手擺出架勢，我全速騎了過去。撞開兩個人，突破了正前方。棍棒從側邊不斷飛來，打中了頭、肩、背，擊中腳踏車身發出鏗鏘之聲。

很快來到了州廳前的圓環。正前方是往東門方向的三線道，但是暗暗的，不安全。繞圓環向右轉可以到台北車站。望向斜後方，只見一個騎腳踏車的人影瘋狂地追了過來。有一名敢死隊衝了上來。我騎的是不爆胎的腳踏車，比較重，終究逃不掉的。「在圓環角落丟掉腳踏車，溜進民宅小巷，跑到『梅屋敷料亭』❷去吧。那邊掛著美國國旗，有治外法權。」於是我騎到路邊的人孔蓋處，緊急煞車，打算跳車，但是目測距離沒算好，車把斜斜地撞上鐵製電線桿，弄出好大的聲響，整個人往左飛出去。正想拉起車身，不料又傳來一聲巨響，然後是金屬連續擦撞水泥地面的聲音在暗夜裡迴盪了好一陣子，終於恢復寧靜。我瞬間改變心意，不跑向「梅屋敷料亭」，也不放棄腳踏車，因爲太可惜了。迅速扶好腳踏車，騎上去往台北車站方向猛踩。車子鍊條斷斷續續發出磨損、卡住的聲音，一直撐到車站前明亮的廣場處，再也無法動彈。應該說我的愛車是壯烈戰死的，豈能輕易拋棄呢？我叮嚀愛車要加油，托起車把，拉著愛車用走的。

車站前的氣氛完全平靜無異狀，中國軍的士兵站哨中。

我選擇街燈明亮的路朝博物館方向前進。避開晦暗的新公園內，轉往台北帝大醫院方向。再往前就是總督官邸，然後是東門、海軍武官府，都有中國兵站崗。再過去就是第一步兵連隊、山砲隊的軍營，我安全了。

鬆了一口氣的同時，突然覺得腳踏車好重。全身各處關節隱隱作痛。這些是保住性命的代價，不忍耐不行的。

話又說回來，我完全搞不懂，爲什麼台灣人忽然開始殺起日本人了？要殺的話，戰爭一結束應該就可以動手了。依照剛才那種情況，走在路上的日本人全都沒救了。今天這一個晚上，到底有幾百幾千個日本人被殺死呢？

明天開始，台北是不是要變成死亡的黑暗之城？軍隊應該會出面鎮壓吧。今晚我的命等於是被中國軍隊救回來的。軍隊雖然是惡，但是「惡法勝過無法」果然有道理。明天起，我不再說「欸，中國兵在路上走耶」之類的輕挑話語了。沒有治安就沒有人類社會。

在東門町的住宅區，根本沒有看到像是流氓的集團。

---

❶ 因該地的開發是大正元年規劃而得名，是台北第一個現代化的高級住宅區。位於今中山北路以東（不含臨中山北路的部分），新生北路以西，南京東路以南，市民大道以北。

❷ 梅屋敷是日本時期台北北門町的著名高級料亭，是政商名流宴客的首選。因在一九一三年曾招待過孫中山，後來料亭建築改建為國父史蹟紀念館，日式庭園也被改為中式園林，即台北車站旁、中山北路與北平西路口的逸仙公園。

共產黨暴動說
——台灣人士兵在死亡菲律賓遭到啃噬？

隔天（二十五日）的報紙上，並沒有台灣人大暴動的字樣。不知道什麼時候開始，台灣日日新報的日文版默默地消失了❶，現在都只有漢字，不過我大致可以猜得出意思。

第二天的社會版有一篇小小的記事，說是「日人死者二名」。報導上說「台灣人士兵（舊日本軍）自菲律賓歸來，表示『在死亡戰線上，日本人士兵殺死而且吃掉台灣人士兵』。一些憤怒的台灣人因而襲擊日本人，造成兩人死亡。」

那種有組織的暴動，竟然只造成兩名死者。

原來我差點成了第三人哪！應該還有更多不為人知的死者吧？我想，假如公家機關告訴報社「不准寫」，報紙大概就會報導得謹慎保守些，所以一整天足不出戶。第二天我到附近朋友家繞了一圈，沒聽到什麼消息。住宅區和店家都很平靜，跟平常沒有兩樣。想把壞掉的腳踏車牽到常去的腳踏車店修理，心情還是有點七上八下。說不定流氓組織很強大，市內的腳踏車店都已經看到傳閱板了。到第四天，我等得不耐煩，終究還是把腳踏車弄到店裡去了。心裡打的主意是，萬一店員態度有異，雖然很可惜，也只能放棄腳踏車，走為上策。平常照看店面的小伙子動作熟練地開始修車，沒有問我「怎麼壞得這麼嚴重？」也沒看他走進店裡商量什麼。流氓集結的事，或許只是我的「杞人之憂」吧？突然想起了我的盟友山口，就是這個店員告訴山口「請用一斤四十九圓的價錢把生橡膠賣給我」，山口才認爲可以賺到四十萬圓。這位小伙子不過十五、六歲，竟然若無其事地想要參與二百五十萬圓的生橡膠買賣。台灣人眞夠厲害，好像天生就是做生意的料。

腳踏車修好了，第二天我就騎到今吉家去看了一下。途中經過州廳前面的圓環和大平交道，一方面也因爲是大白天，當然什麼事都沒發生。

回程順便繞到御成町的美玲女士家。

「怎麼啦？都沒來我這裡？」

「對啊，就是一些雜七雜八的事情。」

我敷衍以對。萬一，眞的只是萬一，那個暴動是流氓的起義行動的話？還有，萬一，這位女士眞的是流氓的女頭頭的話，事情會如何演變？假如組織下達命令，要求「找出那天晚上順利逃走的日本青年並且偷偷殺掉」，身爲女頭頭，她大概也只能大義滅親，把我送交給組織吧？

美玲女士專注地看著我，用不容我敷衍的語氣問道：

「雜七雜八的事情嗎？什麼樣的事？」

「嗯，我到附近朋友家繞了一趟啊。」

「該不是發生了什麼奇怪的事吧？」

「嗯，因爲腳踏車壞了，修理就花了好幾天。」

「爲什麼壞掉？是誰弄壞的？你有沒有受傷？眞的沒事，沒問題嗎？」

美玲女士連續問了我一大串話，眼神非常誠摯，讓我覺得自己對她懷抱疑心眞是不應該。我直覺認爲，她絕對不會害我們這些夥伴。

我放下心，把耶誕節晚上的事說給她聽。

「畜生，一定是他們！共產黨那批傢伙！」

美玲女士怒吼，這次換我嚇了一跳。

「共產黨會做那種事嗎？」

「當然會啊，那批傢伙！他們就只想製造混亂。越混亂越好。不是說從菲律賓回來的軍人講了一些話嗎？因爲戰爭，所以會有各種情況發生。也不好好確認，就只想製造混亂、引爆革命啊，那些傢伙！」

美玲女士交叉著手臂，在房間裡用力地走來走去。

我腦海中浮現出理乙某君那些人的臉孔。他們應該不會下達「殺死日本人」之類的指令吧。不過，學連、流氓、共產黨，三者都是有點問題的集團。

對於戰爭的極限狀態，我們也並不瞭解。最糟糕的經驗就是八月五日的山中強行軍。因爲戰鬥，沒有食物而陷於飢餓，是不是會吃死人的肉呢？我是覺得，大概連吃的力氣都沒有就會先死掉了。但是，因爲極限狀態的特異事例，就去對無罪的其他人進行無差別攻擊，我認爲這是不對的。

❶《台灣日日新報》是台灣日治時期的第一大報，有日文版及漢文版，日文版於一八九八年五月六日創刊，一九四四年四月一日起停刊。

昭和二十一年元旦——敗戰後過年，什麼都沒有

彷彿夢幻的昭和二十年（一九四五）結束了，二十一年元旦緊接而來。國已破，哪來的過年。日章旗、門松、注連繩、疊年糕、年菜，這個正月什麼都沒有。除夕當天傍晚，伯父分我們一些扁平的年糕，煮成年糕湯，算是過年。

仔細想想，大東亞戰爭開始之後，昭和十七年、十八年、十九年和二十年的正月，好像都沒看人放風箏，也沒有放鞭炮和各家拜年。

小時候的台灣過年，一錢可以買到二十串小型爆竹，我們放得可熱鬧了。一根二錢的爆竹火力比較強，點了火丟進別家門松的竹筒裡，發出的爆炸聲超響亮。在公私機關行號工作的大人們，成群結隊到相關客戶家致意，飲酒邀宴。小孩們則帶著名帖到熟人家的玄關處拜年，口中說著「新年恭喜」，把名帖放到專用的放置台上。

戰敗的正月，還是有訪客。玄關門被用力地拉開了，一對年輕的台灣人兄弟喊著：「大哥，還好嗎？我們又來啦。」他們住在台中州草屯街，第一次到家裡來買東西時，聽我說起「草屯莊家

讀帝大醫學部的兒子，是我的同學」❶，兩個人就告訴我：「莊家那一位可是草屯開街以來的大秀才。大哥既然是他的朋友，一定也是大秀才。」那次之後，他們每個月都會來個一、兩回，買些衣物之類的，並且留下堆得像山一樣高的農作物。

「日本人今天過年。」

「是喔，台灣人的過年還要再等一陣子。到時候我們帶台灣年糕過來。」

「因爲戰爭打輸了，日本人什麼都沒有啦。」

「過年學校放假吧？走，現在就去草屯，請你吃很多好吃的。」

「謝謝。改天我一定過去。」

多麼美好的日台歡喜交流。這也是我們迎來眞正和平的第一個新年。

❶即早竹內一屆的莊徵華醫師，戰後曾任台灣瘧疾研究所所長，WHO世界衛生組織顧問。

到梅屋敷料亭賣和服腰帶——比老闆娘還吸引人的侍女

我知道流氓並沒有集結暴動，所以繞到戶田家探望，也把耶誕夜受難的事從頭到尾講給她們聽。戶田夫人的妯娌表示：「梅屋敷的老闆娘榮子桑和我是台北第一高女的同學，她非常靠得住，長得又美，是一位女中豪傑。」然後又說：「梅屋敷現在已經成爲美軍軍官俱樂部了，如果你有東西要拿去賣，我可以幫忙寫介紹信。」

我和今吉兩個人，帶著和服腰帶和珍珠到梅屋敷去。面對大馬路的入口到玄關，距離有數十公尺。聽說那裡曾經是高級官員、軍人、大社長們光顧的台北最高級料亭；中華民國獨立志士孫文先生也曾經短暫居留於此。這次我要會見的是日本的女豪傑，她的氣魄或許並不遜於大聲喝斥數名流氓的台灣女傑。我按捺住好奇之心，在玄關等待。

身著淺色調和服的女主人終於款款現身，長長的和服下襬曳地。我們被帶到一個寬敞的房間裡，三名美國軍官隨即出現。

他們看也不看珍珠一眼，倒是對金線織花的錦緞腰帶展現興趣，開始議價。老闆娘提醒我們「現在一美金差不多是六十五圓左右，你們要心裡有數」。

年輕軍官買下了花朵紋樣的腰帶，但是年長的軍官對我們認爲顏色濃綠鮮艷的腰帶一再挑剔，說是「色澤晦暗」、「像發霉的樣子」。老闆娘頻頻用英文幫忙解釋說明。有了賣珍珠的經驗，我知道他們又要來那套美式做法，也就好整以暇地擺出理所當然的表情，建議他「如果不喜歡這個，可以選擇亮眼的花樣」。雖然拖延了不少時間，不過只有濃綠松樹紋樣的腰帶稍微被砍了一點價，差不多五百圓成交。我告訴對方，這個在戰前要一百圓，現在的價格算很便宜了。我也多少算是學到了一點商人頭腦。

老闆娘送我們到玄關，我們向她深深致意。不過，比起這位穩重中帶著英氣、頗有貴族架勢的老闆娘，打從一開始，我就注意到如影隨形陪伴在她身旁的年輕女孩。老闆娘站著她就站著，老闆娘坐下她也坐下，老闆娘一動，她也必定維持著一、兩步距離跟著連動，看來是侍女。她默默地一句話都不說，背挺得直直的，睜大的眼睛又黑又亮，面帶微笑，但是一直到最後都不曾露出白色的牙齒。不知道是天生的，還是後天強制訓練出來的成果。她年紀和我們差不多，竟然能有這樣美好的氣質，眞令人感動。

繞到戶田家去道謝，夫人問：

「怎麼樣？榮子桑現在也還是位精彩的美女吧？」

我老實地回答夫人，其實我沒仔細看那位老闆娘，而是發現陪伴在老闆娘身旁的侍女如何如何地有氣質，所以眼光一直都在侍女身上。結果被夫人叮嚀「可別迷上嘍」！

姊弟從高雄北上
——火車正常運作中

一月中旬，高雄的表妹寄來了一封信，說是「出征士兵的家族已經開始搭乘日本驅逐艦引揚回日本，說不定快要輪到我們了。請借我們一點錢。我會搭一月某日一早的火車到台北去。——志津子」。收到信的時候，已經是她要來的當天了。在中國政府統治之下，日本人之間還能用郵寄的方式信件往返，眞不容易。不過我可沒有閒工夫在那邊驚歎佩服，立刻騎上腳踏車，趕往台北車站。

高雄開出的第一班火車大約下午四點抵達台北。火車大致處於正常運作的狀態。我在車站出口處等候，但是沒看到像是女學校二年級左右的日本女孩。留在我腦海裡的表妹，是昭和十年（一九三五）時虛歲四歲的幼兒，自稱爲「志志」，只會哭啊哭的。人的長相總不會變到完全讓你認不得吧？我站在出口處東張西望，卻怎麼也找不到她。半個鐘頭過去了，出口處已經看不到其他接人的人。她應該不至於弄錯方向，從後車站的職員出入口出站吧？我騎在腳踏車上繼續等候。

車站出口處的巨大水泥柱旁，蹲著兩個台灣小孩，既不像在等人，看起來也不像是在玩耍。我到車站的候車室裡繞了一圈，又來到出站處，那兩個孩子還在，睜大眼睛盯著我瞧。突然靈光一閃，表妹未必是一個人來的，她下面還有弟弟，很有可能充當保鑣跟著一起來。我走到他們身旁仔細瞧，兩張曬得黑黑的臉孔，只有雙眼亮晶晶，衣衫襤褸，靜默不語。悄然無語這一點，感覺像是日本人的小孩。

「是志志嗎？」

大的那一個用力點頭，站了起來。哎呀，這也算是女孩子嗎？擅自把她想像成身穿水手服、辮子綁著蝴蝶結，是我的不對，可是這兩個幾乎是流浪兒了吧。沒想到身處戰火蹂躪下的高雄，無家可歸、失去家庭支柱的留守家族，境況竟然如此淒涼。

「如果信沒有寄到，你們打算怎麼辦呢？」

「那我們就一邊問路，用走的找到你家去。」

小學四年級的弟弟說：

「我也不怕走路喔。不管多遠，我都能走喔。不管在哪裡過夜我都不害怕。可是我現在肚子好餓啊！」

台灣的治安，整體看來堪稱良好，因爲這年紀的孩子也能平安搭火車旅行。

回到家，讓志志洗了個澡，穿上和服，整理好頭髮，看起來終於有了少女的模樣。

與校長再度談判
——為了工作要求暫時畢業證書

引揚回日本的事依舊沒什麼進展。南方出征軍的本土復員排在第一優先，結束後才會輪到居住在中國、滿洲、台灣、朝鮮的日本民間人士。不過，日本船舶不是幾乎在戰爭末期全數遭擊沉了嗎？所以在台日人的引揚預計要等到昭和二十五年。

台灣糧食豐富，菜販魚販也跟以前一樣會到住宅區裡來販賣，算是幫了日本人大忙。不過，我們已經沒有收入，靠變賣衣服家具之類的物品過日子。這畢竟不是長久之計。

日本人學生也只能上課到今年三月，再來就只能當土木工程的工人，或是找個工作賺取微薄薪資，撐過四年的時間。想要這樣，二月份就得開始求職。要求職，還是要有畢業預定證明書才好。十月時討論過的暫時畢業問題，現在不知道怎麼樣了？還是再找校長商討一下，然後把結果轉達給所有的日本人學生吧。

這次我找了西和今吉，三個人一起去。我們三個並排坐在校長面前，聽他表情凝重、長篇大論地敘說和中國政府交涉學制問題等等的經過。等他說得差不多了，我們才提問：「目前多數學生都處於思考就業問題階段，是不是請學校發給我們畢業預定證明，或者如果暫時畢業證書已經做好了，希望能夠提早給我們。」

校長滿臉訝異：

「你們是不是想要馬上拿到畢業證書，然後就不來學校了？」

「是的。」

「那是不行的。如果讓中國方面知道我現在就發出畢業證書，事情就麻煩了。畢業證書的事即使只是洩露出去都很糟糕，你們絕對不可以告訴別人，我會很困擾。」

「爲什麼會困擾，我不懂。只要證明我們預定畢業就好了。」

「不完成學校所有的課業，什麼事都不能做。」

「爲了生活，這是不得已的。學生們要設法自食其力。」

我們迅速離席。我個人更加確信「拿得到畢業證書」、「不可告訴別人」的意思應該是說「畢業證書已經存在」、「擔心事情洩露出去」。我也想跟今吉分享這個看法，但是他不相信校長，大概無法理解。沒關係，事情就快要見分曉了。

歸途中，今吉笑嘻嘻地說：

「爲了生活，這是不得已的。講出這句話來，眞痛快。校長都坐立不安了哪！」

回古亭町的公車道暗暗的。果然是一月的風，夠冷，從腳踏車前方不斷吹來，三個人身上的黑斗蓬都被掀開往後方飄揚，也很自然地唱起了「寒冷的夜　心境寒冷」❶。小學時我們被禁唱這首流行歌，其實它挺有味道的。

簡直像是候鳥　我的旅途
隨風飄盪　無處藏身

其實畢業證書算什麼，我們的人類價值，並不會因爲有沒有畢業證書就產生差別。

❶ 這是一九三五年，由藤田まさと作詞，大村能章作曲，東海林太郎演唱的〈旅笠道中〉。

關於引揚計畫的報導——你的故鄉在哪裡

時序進入二月，在報紙上看到了一則「關於日本人的引揚問題，台灣省政府正與美軍顧問團協商中」的報導。既然是中國方面的官僚作業，就沒什麼好急的，不用寄予太高的期望。雖然我是這麼想的，不過日本人就是急性子，我們家也開始討論起「引揚地要選哪裡好」的話題。

家裡那台收音機老老舊舊的，不過每天晚上十點左右，伴隨著雜音，還是可以聽到「JOAK，東京放送局」的廣播，有時候微弱不清，有時候還算鮮明。到先前為止，我們聽的都是「JFAK，這裡是台北放送局（台語發音）」，現在變成北京話的「XUPA，台灣廣播電台」。

有一天晚上，東京放送播報日本本土的災情狀況，說是「國內因為這次大戰而死亡者，人數最少的縣分是島根縣，計為十七名」。

我和母親、姊姊商量了一番。父親的故鄉在千葉縣館山北条町，那裡從以前就有海軍航空隊，基地和整個城市恐怕都不行了，爺爺奶奶在轟炸當中大概也難以倖存。相對地，母親的故鄉島根縣幾乎沒什麼災情，所以應該選擇引揚去島根。母親表示：

「就那麼辦吧。因為你父親出發到南方時也有告訴我：『萬一發生了什麼事，就大家回松江去，知道嗎？』」

原來當時大家都已經思考過「可能出現的萬一」了。

西告訴我「兒玉町二丁目的災後空地蓋起了臨時木板屋，開了一家咖啡店，經營者是一對美女姊妹花」，還帶我去光顧。我只在台灣神社的廟會活動時喝過大桶裝的「冰涼咖啡」，轉水龍頭倒進紙杯裡賣的那種，眞正的咖啡對我而言乃是高級飲品。

有一次繞到住附近的先津家裡，聊到這件事，先津說：

「那位妹妹和我姊姊是家政女學校的同學，名字叫作遠堂口子。」

後來我和先津兩個人去咖啡店。那位妹妹長得一臉老實相，姊姊的眼睛鼻子則很立體，是一位摩登型美女。

「希望引揚能早日定案。拖太久的話，很難生活啊！」

說話的美人略帶憂色，睫毛閃爍。

問她：

「妳們家要引揚到日本的哪裡呢？」

「我們在千葉縣的鄉下，一個叫作安房北条的地方，你大概不曉得吧。」

「什麼？安房北条？一直到最近爲止，那裡都叫作館山北条町，有海軍航空隊在那裡。記得戰爭期間好像已經變成館山市了。」

「你知道得眞詳細。」

「說到安房北条的遠堂家，他們家的爸爸據說是警察學校的劍道老師，超強的，因爲太厲害了，結果不能參加天皇陛下的御前比賽。就是那位有名的遠堂先生嗎？」

「哎呀哎呀，連家父的事你都知道得這麼清楚。那麼，你們是打算要引揚到哪裡呢？」

「我要去島根縣一個叫作松江的地方。」

這次換先津發出驚叫了。

「什麼？你要去松江？我也是松江耶。從松江市翻過山就是八束村，我家的親戚住在市內。」

「這樣啊，那我們在日本又可以見面了。我記得小時候去過那裡，但只記得好冷好冷。沒有車子，船夫在灌溉用的水路划著小船航行，停在大橋下躲雨，然後划出廣闊的水面，在一個小小的島上了岸。」

「應該很鄉下吧。會不會一輩子就困在那裡慘澹度日了呢？」

有一天，住在東門附近的一票人聚集在我家。

聊到了未來求學的話題。「高校已經恢復爲三年制，所以我們引揚回日本之後，大概都會被編入某個高校的三年級吧？」

尋常科有個例行的翠榕展[1]，我和石戶曾經負責主辦「生活部」，製作過高校的大學升學統計表，記得各高校名稱。「外地」除了台北有高校，滿洲的關東州有旅順高校，朝鮮和北海道都沒有[2]。包括第一到第八高校，全國共有三十二所高校，所以有些縣分是沒有高校的。

本籍在宮崎縣的井原一三說：「看來日本最好的學校是位於東京的一高，就去那裡吧。有沒有人要一起去啊？」他很熱心地呼籲，可是沒有人呼應。首都東京大概已經化爲瓦礫廢墟，不難想像光是引揚到東京這件事，恐怕都困難重重。井原又說了：「如果沒人要去，竹內，就我們兩個去吧！」看在兩人曾經一同以高校代表的身分出席日本人青年會議的份上，我很想回應他「好，就走吧！」可是父親不在，我得帶著一家人引揚回島根縣，應該不可能成行。

曾經擔任鐵道病院醫師的伯父，以前偶爾會說些一高的故事。明治三十九年（一九〇六），剛在日俄戰爭中取得勝利而意氣風發的大日本帝國時代的畢業生們，據說不太讀書，老是在安房北条的游泳社游泳。伯父也說過鶴見祐輔、辰野隆、末弘嚴太郎、安倍能成[3]等人的故事。他自己則是因爲好友加福均三在總督府中央研究所擔任部長，所以才來到台灣。那位部長的官邸在東門附近，我以前過年時隨母親去拜年，總是拿到大量的巧克力洋菓子，所以我以爲所謂的部長，就是買一大堆點心擺在家裡的人家。

加福部長有位親戚姓鈴木，大正九年（一九二〇）畢業於一高。東大畢業後隨即被任命爲官員，抵達基隆港時身上還穿著學生服，結果前去接他的人回報說是「沒看到人」。這些人，並沒有口口聲聲說要擊滅英美，他們發揮才華，把明治以後的大日本帝國推向光榮的巔峰，但是一切都已煙消雲散。新的學習之路如何展開，只能靠我們今後的努力。

大家喝著酒，遙想著尚未造訪過的祖國日本的其他高校，或許不久之後我們即將轉學到彼方，先把我們會唱的寮歌❹都唱過一遍。

三高的〈山丘上火紅的花朵（紅萌ゆる丘の花）〉、四高的〈北方之都秋色濃（北の都に秋たけて）〉、五高的〈武夫原頭綠草萌芽（武夫原頭に草萌えて）〉、七高的〈斜望北極星（北辰斜めにさすところ）〉、八高的〈伊吹山的寒風已歇冰雪消融（伊吹おろしの雪消えて）〉。只有一高，很不可思議，我們唱的不是〈嗚呼玉杯（ああ玉杯）〉，而是〈我爲友人之憂愁而泣，友人爲我之歡愉而舞（友の憂いに我は泣き、わが歓びに友は舞う）〉。日本本土應該也有優秀人才，希望之後能夠親眼得見。

❶ 翠榕，指台北高校尋常科生的藝文刊物《翠榕》。

❷ 朝鮮沒有高校，但是有朝鮮京城帝國大學的「預科」，等同於高等學校，但預科畢業後只能選擇進入京城帝國大學，不能選擇赴東京帝大、京都帝大等日本內地的帝國大學。

❸ 鶴見祐輔是政治家，辰野隆是作家，末弘嚴太郎是法律學者，安倍能成是哲學家、教育家。

❹ 明治時代舊制高等學校或大學宿舍有自己的歌。

確定遣返日僑
——以美國的物資可以辦到

二月下旬的某日，藍天白雲，晴朗舒爽，以台北的冬日而言堪稱稀有。從我家轉入附近檳榔[1]行道樹的大馬路時，看到連結兩側水銀燈燈桿的大型橫幅布幕，迎著風搖擺招展。

「日僑還送決定二月二十六日」

台灣的日本人被遣送回日本本土的時候終於到了。所謂日僑，和華僑一樣，應該是指海外的日本人吧。對我們這些在台二世而言，這次其實不是「還送」，而是「往送」，不過，總算是塵埃落定了。因為我們沒有收入，還要一直待機到昭和二十五年（一九五〇），即使已是自由之身，也不過等同於「餓死的自由」罷了。

立刻趕往高校。看到了公告：「自三月一日起，將核發校長介紹函與成績證明書，以便提交給內地轉學校。」已經不需要畢業證書了。

到和我同為「父親不在三人組」的西家和今吉家繞了一趟。

「終於決定了。」

「不過啊，中國人做的事情哪，決定是決定了，還不曉得什麼時候才要眞正開始實施喔。」

第二天早晨，被專門收購物品的台灣人大聲吵醒。

「已經決定要引揚日本人了。昨天皮箱的價格是三百圓，今天只剩五十圓。有東西要賣就趁早喔。」

趕緊到學校去找理乙的川本，他住在川端町，所以拜託他代我幫戶田家販賣家當。又是一個偶然。川本說：「我的本籍在會津若松，和戶田家是同鄉。我們兩家的父親好像就是在同鄉會認識的。好，這件事我接下了。」

第二天，町內會裡已經有人家收到二月二十八日集合的通知。根據通告，一家之主不在的留守家庭，將優先被遣送回日本。

三人組又聚在一起。

「欸欸，難以想像是中國人在做事哪。這麼迅速的處置方式，到底是怎麼一回事啊。」

「引揚好像是美軍在做決定。他們好像要把戰爭期間生產的好幾百艘被稱爲醜小鴨的自由貨輪徵調過來，進行大量輪送。」

「原來是美國的物資戰術喔。如果這樣，大概就行得通。」

美國的豐沛物資現在已經是神話級的存在，無人不信。

三個人一起到美玲女士家。美玲女士神情愀然地接待我們。

「我們三個都身負代替父親照顧一家大小的重任，所以還是決定回日本。」

女士默默點了點頭。姿碧並沒有現身。

所有和美玲女士進行中的未決買賣，我們都委託尋常科同學、理乙生元君代爲處理。「第三高女的阿姨嗎？好啊！」他開開心心地出發了，可是第二天就過來說：「那個阿姨，很傲慢耶。竟然告訴我，拿那個貨來，去找來，如果沒弄到就不用來啦。」讓我們苦笑不已。

❶應為椰子樹。

離開母校的手續
——暫時畢業證書已經備好

三月一日，我到學校教務室去領取成績證明和我們校長寫給轉學學校校長的介紹函。另外一個長信封裡，裝著捲起來的紙張。打開一看，是出乎意料之外的「畢業證書」。證書上的日期是去年十月二十四日，也就是日本方面交還施政權，中國政府接收日本官公署，然後我們台北高等學校被接收的前一天。那不是暫時畢業證書，而是眞正的畢業證書。上面寫著「學生某某於本校高等科文科履修課程准予畢業　此證」。

背面還有一些字：

「本校即將由中華民國政府接收因而預先於此授予本卒業證書唯該生須持續在學至昭和二十一年（一九四六）三月末日並履修完成所定課程此證方為有效台灣總督府台北高等學校校長下山（官印）」

旁邊則是：

已履修本校所定課程此證

台灣總督府台北高等學校校長下山（私印）

昭和二十一年（一九四六）三月五日

我的柏格森式直覺沒錯。校長十月就已經準備好畢業證書了。所以我一個人去他家拜訪時，他才會表情明朗地告訴我「不要擔心」。

不過，現在決定要引揚回內地，畢業證書已經失去意義了。我們如果不編入內地的高專三年級，應該沒辦法上大學。我們在台灣第一年的學業算是有上到，第二年就只過了六個月的外國學校賦閒課程，對方大概不會認同我們有「履修所定課程」。身爲二年級學生，我們將之定義爲重大問題、付出許多努力終於到手的畢業證書，如今也不過就是一張紙。所謂轉變乃是世事之常，就把它當作重要的紀念品收下吧。

教哲學的高見老師是處理學生事務的主任，他在教務室裡，所以過去跟老師打了最後的招呼。「你是去松江高校的吧。要好好過日子啊。」

我告訴井原「沒時間召開全校學生的解散典禮，麻煩你至少聚集七星寮生們」，「如果有偶然這回事，我們一高再會」。

我的藏書不處理一下不行。文科同學裡，台灣籍的只有一個古賢敏，我們曾經一起高談闊論哲學一整年，是有想要把書送給他，不過他一直缺席中。

走進理乙教室，找到了鄭聖德。對，很好，就是他。他應該不知道我在草山時對他懷抱著敬意。就默默地把藏書送給他吧。我請他放學時順便到我家一趟，然後就離開了學校。牽著腳踏車繞到正門口，仰望校舍，低聲吟唱。

臨別　我心依依不捨
殷殷企盼　他日再相逢
且酌飲　今日之酒
七星學舍
歡樂華美　時光之舞
永誌而不忘

我脫下帽子，致上最敬禮。

別了，母校。我們再也無法站在這個門前了。

繞到水道町，跟防空壕姑娘說「再見」。她用我第一次看見的靦腆表情回答「再見了」。小小的女學生啊，如果妳當時年長一點多好。防空壕，謝謝你，願你多福。

大拍賣準備引揚
——道別的方式人各不同

繞到戶田家說明販賣家當事宜將由川本接手。整個宅邸變得安安靜靜的。原來是親戚一家爲了準備引揚，又搬回官派的宿舍去了。

走到小孩房間，看見千公主一個人呆坐在桌前想事情。

「來來，今天眞的要道別嘍。我們好好地說再見吧！」

「不要，我不要道別！」

人雖小，倒是氣魄凜然。她的心意可感，不過我已經沒有閒工夫了。不再多言，我把她抱得高高的，用低沉的聲音在她耳邊說道：

「公主，請多保重！」

她別過臉龐，假裝沒有聽見。水蜜桃般細嫩的臉頰，散發著年幼少女特有的酸甜氣息。把她放到地上，她立刻睜大雙眼，緊跟著我走出門廊。

夫人和五名子女在玄關處一字排開送我出門，大聲說著：

「哥哥，祝你平安。要健康喔！」

家裡沒有男人，這麼一大群孩子要引揚回日本，眞是大工程。再見了，活潑的好孩子們，祝你們幸福。

回到家裡，母親說「柴田君的父親來過，告訴我『這個街區的集合日是三月五日』，也問過我們的引揚地，但是忘記交代他自己要引揚到哪裡，就直接離開了。好像說是馬上要帶著行李到大兒子家，連住址都沒告訴我。那個人從以前就是這樣冒冒失失的，他是唱歌劇的三浦環女士的弟弟，不過臉長得不像。」

這可不行。去讀陸軍士官學校的柴田修是我從小的好朋友，恐怕已經戰死了，可是如果他還活著，日本那麼大，他會在哪裡，這下子連尋找的線索都斷掉了。

接近黃昏時分，鄭聖德來了，帶著兩條大包袱巾。

我從高校尋常科三年級左右開始購買累積的書籍，把將近一公尺寬的書架塞得滿滿的。哲學書最多。最昂貴的是柏格森的《創造的進化》，四圓二十錢。岩波文庫新書舊書合起來也有一排多，這麼多書要挑選帶走的，那就是康德的《實踐理性批判》、柏格森的《道德與宗教的兩個起源》。文學類的杜斯妥也夫斯基全部放棄，只留下安徒生的《即興詩人》下卷。我一共抽出了三本書，其他的全部送給他。

再見了，鄭聖德。我們要活下去，各走自己的道路。你要朝你的方向好好前進。

第二天（三月二日），不知道是太累還是也感冒了，發燒，在家睡了一整天。或許是要在這個最後階段，把剩餘的台灣熱散發完畢吧。

第三天，頭昏腦脹地到東門町二條通底、水圳邊一家新開的私人醫院，年輕的日本人醫生靜靜地幫我看診，打了一針。和煦的三月陽光映照在前院的杜鵑花上。清水在水圳裡流著，岸邊的濃綠水草搖曳。我想起了法國詩集裡的詩句。

溪流的岸邊　單獨一株
天空的顏色　淺淺的藍
每一道水波　都親吻
然後每一道　都忘卻❶

白天的住宅區裡靜悄悄的，不見行人。好幾年前就是這個樣子，悠閒恬適，時光彷彿靜止不動。完全沒有日本打了敗仗，日本人即將從這塊土地消失不見的感覺。隔壁的椿先生家也是靜悄悄的。往前走幾十公尺，繁茂大樹圍繞的森先生家，也是悄然無聲。

各位，再見了。如果有緣，或許還能在日本的某個角落相遇。

三月四日，就這一天，我們要把家裡整理完畢，準備好引揚的行李。還有兩個放衣物的大木箱，裡面塞滿和服與洋服，沒有時間賣了。傍晚，拉車賣菜的青年繞到家裡來，母親誠懇地對他說：

「以前你還是七、八歲的小孩，當時我還沒出嫁，還住在兒玉町，從那時候起，你就在後面幫忙爸爸推著攤車，現在你已經是很棒的蔬菜商人了，二十幾年來，我們家的蔬菜都靠你。這兩個大木箱就當作謝禮送給你。請你要記得我們。」

「沒關係啦，我錢雖不多，還是可以用二千圓跟你們買。日本人東西都不能賣就要引揚回去，真的很可憐。」

「謝謝你。話說我們多年來總是叫你拉車的人、拉車的人，你真正的名字到底是什麼呢？」

「我叫陳萬平。」

「原來你是陳萬平桑。今後也要健健康康、好好地做你的賣菜生意喔！」

第一次被稱呼本名，他面露微笑，看來真的很開心。賣菜的拉車老闆，加油喔！

最後一晚，川本到家裡來，告訴我：「已經把委託品幾乎都賣完了。剩下的如果還有賣出去，會把錢帶到日本交給對方。」我跟他說不用了，這樣就很夠了，謝謝。他又說：「引揚地，我選了京都。戶田家的集合時間應該跟我家一樣。他們家的小孩真的很有禮貌，抵達日本之前，我會負責照顧好他們。」我們家先出發，兩人就此別過。

引揚者每人能攜帶的金額上限是一千圓，超過的都要檢查、沒收。即使錢還剩下很多，但是隨身攜帶物品也限定只能兩件，所以沒有東西可以買。金銀製品、寶石類禁止攜帶。我決定至少把台灣獨特的名產「砂糖」當作貴重物品帶走。

❶ 日本詩人上田敏選譯歐洲象徵派詩人作品引進日本（主要是法國詩），集選為《海潮音》，其中收錄了德國詩人 Wilhelm Arent 的這首詩。

離家之日
——感謝女中豪傑的惜別

三月五日。多年來已住慣了的這個家，今天，我們離去之後，將成爲無主空屋。接下來大概會成爲中國政府的所有物吧。

行李弄好了。衣服不管穿多少件都是個人自由，我準備了三件內衣、兩件長袖內衣、兩件襯衫，不過現在馬上穿在身上就太熱了。

市公所寄來了水電費的繳費通知。沒有蓋到費用已繳納的印章，據說無法上船。

我穿著父親留下的英國製淺褐色條紋西裝，打好領帶。突然變成紳士模樣了。戴上軟帽，穿上大衣，騎著腳踏車出門去。

三人組的最後一次致意，果然還是拖到要出發的當天。

先到西家。他們的集合日是三月七日。引揚地在和歌山縣東牟婁郡某村。看來在日本也碰不到面了。感謝他多年來的親密友情。

市公所的事辦完之後，才到御成町的今吉家。他們還沒收到集合通知。引揚地在鹿兒島縣。看來和他也是今生無緣了。不過他說要到京都去找就讀京大的兄長。分手時我告訴他：「或許能在某處重聚也說不定，你要保重。」

最後一位是美玲女士。我才爬上二樓，美玲女士就很誇張地說：「哎呀，完全認不出來啦。」接著開始一個勁兒稱讚我的穿著。衣服質料很好、是高檔的貨色。帽子是義大利品牌的。大衣也很棒。姿碧也走出來參與品評：

「竹內桑，你們其實都是好人家的少爺，之前都穿夾克隱藏身分喔。」

美玲女士刻意製造活潑的氣氛。

「等我賺到了一百萬，一定到日本去。在那之前，大家都要加油啊。」

一百萬。我本來盤算要用生橡膠賺個幾萬圓，結果沒能成功，即便是這位女士的馬力，一百萬恐怕也困難了點。

我把引揚地點寫在紙上遞給她。美玲女士瞬間陷入沉默。

「那麼……」

我站了起來，美玲女士走向樓梯口。

我問說：「姿碧呢？」

「不知道耶，剛剛還在的，不曉得跑到哪裡去了。」

美玲女士一邊回答一邊慢慢地走下樓梯。這時我才突然注意到，以前她從來不曾走下樓梯目送我離開。

這就是「永遠的訣別」。本來我想到的都是因爲戰爭而造成的死別，現在我才發現，原來人世間還有再也無法相見的「生離」。等一下走完這段樓梯之後，我就再也見不到她們了。最後離別之際，應該說些什麼才好呢？

終於下完最後一道階梯。美玲女士走到門口，背靠著旁邊的磚牆，明顯表示她不會再挪動腳步。我拉起腳踏車後輪，一八〇度轉好方向，重新看著她，只說了聲：「那……」

就在那一瞬間，美玲女士放開了原本交叉在胸前的手臂，高高舉起右手，大大地揮舞了兩三下，她的臉上滿滿都是笑容，彷彿大理花朝向盛夏的陽光恣意綻放。

謝謝妳，美玲桑。我原本不知道，人與人之間還有這種開朗清爽的分離方式。感謝妳最後送給我這份美好的禮物。我們這一輩子都不會忘記妳們的盛情。

堅強的台灣女豪傑，願幸福及榮耀與妳同在。

集合與基隆行
——再度回到戰時體制

三月五日傍晚，在東門町的旭小學校❶集合。都是留守家庭，編組成十個中隊，難得正好有一位壯年人，就被指派爲中隊長，我是底下第八班的班長，負責率領大約十家人。

大家在雨天體育場裡打地鋪，睡在草蓆上。我想起了一度置諸腦後的學徒兵軍隊時光。不過這次帶的都是女性與孩童，難以管理的事項衆多，中隊幹部們碰面商討事情時就有人說：「還是得喊一些軍隊式的口令，不然不行啊。」

第二天（三月六日）早上，我那一班裡有幾家人還沒繳交水費，我就跟他們收了錢，自己騎腳踏車到市政府去。辦公室裡亂糟糟，擠滿了臨時趕去繳費的人。台灣人職員用日語大聲吼著：「進入房間裡就把帽子脫掉！」

（到任何地方都有形式主義者的身影。如果不抱持輕形式重實質的精神，今後的台灣也難以成長喔，要小心啊。）

六日，十一點，朝台北車站出發。正要出發時，同屆的竹山一郎拉著大型兩輪車現身了。

「我剛剛幫犬養老師搬完行李。再來就爲你送行吧。」

我跟竹山說：「還好沒有戰死在獅子頭山哪！」我們前面、後面都是日本人的隊伍，拉得好長好長。支那事變時，花十錢可以在公會堂看新聞電影，電影裡經常出現逃難民眾的畫面。今天我們雖然稍微好一點點，其實也有幾分相似。原來當時看的就是「今天的我」。

所有人坐在台北車站前的廣場等待，但是專用列車一直沒出現，到下午四點才終於上了車。

每節車廂的入口處都站著一位佩戴公務臂章的日本軍下士官。他們的任務好像是護衛。當時正好是傍晚放學時段，台灣人學生、職工一窩蜂擁進月台，想要搭乘引揚專用列車，遭到下士官制止。

「爲什麼不能上車？是誰規定的？你有什麼權力下這個命令！」

下士官面帶平靜的笑容：

「不是我命令的，是上面的大人物決定的。」

「什麼？誰是上面的大人物？現在大人物就是我們。我們台灣人最大。哪裡還有誰更大？把他叫出來！」

面對群眾鼓譟，下士官當場做出判斷，跳到火車另一邊的鐵軌，往列車後方奔跑，學生們緊追在後。只要跑到車掌車廂，應該就有上級的中國人在吧。嘈雜混亂平息了。（台灣人哪，懷抱主角意識是好的，但是面對當下沒有權力的弱者而展現威風，和地痞流氓並沒有兩樣。那怎麼能建立強盛的國家呢？要小心啊！）

列車終於出發了。回憶多多的「大平交道」過去了。台北，再見。

列車一路經過松山、南港、汐止、五堵、七堵，到八堵車站卻進入大休息狀態，老半天都不見發動。

中隊長以上的協商結果傳來了，說是：「之前的引揚列車在前面一點的基隆河大鐵橋上停駛不動，大家湊了一些錢交給司機之後，據說列車就開動了。各位，每個人允許攜帶的金額只有一千圓。身上攜帶超額金錢的人，請趁現在交出來。」

（這種想法是對台灣人司機的侮辱。台灣人有急性子、容易生氣的一面，卻不是惡意停駛滿載女性、兒童的引揚列車的人。）

列車終於啓動，越過鐵橋，抵達基隆車站。說明書上寫著「到過夜的地方要走三十分鐘，不要攜帶沉重的手提行李」，不過等待一陣子之後，列車又向後方移動，在專用路線上緩慢行駛，最後開到了貨物碼頭倉庫。（果然是金錢的威力嗎？）這裡出動了很多日軍士兵，協助老人與婦孺下車，也幫忙搬運手提行李。我原先以爲軍隊是最先被復員遣返回國的，現在才知道還有這麼多這麼多的人仍舊待機當中。

躺在倉庫裡，一點都不覺得下方是木板。翻開墊在底下的毛毯一看，是一袋一袋堆得高高的砂糖。戰爭期間，台灣的糖被送到內地充當製造酒精的原料。戰爭打敗了，停止運送砂糖，白白被糟蹋的寶物堆積如山，引揚者們被安排睡在上面。

❶ 旭小學校，今台北東門國小。

砂糖倉庫的三天
——日章旗被沒收，總督的行李被棄置

翌日（三月七日），中國軍隊在倉庫內的空地展開檢查行李的作業。每十家爲一班，一次檢查一班，據說只要有一個人家違反規定，那一整班人都會被拒絕，不准上船。

開始點檢之前，還因爲其他事情引起了一番騷動。隔壁中隊班的一位老奶奶走過碼頭柵欄，到有一段距離的店家買了食物回來，結果被士兵發現，遭到嚴厲查問。

命令傳下來了：「今後如果再出現這種違反規定的行爲，那一整班的人也都不能上船。」

我那一班的老奶奶表示：

「哎呀，是這樣的嗎？我一早也出去買了東西回來，都沒有被說什麼啊！」

讓大家捏了一大把冷汗。

開始檢查了。前面一班有位六十歲左右的男性老者卡關了。看起來不像是會偷藏危險物品的壞人，但是在官方憲兵的眼裡，他大概有哪裡不太對勁，所有行李都被打開查驗。最後連半長靴都被要求脫下，士兵用槌子敲開鞋後跟，從裡頭拉出了布狀物。打開一看，竟然是白底紅圈、如假包換

的日章旗。士兵發出高亢的聲音，日章旗被沒收了。以中國兵的立場而言，日章旗應該是非常可憎可恨之物，但沒收卻不是成熟大人的態度。日本人只是想把自己的旗子慎重帶走而已，應該認同他這個自由才對吧。

黃金鑽石倒是沒有出現，不過銀製品、象牙材質的麻將牌等等的，陸陸續續都被沒收了。輪到我了。我帶在身邊當作精神食糧的三本岩波文庫被拿了起來，一頁一頁翻開檢查了好幾次，看看是不是有東西掉落出來。大概是想確認我有沒有挾帶紙幣在裡頭吧。接下來就沒什麼特別的，整個班所有家庭都平安過關。

在碼頭裡遇見鐘江田。聽他說西今天也到了，於是也把西找出來，三個人在碼頭散步。聽說前台灣總督長谷川海軍大將調職返日時，有五十幾個大行李，現在還被堆在倉庫裡。原先預定要用航空母艦運走，但是一再延期，到昭和十八年（一九四三）後半，我們的航空母艦負責載運飛機到南方，回程還要忙著載運台灣砂糖回去當汽油原料，結果戰敗後的今天，總督的行李還留在碼頭裡。

這場戰爭，無一將功成，但萬骨已枯。今天，民間人士每人只能低調再低調地拎著兩個手提行李，踏上返回故國之路。

自由輪引揚船出港
——獻上頌歌／願台灣島永遠在

在感覺有點嗆人的砂糖倉庫裡，前前後後待了四天，引揚作業並不順暢，看來還要倚賴軍隊食物再過個幾天。一些沉不住氣的男女老少日本人開始焦躁不安。三月九日早晨，期盼已久的兩艘美國自由貨輪終於入港停泊在碼頭邊，衆人歡欣鼓舞。

這下子終於可以引揚了。但是我們又想到，這下子眞的要離別分散了。三個人爬到碼頭屋頂上，高唱校歌，互相道別。

獅子頭山清雲飛揚　七星嶺上氤氳繚繞
朝朝夕夕　胸懷奔騰天際鴻志
駒不停蹄　學子精勤修業於斯
啊　懷抱純真心意　青春韶光易逝　一去不復返
君何不起舞　執手而歌　高聲詠讚　生之喜悅

兩艘船預定於本日下午六點出港。我搭前面那艘，鍾江田搭後面那艘。西分配到的是下一梯次入港的船。

我們三個都是灣生，都沒有「回本土去」的感覺。對我們而言，即將面臨的其實是「往本土出發」。一邊聊著今生或許無法再踏上台灣這塊土地，一邊就唱起了懷鄉之歌。

再見了台北　直到下次重逢
且讓離別的淚水　潤濕雙眼
望向那片　眷戀思念的山巒
榕葉掩映　北斗星

下午三點登船。這艘七千噸級的貨輪，大小和以前的內台航線❶船差不多，但是船上塞了二千人左右，地板上鋪滿毛毯，躺下來幾乎就碰到旁邊人的肩膀，感覺非常狹窄。而且牆邊滿滿堆著救生筏，從地板疊到天花板，如果綑綁的繩索散開了，所有人恐怕都要被壓在下頭。

走到上甲板，巧遇七年不見的小學同屆、目前是帝大預科生的江崎。俯瞰碼頭，發現「女生班的吉井桑呆呆站在那裡耶」，兩人一起對她揮手，不過她好像沒有認出我們。我們男生班和女生班是分開的，六年間不曾說過話，事到如今也沒什麼好不捨的。不過還是唱一下小學校歌作爲餞別。

世上美麗　翠綠之島
不見都城塵囂　優美恰似織錦
勤勉向學於此　高歌我等之幸[2]

下午六點整，我搭乘的船先開動了。西在碼頭上揮手，眼看著他越離越遠。後面的船也駛離了碼頭。

船在港內快速前進，看得見右手邊旭丘[3]的砲台了。小學一年級夏天時，我每天游泳的孤拔海濱，再見了。

山影已盡，小基隆嶼就在左側，過了這裡，就眞的要和台灣島說再見了。

回首望向黑色的島山。這就是台灣島，我曾經在那裡。出生至今哺育養護我的母親之島台灣。

臨別之際謹獻上頌歌一曲，以表謝忱。

昔時傳說　東方
蓬萊島　永遠

充滿希望　蒼翠的
理想之鄉　無比懷念

過了島嶼的最前端，四周是一片暗黑的海水，高高的波浪從船底向上湧起。我的人生的第一幕就此結束。明天起，自有明天的路要走。台灣島再見了，希望妳永遠在。

❶ 內台航線是日治時期往返日本與台灣的海運航線。
❷ 作者曾就讀台北錦尋常小學校（今龍安國小），校歌為伊藤慎吾作詞，高梨寬之助作曲。
❸ 旭丘，位於基隆的低矮山丘，日治時期「旭丘晴風」為基隆八景之一。

終篇　結束戰後

舊台北高校（現・師範大學）
〈七星學舍　歡樂華美　時光之舞〉
二十五年後　重新踏上
曾經道過永別之地

二十五年後訪台
——國破山河在／事實不如小說神奇

昭和四十六年（一九七一）三月十四日，我在飛往香港的日航班機上，心神不寧。那是經由台北飛往香港的班機，會在松山機場停留一個小時左右。抵達之後，我要先下飛機，詢問看看傍晚飛香港的班機是否有空位，有的話就把現在這個航班取消，和迎接我的老朋友們在台北市內快速走一走。如果沒有機位了，我就必須在機場裡的過境旅客候機室，隔著窗子和老友們站著敘舊，然後立刻搭乘同一班機飛往香港。爲什麼不一開始就分別訂好兩班飛機呢？因爲我是公務出差，要跟公家機關要求台北、香港機票分開買，總覺得說不出口。現在我的身分是出入國管理廳大阪事務所特別審查官，今晚必須抵達香港。我在不安中飛往台北。

從台灣引揚回日本至今，正好過了二十五個年頭。當時，大家認爲二十年內日本的經濟不可能重新站起來。即使能夠重新恢復到戰前的狀態，也不會有餘力出國旅遊，因此我一直以爲自己再也沒機會重返台灣。但是昭和四十年（一九六五）左右起，日本經濟迅速起飛，往日的學友當中，陸續有人利用公司海外出差的回程繞道台灣，重訪縈懷已久的舊宅。

我擔任出入國管理的工作，先前一直沒有這樣的機會。不過因爲我這個偶然從事的工作，經常有機會和台灣相關人士重逢或是巧遇。

昭和三十一年（一九五六）時我在橫濱港，台北高校尋常科的學長、東北大學國際法副教授江田要赴美國留學，出國證明印鑑是我蓋的。

「江田桑，你搭船嗎？」

「是啊。他們說，就只是研究學問，沒辦法幫我出機票錢。」

在東京事務所時，幫比我高一屆的學長、直木賞作家丘永南❶辦理過兒子的在留手續。

沖繩以前被當作外國，當沖繩放送協會會長川平朝清到日本來的時候，我們重逢了，並且慰問他：「還好敗戰後你沒被當成美國土著居民。」

當年沒進到士林防空壕的林原學徒兵，到醫大來留學，最後的簽證更新證明章是我蓋的。

草屯街開街以來的第一秀才莊君，赴任WHO醫師途中，曾經繞到入國管理局找我。

跟我同屆、當年被排除在通信士官之外的古，後來在東京的同學會裡碰了面。幼友柴田修，我透過負責靜岡縣外國人登錄業務的人，找到了三浦環女士的家鄉，以此爲線索，一直到昭和四十二年（一九六七）才終於在大阪和他重聚。

井原在引揚後如願以償轉學進了一高，但是一直哀嘆沒有知心好友。後來我放棄了松江高的生活，晚他一年轉入一高，才得以聚首。

元君也到日本觀光，我幫他導覽了橫濱港。

我的舊台灣學友現在已經變成「外國人」了，可是只要碰到面，我們之間還是跟當時一樣，就是親切的「我跟你」（俺とお前）的關係。

引揚回日本之後，我並沒有忘記那位女中豪傑美玲女士。剛接下這份工作的時候，結束忙碌的櫃台業務進入午休，在自己的座位上打盹的短暫時間，我常常會作一個白日夢。人群嘈雜的櫃台處，不知道哪一位女性大聲地用日文喊著：

「欸，竹內桑，你在這種地方做什麼呢？」

「什麼？原來是美玲桑啊。妳終於當上百萬富翁到日本來了嗎？怎麼這麼慢啊。」

不過，白日夢總是虛無飄渺，當年別後就再也沒有她的消息。我請元君去找過她，結果是「所在不明」。也拜託過台北第三高女畢業的人，得到的回覆是：「同學會的名簿裡是有她的名字，但住址欄是空白的。」

我們離開之後，到四十五萬人全部被引揚回日本的幾個月當中，那位女中豪傑幫忙御成町到宮前町的日本人集合、調度人手、收遞配送物資，活躍得不得了。這是我和今吉在日本重逢時聽他說起的。或許她是有感於沒能爲我們做任何事，所以後來才會那樣努力吧。

機內廣播說是「班機即將抵達台北國際機場」。那個雜草叢生的松山機場，如今等級不同了。

雖然號稱「即將」，其實過了十幾分鐘，才終於從窗口看見了海岸線。總算來到了台灣島。我以爲飛機會從淡水河口左轉，沿著河飛向松山，睜大眼睛盯著看，卻瞧不見大河，不曉得什麼時候飛機就進了內陸，翠綠的山嶺和水田映入眼簾。飛機一再朝左方旋轉，之後稍微向右，遠方的蒼翠山影清楚浮現在窗外。令人懷念的大屯山、小觀音山，還有七星山。二十五年來鐫刻在眼瞼深處的山巒就在那裡，形貌依然。國破山河在，果眞維持著往日的風采。在我讚歎它們竟然一點都沒變、眞不可思議的當中，飛機已經來到民宅上空。我還在想著——班機應該是從南邊飛入的，如果從西邊過來，（以前）應該沒有房子才對，瞬間傳來巨大聲響，機身已然降落在跑道上。

走出機艙，立刻感受到大地的熱氣。早上離開大阪的時候，把冬季大衣換成春天的外套，一直喊著好冷好冷，這裡卻如此溫暖。心中無比感慨，「我再度來到台灣島了」。

回到現實世界，開始忙亂。先通過檢疫，拜會中華民國機場境管單位。麻煩日航職員更改飛機班次。把要送給香港方面的伴手禮暫時寄放在海關。終於來到了出口，三位同屆的同學和幾位熟人舉著寫上我的姓名的大字報，在那裡等我。

雖然航空公司不同，但是飛香港的最後一班晚上九點的飛機還有空位。我放下心，搭上準備好的前後兩輛車，首先請他們帶我到東門町的老家。馬路兩旁是高大繁茂的檳榔樹[2]。

「現在走的是什麼地方？」

「從機場出來的大馬路，以前沒有的。」

不久之後車子左轉，駛向當年的堀川道路。以前的馬路，有名字的只有兩條——勅使街道和這條堀川道路。

車子已經開到從東門往三張犁的公車道上，我下車用走的，尋找終戰時的故居。圍牆變高了，大門鎖著。透過高君的翻譯，屋主同意讓我進去。因爲新住戶是台灣人官員和家人（如果是大陸中國人，大概就不行了），還招呼我進到房子裡頭。玄關、客廳、我那個位於後方的房間，還有院子裡的假山都在，和二十五年前一樣。

也到附近的水圳看了一下。引揚之後有好一陣子，我經常想起最後一次在這裡看到的水草，印象非常鮮明。

我在公車道路的前面下了車。

「什麼，你要隨地小便嗎？台灣管很嚴的喔。」

這是老友們從車窗後送給我的忠告。

我只是想看看深具紀念意義的「消防栓石柱」而已，不過馬路好像被拓寬過，沒找到。

請他們帶我重回當年到台北高校上學的那條路。途中，在川平家左轉，就可以直走到高校正門。我想起了每天在正確時間走過這條路的台北小姐。

抵達高校。教室、本館、廁所、食堂、武器庫、武道場、雨天體操場、七星寮，都和當年一樣，只有游泳池畔的相撲土俵消失不見了。

又繞到錦小學校看看。後門現在變成正門了。我刻意從舊的正門走進去。親眼確認，從小學一年級起就有的藤架沙坑、單槓、洗腳處，還有昔日的廁所都在。

車子開往回憶多多的兒玉町。（當時講述間諜事件的阿姨，我們曾經在千葉縣館山車站前不期而遇，嚇了一大跳。後來請她帶我到那對咖啡店姊妹花的家，嚇了對方好一大跳。二十五年的時光就這麼流過了。）車子經過南門、東門、新公園，在舊總督府的廣場拍攝紀念照。

接著開過榮町，往西門市場前進。途中經過了公會堂。在台北車站前略事參觀。引揚時，我曾在這個廣場等候了好幾個小時。

州廳前的圓環、梅屋敷、大平交道，走過這些充滿回憶的所在之後，車子駛向勅使街道。左手邊是星條旗領事館，前面是以前美玲女士居住的地方。再過去就是圓山動物園和遊樂園，裡面有個百米溜滑梯。過了明治橋❸一看，哎呀，台灣神社的大鳥居還在，不過聽說山丘上已經沒有拜殿本殿了；也對啦。

車子開往士林方向。

「是要帶我去哪裡呢？」

「前面有個故宮博物館，是現今台灣很值得一看的地方。帶你去瞧瞧。」

還沒到防空壕姑娘所在的草山登山口，車子就右轉了。

我才剛說著「以前這裡只有一條路，沒有岔道啊」，一行已經抵達故宮。

我只記得入館不久處，有個玻璃櫃，裡頭放著約莫兩個拳頭大小的透明米黃色的玉，說是價值三億圓，觀看其他展品時就都心不在焉了。

既然已經來到這裡，何不打破戰後的禁忌，踏進封印當年惡夢的那座山裡去看看。

和兩位同屆友人搭乘一輛車，請其他人就在故宮等候著。車子沿著草山街道一路向上行駛，路面比以前寬敞。

半路上看到一棟華麗的中國式建築物。

「那是什麼？」

「新的大學，叫作文化學院。」

「在這種山裡蓋大學嗎？」

「現在開車，一下就到了啊。」

的確沒錯，以前巴自動車要辛苦搖晃五十五分鐘的路程，現在才花十來分鐘，就已經抵達草山衆樂園了。好懷念啊，中間種著一棵大樹的圓環就在那裡。

「我坐在這個地方，然後戰爭就結束了。」

同屆友人好像隸屬其他中隊，沒有什麼感慨的模樣。如果李學徒兵也在這裡就好了。

衆樂園已經變成軍隊還是官方的建築，不過廣場維持著舊觀，階梯狀的庭院還在，連後方的郵筒都沒有變。

「能不能再往上面去呢？」

裡面好像是軍隊的駐屯地，到附近的衛兵値勤辦公室接洽，獲得許可後，繼續開進山路。

在白天也顯得鬱鬱蒼蒼的樹林和以前一樣，但是現在路面鋪了柏油。車子快速地右轉左轉一直往上開，老半天還沒到竹子湖。這麼遠的路，當時上上下下地也不知道走了多少遍。

終於到達竹子湖了。我看到當年的中隊本部廣場。

「再往上面一點好不好。去我們小隊那裡。」

「你們在這麼深山裡喔？」

在我覺得是文科小隊所在的地點下了車，不過山崖下方都是高高的草叢，找不到往下走的小徑。車子再往上開，來到了大嶺口最高處。從這裡應該可以望見整個台北市街，但是很不巧，突然下起了大雨，連原本在下方的農家、叢林都朦朦朧朧，不見芳蹤。

昭和二十年（一九四五）八月十三日、十四日、十五日、十六日的情景歷歷如繪。而今天，昭和四十六年三月十四日，我又重臨此地。可惜眼前找不到任何能夠讓我緬懷昔日的具體事物。

大雨驟至　大嶺口　夢境之痕

下了七星山，從勅使街道（據說現在叫作中山北路）朝丸公園方向前進。我又覺得心癢難耐，開口問元君：

「以前的美玲桑，聽說下落不明。可以繞去她家看看嗎？」

「嗯，不過，她不在喔。」

高君問了：

「什麼什麼？你以前在台灣有愛人喔？」

「不是啦，戰爭結束後我受過她的照顧，想跟她說聲謝謝啦。」車子很快就抵達美國大使館附近的店舖住宅區。一樓已經變成鐘錶店。

「當時是一家『南國收音機店』哪。」

元、高兩人去詢問店主，得到的答案還是「不清楚」。我擠到年輕的老闆面前，想說自己來問問看好了。

「我是日本人。今天從日本來的。美玲桑是我以前的朋友。她在哪裡？我想跟她見面。」

年輕的店老闆定定地看著我。他不會說日文，但是好像聽得懂。短暫的沉默之後，老闆點了點頭，用台語跟元君講了一些話。

「他可以告訴我們，知道美玲桑下落的人。」

急急忙忙上車，在巷子間迂迴曲折地繞來繞去。找到了。

「到某某人那裡問了就知道。我們走吧。」

到了下一家。

「有一個遠親，去那裡問。」

到了遠親家。元君去問。結果，脾氣溫和的他終於生氣了。

「什麼啊！他說親戚就在剛才那間房子裡。爲什麼不直接講清楚喔！」

高君大笑。

「來了幾個可疑男子，詢問女性的住處，誰要回答啊。因爲你們說不定是特務警察嘛。哈哈哈！」

再度回到一開始的那間房子。原來在三樓。從側邊入口爬上水泥材質的樓梯。以前這裡是木製的陡峭階梯，二樓入口用門板擋著。我們上到二樓，再直接爬上三樓。以前的構造不是這樣子的。

出來了一位黑衣老婦，和元君說起話來，說好久。我想乾脆坐在旁邊的椅子上等好了；才剛剛坐下，就聽到那位老婦人說「……IMAYOSHI（今吉）和 KAMIO（神尾）……」，我跳了起來。

「什麼，妳認識 IMAYOSHI（今吉）？」

老婦人笑咪咪地點頭。看著那張臉，記憶中的影像逐漸浮現，與現實重疊。

「什麼啊，妳不是美玲桑的妹妹嗎？」

原來是當時每天都在處理銀、米投機買賣的那位黑皮膚女士。她笑咪咪地露出白色牙齒說：

「我是阿香，你是竹內桑。」哎呀哎呀，終於回到了二十五年前。

兩輛車在傍晚擁擠的馬路上飆速，不斷超車，先走大稻埕（延平北路）的大馬路，途中左轉，過了橫跨淡水河的台北橋，來到三重埔。以前一過台北橋，放眼望去都是翠綠的田園景致，現在這裡似乎成了巨大的工廠地帶，只見許多煙囪排放著滾滾黑煙。

車子停在大馬路人行道邊，阿香桑下車，過到對街。一會兒之後，和一位身穿紅毛衣的年輕女孩一起出現，不知道在喊著什麼。高君拍著手說了：

「劃時代的見面即將展開，我們拍手送他過去。」

我提不起勁。

「那個啊，是當年的嬰兒，現在應該二十五歲了吧。可是你問一個嬰兒，怎麼會知道嘛。」

「不過，她說的是『有在家，你過來』。總而言之，去看看啦。」

我先看向右方，確定沒有來車之後，舉起左手開始過那條大馬路，可是左方突然衝出一輛車，速度好快，我趕緊閃過身子，左袖口啪地好大一聲。（好危險哪。再靠近個十公分，我就被高速撞上，死翹翹了。日本那邊一定覺得奇怪，這傢伙不是因爲公務到香港去了嗎？爲什麼會死在台北的三重埔呢？只能請他們替我辯解，因爲這裡的車子從左方過來，我不曉得，所以才會被撞。台灣現在已經是外國了。）

元高兩君在後邊大聲喊道：

「喂，在台灣，你舉起手車也不會停下來喔——」

「死掉了也只有三十萬圓可以領喔——」

我一再停下腳步，很愼重地過了大馬路。逐漸接近站著的那兩個人，距離七、八公尺遠的時候，我突然發現，什麼嘛，這是姿碧啊。她穿著紅毛衣，所以看起來像年輕女孩，但是和當年一樣圓圓的臉、圓圓的眼睛，就是姿碧嘛。不過，這可傷腦筋了，我作夢都沒想到竟然是先見到姿碧，所以也沒思考過怎麼跟她打招呼。應該說些什麼呢？沒時間想了。好吧，我就愉快地跟她開個玩笑吧。

「姿碧嗎？我是竹內。時隔二十五年，竹內桑又回到台灣來了。」

不過，走到兩公尺左右的距離時，我發覺氣氛詭異，停下了腳步。

姿碧一直默不作聲地看著我，卻一點笑容也沒有，彷彿面對的是素不相識的陌生人。

「欸欸，怎麼，我是竹內啦。妳忘記了，想不起來了嗎？嘿，趕快幫我翻譯嘛！」

阿香女士拚命點頭想要說話，可是她的日文也結結巴巴、支離破碎的。

「嗯，嗯，非常久（什麼東西？），很久，很久了（喔，原來是在講歲月時間），因爲很久，因爲很久了，所以啊，日本話，不會講了，她說。」

這是在說什麼呢？這個神情，並不是心中懷念、只是嘴巴說不出日文而著急的表情啊。她不知不覺間交叉雙臂、身體斜側，而且斜眼瞧我的架勢，怎麼看都像是被陌生人搭訕「是我啦是我啦」，心中深感爲難的模樣。二十五年前，那麼會笑、那麼會尖叫，日文說得挺好的姿碧，究竟消失到哪裡去了？現在眼前的姿碧是變成啞巴了嗎？她的眼神迷離，與當年判若兩人，看來倒像是活著的廢人。人竟然能喪失記憶成這樣，眞讓我目瞪口呆。不過，她既然想不起來，那也無法可施。

我問阿香女士：

「什麼時候到這邊來的？」

「日本人，都不見了。在那之後不久，就嫁到這裡來了。現在，有五個小孩。」

「美玲桑呢？」

「剛剛問到了，馬上帶你去。」

我跟在阿香女士後面，腳步沉重地再度穿越大馬路，回到同伴處。對狀況一無所知的高君正在興奮地演說中：

「各位，現在的時代裡，仁義人情完全不受重視，他卻不忘二十五年前的恩義，前來拜訪，堪稱是現代的奇蹟，是值得感動的佳話。我們要大大宣揚這個現代美談，讓它傳遍全台灣島！」

我一邊上車一邊嘀咕：

「沒有啦，也不算什麼了不得的美談啦。」

所謂人間的現實或許就是這樣，腦筋裡想的和實際並不相符。（事實不如小說神奇）

美玲桑住在市內，可是不在家。我們一行人到達大稻埕丸公園旁的海鮮料理店時，已經接近黃昏。女店員一整排站在入口處，很稀奇似地看著我這個日本人。我也終於可以開口說台語了。

「會講日本話嗎？」（台語發音）

所有人一起喊「不會不會」（台語發音），四散而逃。

這讓我找回了自信，我講台語還是可以通的。想起了以前曾經用簡單的台語嚇壞姿碧的往事。如果我多學一些台語，就可以用台語跟姿碧招呼敘舊了，眞是後悔莫及。

用餐之前先上了一下洗手間，看見窗外晚霞滿天，桃園台地一字橫向展開，和當年用腳踏車載著千公主遠眺的景色幾乎一模一樣。人會改變，但是大自然即使過了幾十年，還是一點都沒變。

回到座位上用餐，逐漸愛睏起來。有時候吃著吃著就睡著了。也難怪啦。今天我只用半天的時間一口氣跑完了二十五年的歲月；以往並不曾經歷過這麼讓人眼花撩亂、精神意識和身體移動這麼多的一日。

一面附和呼應著大家的話題，一面迷迷糊糊地想著：

「這裡是丸公園。所以我回家的時候，要先到太平町的大稻埕大馬路，從北門過了西門市場、榮町通，穿過新公園到東門。再不然，從這裡往東走，過了雙連車站的平交道轉到勅使街道，然後是大平交道、州廳前、第二高女、紅十字前面，接著就到東門了。哪個路線比較近呢？」

偶爾腦中會掠過一些現實的感覺。「不對不對，現在是到香港出差的半路上。這裡是台灣，台灣現在變成外國了。就算回到以前的東門町，也已經沒有我的家了。」

❶ 本名邱炳男，即邱永漢，一九五五年首位非日籍而獲得日本直木賞（第三十四回）的作家，獲獎作品名為《香港》。父親是台灣人，母親是日本人。一九八〇年始取得日本國籍。

❷ 應為椰子樹。

❸ 明治橋跨越基隆河，將敕使街道接向台灣神社。終戰後改名中山橋，於二〇〇二年拆除。

再度訪台
——戰後終於結束了／台灣島永遠在

同一年的十二月二十九日，我再次搭上了飛往台灣的班機。官廳已經結束作業開始進入年假，這次我以私人旅行的名義重返台北。

其實三月份到香港出差，回程我因爲業務關係，搭上了環遊世界一周的北歐客船。依照往年的行程，香港的下一站應該是神戶，但是只有今年，也會在台灣基隆港停靠半天，這對我來說，眞是出乎意外的驚喜。

三月十七日，船隻抵達了基隆港碼頭。季節和二十五年前引揚時大致相同。因爲是一艘大型船，站在上甲板，可以清楚看見當年的客船碼頭遮雨棚、基隆車站，還有隔著港灣後方的那個貨物倉庫碼頭，都一一排列在眼前。當年我們在那裡的砂糖袋上睡過三晚。

我再度來到台北，在丸公園的同一家海鮮料理店，又受到同屆友人，還有另外聯絡上的熟人們，合計十餘人的歡迎，大家一起聚餐。

宴會室入口處站著一位略顯肥胖的老婦人，用不順暢的結巴日文說「我是美玲」。這次沒有任何可供思考的時間，眞是一場倉促的重逢。

因爲高血壓和神經痛而行動不太俐落的美玲桑，完全失去了昔日喝斥流氓的風采，她說自己「已經五十九歲了」，其實看起來還要更加老態。幾天前看到姿碧那副喪失記憶的模樣，讓我不禁擔心，即使找到了美玲桑，萬一她說「對喔，竹內桑以前有來過喔，不過我已經忘記了」，那我可受不了。幸好美玲桑還記得我。

「當年你們都還像孩子一樣。」

「穿著皮夾克的西桑，家裡開藥店的神尾桑，最年輕的今吉桑，他們大家是不是都有好好的過日子？」

她還滿懷念我們的。事情有二就有三。我懷疑美玲桑的紀錄竟然高達三次。第一次是鑽石戒指。第二次是耶誕節暴動的時候。然後這一次，是變成啞巴的姿碧害的。

我的船在傍晚六點離開了基隆港碼頭。一切細節都和二十五年前一樣，彷彿在爲我重演一次當年的情景。船在港內前進，一面看著右邊孤拔海濱和旭丘的砲台山，一面航向港外，過了基隆嶼，就是黑潮起伏的黑暗汪洋。當年我就是在這裡輕聲說了一句「明天起，自有明天的路要走」，然後走到船底去的。

對了，我也希望美玲桑再幫我重現一次當年的情景。背靠在御成町的那間房子、樓梯下入口處的牆上，一腳向後翹起，再來一次當年的「再見」。然後再跟我說：「哎呀，你已經回到台灣啦？還眞快啊！」我希望用這個方式來終結我的「戰後」。下次再訪台時，我要帶許多禮物感謝她往日的照顧，然後試著拜託她看看。

這次搭的是中華航空的班機。彷彿要敲醒我的白日夢似的，飛機發出了幾乎直通腦門的巨大聲響，安全降落在松山機場。聲音這麼大，恐怕是跑道不良的緣故吧。終戰後第三天，印度領導人錢德拉．鮑斯（Subhash Chandra Bose）從這裡出發前往日本，飛機才剛起飛就墜毀，錢德拉．鮑斯傷重過世。飛機的駕駛員也當場死亡，可見並不是故意殺死錢德拉．鮑斯的。

三月份來的時候機場大樓正在改建中，現在好像已經完工，出口和上次不同，是一個可以容納衆多且各自成群的接機者的大廳。

一進入大廳，立刻被十幾位老友、舊識團團圍住。我首先走到美玲桑面前，跟她道謝：「謝謝妳來接我。」

人群的後方，閃過了姿碧的面孔。我心裡想：「什麼啊，連話都不會講，被美玲桑唸了才不得已跟來的吧！」也不去介意她，一邊跟大家打著招呼，一邊就要走出大廳。

這個時候，姿碧撥開了衆人，走到前方說：

「竹內桑，好久不見了。歡迎你遠道而來。」

她說的是清清楚楚的日文。這次換我倒抽了一口氣，講不出話來。

「啊、啊、啊、姿碧、妳不、不是說、不會、講、講、日本話！」

「嗯，可是很快就又會講了啊。沒問題嘍。竹內桑，這麼多人來接你，真好，你很受歡迎耶。在西門市場旁邊，最近新開了一家中華料理店，是我的好朋友開的，我帶你們去。今天由我來請大家喔。因爲各位都是竹內桑的好朋友。我和竹內桑是從小就認識的。就搭我的車去吧。其他各位等等請搭計程車過來就可以了。車子在那邊。RA.RA.RAN.RAN.RAN.RAN.RA.RA.RAN.RAN……」

我瞠目結舌。現在，那個姿碧，哼著和當年一樣的旋律，就走在我眼前。本來以爲是作夢，但這絕對不是夢境，而是現實。十七、八歲才初次邂逅的人，可以稱爲從小就認識嗎？不過，這個邏輯問題已經不重要了。

極目四望，這裡是台北國際機場，有現代式的華麗建築和水泥路面，但是在我的腦海裡，這一帶是雜草叢生的松山機場。昭和十三年（一九三八）一月，我還是個小學生，就站在這個角落觀看帝國海軍的魚雷型陸上攻擊機出發進行越洋攻擊；爲了歡送他們，手都快揮斷了。時間點切換到昭和二十年（一九四五）八月，我在當學徒兵，認爲大和民族即將滅絕，因此報名這個機場的特設對空射擊班。匍匐在草叢中，朝成群襲擊而來的P－51拚命用輕機槍射擊，或許轉瞬間就會嗚呼哀哉昇天而去，這裡將是我的死亡之地。

切斷那些影像，重回台北國際機場，姿碧就走在前方。突然間，我覺得心情變輕鬆了，「我的戰後終於結束了」。

美玲桑，我不必央求妳重現當年離別的場景了，姿碧已經哼著那個旋律幫我把時光倒轉回去，我已經回歸完成，我的戰後就此結束。長久以來，謝謝妳了。

在我個人的歷史裡，在台灣，我經歷戰爭時期，戰爭來了，然後突然結束，開始面對戰爭的善後，接著是引揚日本，又經歷了漫長的戰後，現在我的戰後終於結束了。終結戰後的地點，一樣是台灣的台北。

當年離開這個孕育我的母親之島台灣時，曾經獻上一曲〈願此島永遠在〉的頌歌，現在我要重新改寫它，作爲這本手記的結尾。

昔時傳說　南方
台灣島　永遠
充滿希望　蒼翠的
理想之鄉　無比懷念

在我的眼前，現今仍舊，而且日後依然，台灣島永遠都在。

後語　呷飽未，台北囝仔

後語

完成這本手記原稿之後，參加舊制台北高校同學會，覺得非常驚訝，因爲聽到當年理乙一年級的學弟以尖銳的語氣表示：「那些臨教伍長，我沒辦法承認他們是我們的同學。他們必須先向我們道歉，承認自己當年『不是人』。原諒他們這一點之後，我才能把他們當同學看待。」我們這些二年級的學徒兵，早在復校儀式那天就在心裡原諒他們了，而且之後日子過得非常忙碌，再也沒想起過那些事。但是一年級的這位目前擔任某縣醫療中心所長的五十八歲紳士，仍舊如此激情憤慨。

這一學年的差異究竟從何而來，我想可以這樣解釋。他們那些一年級的，當時剛讀完四年中學，立刻成爲高校學徒兵，遭下士們毆打欺凌，被罵「受高等教育的傢伙」，沒被當人看待。二年級的學徒兵已經約略品嘗過高等教育的滋味，一年級的卻很無辜，完全是無妄之災，當年的憤怒因而無從化解。

戰爭的結果必然產生瘋狂之氣，但是在那之前，大日本帝國陸軍已經先對自己進行了瘋狂教育。如果將校軍官說他們不知道這件事，那我眞想嘲笑他們。當年，我們很偶然地成爲學徒兵，因而得以窺見一二。

我們這些學徒兵因爲「美軍登陸淡水」的錯誤消息而集合時，曾經默默想像用實彈轟爛那些不是人的下士腦袋的光景。敗戰後，復校儀式那天，如果手邊有支木刀的話，關東軍曹長說不定已經被我們宰了。當時我們都有一股翻轉後的瘋狂之氣。教育是成功的，當時的帝國陸軍有多麼瘋狂，希望沒有當兵的日本國民能夠推測猜想一下。使大東亞戰爭成為殘忍的侵略戰爭的，很明顯就是這些不是人的實際執行部隊，所謂A級戰犯，是因爲他們不知道B、C級的實際執行部隊會變得如此殘虐無道，便貿然開戰，他們的罪行在於無知。

四十二年過去了，戰後的日本是和平的，當年那種瘋狂已經蕩然無存。於是有人認爲「瘋狂，只要遺忘了就沒事」，也有人主張「不對，應該把曾經那樣瘋狂的事實傳達給後人知道」。站在我們這些曾經身歷其境者的立場，我們還有其他的看法。

如果說「大東亞戰爭的起點，乃是以解放東亞人民爲目的」，多數的歷史學家應該不會同意。同樣地，「這場戰爭是爲了侵略東亞民衆、爲了不把他們當人看而開打的」，這個說辭應該也無法得到當時大多數日本國民的由衷贊成。

人類的存在乃至於人類的現象，不必誇張扯到哲學考察，人類乃是基於二極觀念看待事物，並在二極之間採取行動，這是千眞萬確的事實。因此人類一方面「爲確保自我存在而作用」，同時也「身爲人類，爲發展而作用」。無論將此稱爲「實踐理性的優越」，或者「辯證法的發展」、「絕對矛盾的自我同一的發展」。在現實世界中，例如桃太郎這個人，便毫無矛盾地發揮「心地善良」、「力氣強大」兩種特質而生成發展。因此大東亞戰爭，也是在解放與侵略意識混雜中開始的，而戰爭的結果，也是解放與侵略同時存在。其強弱程度，依個人、集團、場地、時機而劇烈消長。

所以，那場戰爭，曾經生活在兩面中的二年級學生，不像一年級學生只會喊「不是人，出來道歉」，而是得到更深層的體悟。那就是，「人類是在自我的存在和利他發展兩股作用力之間取得平衡而前進的」，「大東亞戰爭太過於偏向自我，蹂躪踐踏他人，導致失衡而傾軋」，「正當的自我存在是可以容許的，但是今後不能再讓失衡的非人現象捲土重來」。所以，日本人的懺悔方式可以因人而異。大戰期間也還是有一些高尚的人並未失衡。偏頗失衡的人則非常多。關東軍曹長、臨教下士、毆打下士給人看的中隊長、痛罵帶著病兵的學徒兵的卡車隊長，都是我們親眼看見的例子。如果他們今天還活著，那麼他們應該要繼續懺悔度過餘生。

我們因爲身爲最底層的學徒兵，幾乎不曾欺凌、踐踏過別人。頂多是「要價五十錢的冰棒只付了十錢」，還有「爲了讓病兵搭公車，不讓其他乘客上車」，這個要懺悔，誅殺之心是不必懺悔的。

說到利他之心，對於戰後新制的大學制度，我從來不曾有過惡言，因爲無論內容如何，這就是擴大高等教育的方向。

如何防止破壞生命平衡的瘋狂之氣產生，唯有倚賴高等教育，以及一人一票的民主制度。對於喪失平衡者，必須要築起人肉碉堡，不讓他們喊出「爲了人民」、「爲了國家」，甚至「爲了和平」、「爲了神」的藉口。

戰爭結束已四十餘年，我們周邊還是可以碰到一些珍談奇聞。台北小學同學的某君現在才說：

「戰爭結束後，部隊派我去國府的先遣部隊出公差，結果他們給我軍帽跟軍服，我被當成中國兵，在那裡工作。直到第二年三月，我聽說已經開始遣返日本人，就一個人溜回台北家中，裝作沒事的樣子，跟我的父母兄弟一起引揚回日本。所以啊，我是日本軍和中國軍兩邊的逃兵。」

還有一位曾經擔任學徒兵的醫生說：「昭和四十四年（一九六九）七月，三重縣知事寄給我一份軍歷證明，說我是『陸軍雇員，每月給付六十圓』，末尾還寫著『並無徵兵終結處分，卻要求入伍，明顯是由於法規上的疏失，導致身分遭到變更。厚生省援護局調查課長』。」

「那眞的有給你六十圓嗎？我們都是領十八圓的。」

「沒有，並沒有給我。只是告訴我，本來應該給我六十圓才對。比這個更重要的是，當時我被下士們毆打，也是因爲法規上的疏失啊。」

「別抱怨了，就算你死掉了，也只是法規上的疏失，不會變成榮譽戰死啦。六十圓超貴的。下次一定又會跟你說，十六歲的軍屬，是他們弄錯了。」高一屆的眞正學徒兵，他們的對應方式也是各自不同的。

重新回顧那一段本來必死無疑的人生，對於那些曾經萍水相逢的人、曾經在動亂中驚鴻一瞥卻不記得名字的人，我都會想和他們再見上一面。有幾位姓名可以確定者，已陸續達成了相隔數十年後的重聚。

「士林的防空壕姑娘，二十八年後在東京重逢。」

「草山那位散發光芒宛如天神使者的女孩，二十六年後在小學同學會上相遇。」

「從高雄搭火車過來的志志成了美國人，二十七年後在銀座聚首。」

「幫我當保鏢的童年好友久松，二十三年後在名古屋重逢。」

「三浦環女士的外甥柴田，二十四年後在大阪再會。」

不過，那些不知道姓名的人就很難找到線索重聚。

「早在廣島原爆之前，就在草山爲我解說過原子彈，東大剛畢業的海軍軍醫中尉。」

「用地獄的吶喊——沒有飛機了——把軍方最高機密透露給我，松山機場大隊長。」（根據報導，這個人戰後曾在國會爲錢德拉．鮑斯墜機事件作證）

「在台北美國領事館賣珍珠時，大聲幫我口譯『Difference!』，那位曉部隊的日本軍屬先生。」

「在化爲廢墟的新竹官舍街助我一宿一飯，那位和妹妹吵架的台南高工生。」

「在日本人青年會議上，說了許多話的讀賣新聞記者。」

「敗戰前與敗戰後，都在士林給過我麻糬的台灣小女孩。」

「梅屋敷的氣質侍女。」

「宛如時鐘般準時走來的台北小姐。」

在我的精神人格形塑過程中帶給我震撼，因而深深留在記憶之中的這些人們，不知道他們戰後是如何生活的。雖已事過境遷，我還是想送給他們一個懷舊的問候，告訴他們，我是當年那個舊制台北高校的學生。

相隔二十五載終於重逢的姿碧，在若干年後突然舉家移民到美國去了，我相信她也有自己的台灣版本的「戰後」。因爲語言關係，從頭到尾都只是推測，我猜，她或許是這樣想的：「戰後的台北，某一天，突然有五個日本男生出現在我面前。每一個都對我很好。我本來以爲自己會嫁給他們當中的某一個。可是有一天，突然宣布要遣返日僑，他們全都消失不見蹤影。過了二十五年後，有個日本男生突然又出現了。我以爲是來接我的，嚇到變成急性失語症。後來我又想『那只是以前小時候的朋友來看我而已』，才重新撿回了日語。第二次日本男生又來了，換我嚇他一大跳，我的漫長的戰後終於結束了。」

如果我的猜測正確，那還眞是對不起姿碧了。不過，現在日本和台灣都已經晉身先進社會，人民的平均壽命拉長許多。再過個二十五年，我們再見面時，眞的可以算是從小認識的朋友了。不過，下次換我用台語清清楚楚地跟妳打招呼吧。

呷飽未

台北囝仔　姿碧！

記於一九八九年三月

國家圖書館出版品預行編目資料

永遠的台灣島：一九四五年,舊制台北高校生眼中戰敗的台北/竹內昭太郎著；林芬蓉譯. -- 初版. -- 台北市：蓋亞文化有限公司, 2022.01
面； 公分
譯自：台灣島は永遠に在る
ISBN 978-986-319-624-2(平裝)

1.竹內昭太郎 2.回憶錄 3.日本

783.18 110020021

時光書

永遠的台灣島

台灣島は永遠に在る：
旧制高校生が見た一九四五年敗戦の台北

作　　者　竹內昭太郎
翻　　譯　林芬蓉
插　　畫　左萱
設　　計　莊謹銘
編　　輯　沈育如
總 編 輯　沈育如
發 行 人　陳常智
出 版 社　蓋亞文化有限公司
地址：台北市 103 承德路二段 75 巷 35 號 1 樓
電話：02-2558-5438　傳眞：02-2558-5439
電子信箱：gaea@gaeabooks.com.tw
投稿信箱：editor@gaeabooks.com.tw
郵撥帳號 19769541　戶名：蓋亞文化有限公司
法律顧問　宇達經貿法律事務所
總 經 銷　聯合發行股份有限公司
地址：新北市新店區寶橋路二三五巷六弄六號二樓
電話：02-2917-8022　傳眞：02-2915-6275
港澳地區　一代匯集
地址：九龍旺角塘尾道 64 號龍駒企業大廈 10 樓 B&D 室
電話：+852-2783-8102　傳眞：+852-2396-0050
初版二刷　2022 年 02 月
定　　價　新台幣 430 元
Published and printed in Taiwan

GAEA
ISBN 978-986-319-624-2

時光書

時光書